教育部人才培养模式改革和开放教育试点教材

商务礼仪概论

金正昆　编著

北京大学出版社
PEKING UNIVERSITY PRESS

图书在版编目(CIP)数据

商务礼仪概论/金正昆编著.—北京:北京大学出版社,2006.7
(教育部人才培养模式改革和开放教育试点教材·现代礼仪系列)
ISBN 978-7-301-10783-6

Ⅰ.商… Ⅱ.金… Ⅲ.商务-礼仪-概论 Ⅳ.F718

中国版本图书馆 CIP 数据核字(2006)第 058625 号

书　　　名:商务礼仪概论
著作责任者:金正昆　编著
责 任 编 辑:李　燕　徐文宁
标 准 书 号:ISBN 978-7-301-10783-6
出 版 发 行:北京大学出版社
地　　　址:北京市海淀区成府路 205 号　100871
网　　　址:http://www.pup.cn
电　　　话:邮购部 62752015　发行部 62750672　编辑部 62750112　出版部 62754962
电 子 邮 箱:pw@pup.pku.edu.cn
印 刷 者:人卫印务(北京)有限公司
经 销 者:新华书店
　　　　　787 毫米×980 毫米　16 开本　16.25 印张　305 千字
　　　　　2006 年 7 月第 1 版　2023 年 7 月第 11 次印刷
定　　　价:39.00 元

前　言

　　人生一世，必须交际。任何一个正常人如果打算完全回避人际交往，都是绝对不可能的。

　　进行交际，需要规则。没有规则，人际交往便会自行其是，难以沟通，难以修成正果。

　　所谓礼仪，即人际交往的基本规则。

　　"礼"的含义是尊重。孔子云："礼者，敬人也。"从本质上讲，"礼"是一项做人的基本道德标准。"礼"所规范的是一个人对待自己、对待别人、对待社会的基本态度。"礼"的基本要求是：每一个人都必须尊重自己、尊重别人，并尊重社会。

　　每一位现代人都应该尊重自己。一个人不尊重自己，就不会获得别人的尊重。尊重自己的具体要求是：首先，要尊重自身；其次，要尊重自己所从事的职业；最后，则要尊重自己所在的单位。

　　每一位现代人都应该尊重别人。因为"来而不往，非礼也"。一个人不尊重别人，就难以得到对方的尊重。尊重别人，具体要求往往有所不同：尊重上级，是一种天职；尊重同事，是一种本分；尊重下级，是一种美德；尊重客户，是一种常识；尊重对手，是一种风度；尊重所有人，则是一种做人所应具备的基本教养。

　　每一位现代人都应该尊重社会。马克思说过：人是社会关系的总和。每一个人都生活于社会。尊重社会，将美化人类自身的生存环境，并有助于人类的最优化发展。尊重社会的具体要求是：首先，要讲究公德；其次，要维护秩序；再次，要保护环境；最后，则要爱国守法。"仪"的含义则是规范的表达形式。任何"礼"的基本道德要求，都必须借助于规范的、具有可操作特征的"仪"，才能恰到好处地得以表现。就礼仪而言，没有"礼"，便不需要"仪"；没有"仪"，则又难以见识何者为"礼"。

　　简而言之，所谓礼仪，就是人们用于表现尊重的各种规范的、可操作的具体形式，它普遍适用于各种各样的人际交往；亦即人际交往的基本规则。

　　在现代生活中，人们所讲究的自然是现代礼仪。一般而论，现代礼仪通常具有以下四个基本特征：

　　其一，普遍性。在任何国家、任何场合、任何人际交往中，人们都必须自觉地遵守礼仪。

　　其二，规范性。讲究礼仪，必须采用标准化的表现形式，才会获得广泛认可。

其三，对象性。在面对各自不同的交往对象，或在不同领域内进行不同类型的人际交往时，往往需要讲究不同类型的礼仪。

其四，操作性。在具体运用礼仪时，"有所为"与"有所不为"都有各自具体的、明确的、可操作的方式与方法。

孔子尝言："不学礼，无以立。"在现代生活中，礼仪依旧是每一位现代人不可或缺的基本素养。

学习现代礼仪，首先可以内强素质。在人际交往中，有道德才能高尚，讲礼仪方算文明。学习礼仪，讲究礼仪，无疑会使人们提高自己的内在素质。

学习现代礼仪，其次可以外塑形象。现代礼仪讲究尊重，强调沟通，重视认知，力求互动。得法地运用礼仪，不仅会令自己更易于被他人所接受，而且还会有助于维护自身乃至所在单位的良好形象。

学习现代礼仪，最后还可以增进交往。目前，人们已经普遍意识到：在现代社会中要成功、要发展，不但需要智商，而且需要情商。所谓情商，外在表现为一个人的心态如何，内在的本质则是一个人与其他人进行合作的能力。掌握现代礼仪，自然有助于使自己更好地与他人进行合作，并且进而令自己成为受欢迎的人。

作为一名现代人，不学礼，则不知礼。不知礼，则必失礼。

作为一名现代人，不守礼，则会被他人视为不讲礼。在现代社会中，一个人若被他人视为不讲礼，则往往无人理！

现代生活已经告诫人们：有礼走遍天下，无礼寸步难行。

现代生活已经提醒人们：必须学礼、知礼、守礼、讲礼，必须时时处处彬彬有礼。

目　　录

第一章　仪表礼仪 ………………………………………………（1）

第一节　西装 ………………………………………………（2）

第二节　套裙 ………………………………………………（14）

第三节　制服 ………………………………………………（24）

第四节　饰品 ………………………………………………（31）

第五节　美发 ………………………………………………（40）

第六节　化妆 ………………………………………………（45）

第七节　仪容 ………………………………………………（52）

第八节　举止 ………………………………………………（57）

第九节　表情 ………………………………………………（65）

练习题 ………………………………………………………（72）

第二章　行业礼仪 ………………………………………………（73）

第一节　公司 ………………………………………………（74）

第二节　企业 ………………………………………………（79）

第三节　宾馆 ………………………………………………（86）

第四节　商店 ………………………………………………（92）

第五节　银行 ………………………………………………（97）

第六节　应聘 ………………………………………………（104）

练习题 ………………………………………………………（110）

第三章 会务礼仪 ……………………………………（112）

第一节 洽谈会 …………………………………………（113）

第二节 发布会 …………………………………………（119）

第三节 展览会 …………………………………………（126）

第四节 赞助会 …………………………………………（134）

第五节 茶话会 …………………………………………（141）

练习题 …………………………………………………（147）

第四章 仪式礼仪 ……………………………………（149）

第一节 签约 ……………………………………………（150）

第二节 开业 ……………………………………………（155）

第三节 剪彩 ……………………………………………（162）

第四节 交接 ……………………………………………（167）

第五节 庆典 ……………………………………………（172）

练习题 …………………………………………………（179）

第五章 交际礼仪 ……………………………………（180）

第一节 谈话 ……………………………………………（181）

第二节 闲谈 ……………………………………………（192）

第三节 通信 ……………………………………………（199）

第四节 邀约 ……………………………………………（209）

第五节 派对 ……………………………………………（215）

第六节 运动 ……………………………………………（220）

第七节 娱乐 ……………………………………………（228）

第八节 工作餐 …………………………………………（235）

第九节　自助餐 ……………………………………（241）

练习题 ………………………………………………（247）

参考书目 ……………………………………………（249）

后记 …………………………………………………（250）

第一章　仪表礼仪

内容提要

仪表礼仪，在此是指有关商务人员个人修饰与打扮的基本规范。在商务交往中，每一名商务人员的个人仪表，都直接关乎外界对他的总体印象，并进而涉及其所在单位、所提供服务的形象。本章所讲授的内容，包括西装、套裙、制服、饰品、美发、化妆、仪容、举止、表情等方面的礼仪。

学习目标

1. 重视个人仪表。
2. 自觉地维护个人形象。
3. 掌握基本的仪表礼仪。
4. 在正式场合个人的修饰与打扮得体。
5. 避免在仪表上失礼。

在塑造自身形象方面，不同行业所要求的侧重点往往有所不同。对商务人员而言，因其穿着打扮直接同留给交往对象的印象密切相关，所以应首先对它予以高度的重视。简而言之，仪表礼仪就是有关商务人员在其工作岗位上的修饰与打扮的行为规范。从总体上讲，仪表礼仪要求商务人员的修饰与打扮必须既符合其身份，又符合其规范。商务人员在修饰与打扮方面最忌讳的就是不符合自己的身份，不遵守相关的规范。

具体来说，仪表者，个人之外观也。仪表礼仪要求商务人员在日常工作和生活中，关注自己的仪表，讲究个人的打扮，重视自身的修饰。因为这是他人观察的重点。商务人员如果能在此方面真正做得恰到好处，必定会使自己的形象焕然一新，令人称道。

本章共分九小节，包括西装、套裙、制服、饰品、美发、化妆、仪容、举止与表情，下面逐一进行详细介绍。

第一节　西　装

西装，又称西服。它起源于欧洲，目前是全世界最流行的一种服装，也是商界男士在正式场合着装的优先选择。有道是"西装一半在做，一半在穿"，因此商界男士要想使自己所穿着的西装真正称心合意，就必须在西装的选择、西装的穿法、西装的搭配等三个主要方面循规蹈矩，严守相关的礼仪规范。

一　西装的选择

既然"西装一半在做"，那么若想使穿在身上的西装替自己增色，首先就要进行精心的选择。

一般而言，若要挑选一身地地道道、适用于商务交往时穿着的西装，需要关注其面料、色彩、图案、款式、版型、尺寸、做工七个方面的具体细节。

（一）面料

鉴于西装在商务活动中往往充当正装或礼服之用，其面料的选择应力求高档。在一般情况下，毛料应为西装首选的面料。具体而言，纯毛、纯羊绒的面料以及高比例含毛的毛涤混纺面料，皆可用作西装的面料。而那些不透气、不散热或发光、发亮的各类化纤面料，则尽量不要用以制作西装。

目前，以高档毛料制作的西装大多具有轻、薄、软、挺四个特点。

其一，轻。轻，是指西装不重、不笨，穿在身上轻飘犹如丝绸。

其二，薄。薄，是指西装的面料单薄，不过分地厚实。

其三，软。软，是指西装穿起来柔软舒适，既合身，又不会给人以束缚挤压之感。

其四，挺。挺，是指西装外表挺括雅观，不发皱，不松垮，不起泡。

（二）色彩

商界男士在穿西装时，往往都是将其视作自己在商务活动中所穿的正装。因此，西装的具体色彩必须显得庄重、正统，而不能过于轻浮和随便。根据此项要求，适合男士在商务交往中所穿的西装的色彩应当全身为一色，并理当首推藏蓝色。在世界各地，藏蓝色的西装往往是每一位商界男士所首先必备的。

除此之外，还可以选择灰色或棕色的西装。黑色的西装也可以考虑，但它更适于在庄严而肃穆的礼仪性活动中穿着。若是平日上班也穿黑色的西装，则未免有些小题大做。

平日穿西装时，全身的色彩通常不宜多于三种。最好的选择是：深色西装、白色衬衫、黑色鞋袜。领带的色彩，则最好与西装的色彩保持一致。

按照惯例，商界男士在正式场合不宜穿色彩过于鲜艳或发光发亮的西装。朦胧色、过渡色的西装，通常也不宜选择。由于越是正规的场合越讲究穿单色的西装，因而带有两种以上色彩的"杂色"西装，在大多数情况下都是与商界男士无缘的。

（三）图案

商界男士所推崇的是成熟、稳重，所以其西装一般也应以无图案者为佳。不要选择绘有花、鸟、虫、鱼、人等图案的西装，更不要自行在西装上绘制或刺绣图案、标志、字母、符号、姓名等。

一般来说，上乘的西装特征之一便是没有任何图案。唯一的例外是，商界男士可以选择以"牙签呢"缝制的竖条纹的西装。竖条纹的西装，以条纹细密者为佳，以条纹粗阔者为劣。在着装异常考究的欧洲国家里，商界男士最体面的西装往往就是深灰色的、条纹细密的竖条纹西装。

用"格子呢"缝制的西装，通常是难登大雅之堂的。只有在非正式场合里，商界男士才可以穿它。

（四）款式

与其他任何服装一样，西装也有自己的不同款式。当前，区别西装的具体款式主要有以下两种最常见的方法：

1. 按照西装的件数来划分

根据此项标准，西装有单件与套装之分。依照惯例，单件西装，即一件与裤子不配套的西装上衣。它仅适用于非正式场合。商界男士在正式的商务交往中所穿的西装，通常必须是西装套装。正因如此，男士在商务交往中所穿的西装套装有时索性被人们称为商务套装。

所谓西装套装，是指上衣与裤子成套，其面料、色彩、款式一致，并在风格上相互呼应的多件式西装。通常，西装套装又可分为两件套与三件套等两种。两件套西装套装，包括一衣与一裤。三件套西装套装，则包括一衣、一裤与一件背心。按照人们的传统看法，三件套西装比起两件套西装来要更加正规一些。因而，最正宗、最经典的商务套装自然也就非它莫属。正因如此，商界男士在参与高层次的商务活动时，应以穿三件套的西装套装为好。

2. 按照西装上衣纽扣的数量来划分

根据这一标准，西装上衣可分为单排扣与双排扣等两种。一般认为，单排扣的西装上衣比较传统，而双排扣的西装上衣则较为时尚。

具体而言，由于单排扣西装上衣与双排扣西装上衣的纽扣的数目各自又有所不同，因而又使其各自呈现出不同的风格。

最常见的单排扣的西装上衣，有一粒纽扣、两粒纽扣、三粒纽扣三种。一粒纽扣、三粒纽扣等两种单排扣西装上衣穿起来比较时髦，而两粒纽扣的单排扣西装上衣则显得更为正统一些。

最常见的双排扣的西装上衣，有两粒纽扣、四粒纽扣、六粒纽扣三种。两粒纽扣、六粒纽扣两种款式的双排扣西装上衣属于流行的款式，而四粒纽扣的双排扣西装上衣则明显地具有传统风格。

（五）版型

西装的版型，又称西装的造型，它具体是指西装的外观形状。目前，世界上的西装主要有欧式、英式、美式、日式四种版型。

1. 欧式西装

欧式西装的主要特征是：上衣呈倒梯形，多为双排两粒扣式或双排六粒扣式，而且纽扣的位置较低。其衣领较宽，强调肩部与后摆，不甚重视腰部，垫肩与袖笼较高，腰身中等，后摆无开衩。其代表品牌有："杰尼亚""费雷""夏蒙""津达"等。

2. 英式西装

英式西装的主要特征是：不刻意强调肩宽，而讲究穿在身上自然、贴身。它多为单排扣式，衣领呈"V"型，并且较窄。其腰部略收，垫肩较薄，后摆两侧开衩。商界男士所十分推崇的"登喜路"牌西装，就是典型的英式西装。

3. 美式西装

美式西装的主要特征是：外观上方方正正，宽松舒适，较欧式西装稍短一些。由于其肩部不加衬垫，因而它也被称为"肩部自然"式西装。其领型为宽度适中的"V"型，腰部宽大，后摆中间开衩，并多为单排扣式。美式西装的知名品牌有"布鲁克斯兄弟""卡尔文·克莱恩"等。

4. 日式西装

日式西装的主要特征是：上衣的外观呈"H"型，即不过分强调肩部与腰部。

其垫肩不高，领子较短、较窄，不过分地收腰，后摆也不开衩，并多为单排扣式。国内常见的日式西装品牌有："高久雷蒙""斯丽爱姆""仕奇""顺美"等。

上述四种造型的西装，各有各的特色：欧式西装洒脱大气，英式西装剪裁得体，美式西装宽大飘逸，日式西装则贴身凝重。商界男士在具体选择时，可根据个人喜爱随意挑选。不过一般来说，欧式西服要求穿着者高大魁梧；至于美式西装，由于它穿起来稍显散漫，中国人在选择时则一定要三思而后行，以免与中国人的习惯方式相抵触。比较而言，英式西装与日式西装似乎更适合中国人在比较正式的商务场合穿着。

（六）尺寸

穿着西装，务必要令其大小合身、宽松适度。一套西装，无论其品牌名气有多大，只要它的尺寸不适合自己，就坚决不要穿它。在商务活动中，一位男士所穿的西装不论过大还是过小、过肥还是过瘦，都肯定会损害其个人形象。

要使自己所选择的西装真正合身，有必要具体注意如下三条：

1. 了解尺寸

人所共知，西装的衣长、裤长、袖长与胸围、腰围、臀围都有一定之规。只有对这些"一定之规"做到全面了解，才能在选择西装时有章可循。

2. 量体裁衣

由于市场上所销售的西装多为批量生产，其尺寸十分标准，而每个人的身材、体型有所不同，将它穿在每个人身上往往未必尽如人意。有条件者，最好还是寻访名师为自己量身缝制西装。

3. 进行试穿

假如打算购买成衣，务必要对其反复进行试穿。切勿凑合完事、马马虎虎，否则会买来不合身的西装。

（七）做工

一套名牌西装与一套普通西装的显著区别往往在于：前者的做工无可挑剔，而后者的做工则较为一般。因此在选择西装时，对其做工精良与否这一问题万万不可忽略。

在挑选西装时，检查其做工的好坏，特别需要从下述六点着手：一是看其衬里是否外露；二是看其衣袋是否对称；三是看其纽扣是否缝牢；四是看其表面是否起泡；五是看其针脚是否均匀；六是看其外观是否平整。假如它在这六个方面不符合要求，那还是不买为妙。

在选择西装时，除了有如上七个方面的主要细节必须加以关注外，还要了解西装有正装西装与休闲西装的区别。一般来说，正装西装适合在正式场合穿着，其面料多为毛料，其色彩多为深色，其款式则讲究庄重、保守，并且基本上都是套装。而休闲西装则恰好与其相反。休闲西装大多适合在非正式场合穿着。它的面料可以是棉、麻、丝、皮，也可以是化纤、塑料。它的色彩多半都是鲜艳、亮丽的色彩，并且多为浅色。它的款式则强调宽松、舒适、自然，有时甚至以标新立异而见长。一般来说，休闲西装都是单件的。

二　西装的穿法

商界男士在穿着西装时，不能不对其具体的穿法倍加重视。不遵守西装的规范化穿法，在穿西装时肆意妄为，都是有违礼仪的无知的表现。

根据西装礼仪的基本要求，商界男士在穿西装时务必要特别注意以下八个具体问题：

（一）拆除商标

在西装上衣左袖的袖口处，通常缝有一块商标。有时，那里还会同时缝有一块纯羊毛标志。在正式穿西装之前，切勿忘记将它们先行拆除。这样做等于是对外宣告：该套西装已被启用。假如在西装已经穿过许久之后，袖子上的商标却依旧停留于原处，则会给人以招摇过市之感，难免会见笑于人。

（二）熨烫平整

欲使一套穿在自己身上的西装看上去美观而大方，首先就要使其显得平整而挺括，并线条笔直。要做到此点，除了要定期对西装进行干洗外，还要在每次正式穿着之前对其进行认真的熨烫。千万不要疏于此点，使之皱巴巴、脏兮兮，显得美感全失。

（三）扣好纽扣

穿西装时，上衣、背心与裤子的纽扣都有一定的系法。在此三者中，又以上衣纽扣的系法讲究最多。一般而言，站立时，特别是在大庭广众之前起身而立之后，西装上衣的纽扣应当系上，以示郑重其事。就座之后，西装上衣的纽扣则大多需要解开，以防其"扭曲"走样。唯独在内穿背心或羊毛衫、外穿单排扣上衣时，才允许站立时不系上衣的纽扣。

1. 上衣的纽扣

通常，系西装上衣的纽扣时，单排扣上衣与双排扣上衣又有各不相同的具体做法。系单排两粒扣式西装上衣的纽扣时，讲究"扣上不扣下"，即只系上边那粒纽扣，不系下边那粒纽扣。系单排三粒扣式西装上衣的纽扣时，正确的做法有两种：要么只系中间那粒纽扣，要么需要系上上面那两粒纽扣。而在系双排扣式西装上衣的纽扣时，则凡是可以系上的纽扣一律都要系上。

2. 背心的纽扣

凡穿西装背心，不论单穿还是与西装上衣配穿，都要认真地扣上纽扣，而不可听任其自由自在地敞开。在一般情况下，西装背心只能与单排扣西装上衣配套。它的纽扣数目有多有少，但大体上可被分作单排扣式与双排扣式等两种。根据西装的着装惯例，单排扣式西装背心的最下面的那粒纽扣应当不系，而双排扣式西装背心的全部纽扣则必须无一例外地统统系上。

3. 裤子的纽扣

目前，在西裤的裤门上"把关"的有的是纽扣，有的则是拉锁。一般认为，前者较为正统，后者则使用起来更加方便。不论穿以何种方式"关门"的西裤，都要时刻提醒自己：将纽扣全部系上，或是将拉锁认真拉好。在参加重要的活动时，还须随时悄悄地对其进行检查，以免由于自己大意而使西裤"开门"。西裤上的挂钩，亦应挂好。

（四）不卷不挽

穿西装时，一定要悉心呵护，以维持其原状。在公共场所里，千万不要当众随心所欲地脱下西装上衣，更不能把它当作披风一样地披在肩上。需要特别强调的是：无论如何，都不可以将西装上衣的衣袖挽上去。否则，极易给人以粗俗之感。一般情况下，随意卷起西裤的裤管，也是一种不符合礼仪的表现。因此，商务人员应该绝对禁止此类行为。

（五）慎穿毛衫

商界人士若想将一套西装穿得有"型"、有"味"，那么除衬衫与背心之外，在西装上衣之内最好不要再穿其他任何衣服。即便在冬季寒冷难忍时，也只宜暂作变通，穿上一件薄型"V"领的单色羊毛衫或羊绒衫。那样做，既不会显得过于花哨，也不会妨碍自己打领带。既不要去穿色彩、图案十分繁杂的羊毛衫或羊绒衫，也不要穿扣式的开领羊毛衫或羊绒衫。后者往往有不少纽扣，与西装上衣同穿容易让人眼花缭乱。千万不要一下子同时穿上多件羊毛、羊绒的毛衫、背心，甚至再加上一件手工编织的毛衣。否则一眼望去，其领口处少不了会层次分明，犹如不规则的"梯田"一样难看；而且还会致使西装鼓胀不堪，变形走样。

（六）巧配内衣

西装的标准穿法是：衬衫内不穿棉纺或毛织的背心、内衣。至于不穿衬衫而以T恤衫直接与西装配套的穿法，则更是不符合规范。若因为一些特殊原因而需要在衬衫内穿上背心、内衣时，应具体注意以下三点：

1. 数量上以一件为限

若是同时穿上多件背心、内衣，则必然会使自己显得十分臃肿。

2. 色彩上宜与衬衫的色彩相仿

一般而言，至少不应使之较衬衫的色彩为深，免得令二者"反差"鲜明。在浅色或透明的衬衫里面穿深色、艳色的背心、内衣，则更易招人笑话。

3. 款式上应短于衬衫

穿在衬衫内的背心或内衣，其领型以"U"领或"V"领为宜。在衬衫内最好别穿高领的背心、内衣，不然在衬衫的领口外很可能会露出一截有碍观瞻的"花絮"。此外，还须留心，不要使内衣的袖管暴露在别人的视野之内。

（七）腰间无物

穿西装时，着装者的腰带上不宜别挂任何物品。一名男士的社会地位，通常与其腰带上所别挂的物品的数量成反比。类似钥匙、手机、打火机、计步器、瑞士军刀等一类物品，切勿在穿西装时悬挂在腰间。

（八）少装东西

为了保证西装在外观上不走样，就应当在西装的口袋里少装东西，或者不装任何东西。对待上衣、背心和裤子均应如此。如果把西装的口袋当作一只"百宝箱"，用乱七八糟的东西把它塞得满满的，则无异于是在糟蹋西装。具体而言，在西装上，不同的口袋发挥着各不相同的作用。

在西装上衣上，左侧的外胸袋除了可以插入一块用来发挥装饰作用的真丝手帕，不能再放其他任何东西，尤其不应当别钢笔、挂眼镜。内侧的胸袋可以用来别钢笔、放钱夹或名片夹，但应注意不要放过大、过厚的东西或无用之物。外侧下方的两只口袋，则原则上以不放任何东西为佳。

在西装背心上，口袋多具装饰功能，除了可以放置怀表之外，不宜再放别的东西。

在西装的裤子上，两只侧面的口袋只能够放纸巾、钥匙包或碎银包。其后侧的两只口袋，则大多不放任何东西。

三　西装的搭配

熟知西装着装规范的人，大多应该听说过这样一句行话："西装的韵味不是单靠西装本身穿出来的，而是用西装与其他衣饰一道精心组合与搭配出来的。"由此可见，西装与其他衣饰的搭配对于成功地穿着西装是何等的重要！

下面分别介绍一下商界男士在穿西装时，使自己的衬衫、领带、鞋袜和公文包与之相搭配的基本技巧。

（一）衬衫

与西装为伍的衬衫，通常应当是正装衬衫。

1. 衬衫的选择

一般而言，正装衬衫具备下述几个方面的具体特征：

第一，面料。正装衬衫，主要以高织精纺的纯棉、纯毛制品为主。以棉、毛为主要成分的混纺衬衫可酌情选择，但不要选择以条绒布、水洗布、化纤布制作的衬衫。后者要么过于厚实，要么易于起皱，要么则起球起毛。用真丝、纯麻做成的衬衫，一般也不宜选择。

第二，色彩。正装衬衫，按惯例必须为单一色彩。在正规的商务应酬中，白色衬衫可谓商界男士的唯一选择。除此之外，蓝色、灰色、棕色、黑色，有时亦可加以考虑。但杂色衬衫，或红色、粉色、紫色、绿色、黄色、橙色等穿起来有失庄重感的彩色衬衫，则都是不可取的。

第三，图案。正装衬衫大体上以没有任何图案为佳。印花衬衫、格子衬衫，以及带有人物、动物、植物、卡通、文字、建筑物等图案的衬衫，均非正装衬衫。唯一的例外是，较细的竖条衬衫在一般性的商务活动中可以穿着。但在此种情况下，必须注意不能同时穿有着竖条纹的西装。

第四，衣领。正装衬衫的领型多为方领、短领和长领。在具体进行选择时，必须兼顾本人的脸形、颈长以及将要打的领带结的大小，千万不要使它们相互之间反差过大。扣领的衬衫，有时亦可选用。但是像立领、翼领和异色领的衬衫，则大多不适合于同正装西装相配套。

第五，衣袖。正装衬衫，必须为长袖衬衫。短袖衬衫具有休闲性质，不适宜与西装相搭配。若非制服，则正式场合切勿单穿短袖衬衫。以袖口的层数而论，衬衫又有单层袖口与双层袖口之别。后者又称法国式衬衫，其主要作用是可以佩戴装饰性袖扣。装饰性袖扣又称链扣式袖链，如能将其使用得恰到好处，可以为自己平添几分高贵而优雅的风度。在国外，它早已被视为商界男士在正式场合所佩戴的重要饰物。但是，若将其别在单层袖口的衬衫上，就有些煞有介事了。

第六，衣袋。正装衬衫以无胸袋者为佳，免得有人往里面乱放东西。应该注意的是：即便穿带有胸袋的衬衫，也要尽量少往胸袋里塞东西。

2. 衬衫的穿法

穿与西装相配套的正装衬衫时，有下述四点具体的注意事项：

第一，衣扣要系。穿西装的时候，衬衫的所有纽扣都要一一系好。不论衣扣、领扣还是袖扣，概莫能外。只有穿西装而不打领带时，才必须解开衬衫的领扣。

第二，袖长适度。穿西装时，衬衫的袖长最好长短适度。最美观的做法，就是让衬衫的袖口恰好露出来1厘米左右。若衬衫的袖口外露得过长，甚至被一卷再卷，直至翻到西装上衣的衣袖之上，则不免会有些滑稽。不过若令其永远"不见天日"，则也是犯规的。

第三，下摆放好。穿长袖衬衫时，不论是否穿外衣，均须将其下摆均匀而认真地掖进裤腰内。不要让它在与裤腰的交界处皱皱巴巴，或者上下错位、左右扭曲。尤其是不应使其部分或全部暴露在裤腰之外，甚至动辄"外逃"。

第四，大小合身。除休闲衬衫外，衬衫既不宜过于短小紧身，也不应当过分地宽松肥大、松松垮垮。在选择正装衬衫时，务必要使之大小合身。特别需要注意：其衣领与胸围要松紧适度，其下摆不宜过短。

还应指出的是：商界男士如果在自己的办公室里，可以暂时脱下西装上衣，直接穿着长袖衬衫、打着领带。但是如果以此种形象外出办事，则未免有失体统。简言之，不穿西装上衣而直接穿着长袖衬衫、打着领带去参加正式活动，通常都是不合乎礼仪规范的。

（二）领带

领带，可以说是商界男士穿西装时最重要的饰物。人们常说："男人的领带，总是缺少一条。"在欧美各国，领带则与手表、装饰性袖扣并列，称为"成年男子的三大饰品"。

1. 领带的选择

领带是西装的灵魂，因而选择起它来的讲究也就比较多。商界男士在挑选领带时，至少需要重视如下几点：

第一，面料。最好的领带，应当是使用真丝或者羊毛制作而成的。以涤丝制成的领带售价较低，有时也可以选用。除此之外，用棉、麻、绒、皮、革、塑料、珍珠等物制成的领带，在比较正式的商务活动中均不宜佩戴。

第二，色彩。从色彩方面来看，领带可以分为单色与多色。在商务活动中，蓝色、灰色、棕色、黑色、紫色、红色等单色领带，都是十分理想的选择。应该注意的是：商界男士在正式场合中切勿使自己佩戴的领带多于三种颜色。同时，也应尽量少打浅色或艳色领带。它们与由三种以上色彩所制成的领带一样，仅适用于社交或休闲活动之中。一般而言，领带的主色调应与西装套装的色彩保持一致，有时它亦可采用自己所属单位的企业形象设计的主题色。

第三，图案。适用于商务活动中所佩戴的领带，主要是单色无图案的领带，或者是以条纹、圆点、方格等规则的几何形状为主要图案的领带。以人物、动物、植物、卡通、景观、徽记、文字或电脑绘画为主要图案的领带，则主要适用于社交或休闲活动中。

第四，款式。领带的款式往往受到时尚的左右。在此方面，商界人士主要应注意以下四点：

其一，领带有箭头与平头之分。一般认为，下端为箭头的领带，显得比较传统、正规；下端为平头的领带，则显得时髦、随意一些。

其二，领带有宽窄之别。除了要尽量与流行保持同步以外，根据常规，领带的宽窄最好与本人的胸围及西装上衣的衣领成正比。

其三，慎用简易式领带。简易式的领带，如"一拉得"领带、"一挂得"领带等，均不适合在正式的商务活动中使用。

其四，领带与领结用途有别。领带通常与西装进行搭配，而领结则宜于同礼服、翼领衬衫搭配，并主要适用于社交场所。

第五，配套。有时，领带与装饰性手帕被组合在一起成套销售。与领带配套使用的装饰性手帕，最好与其面料、色彩、图案完全相同。二者同时"亮相"，大多见于社交活动之中。

第六，质量。一条好的领带必须具有良好的质量，其主要特征为：外形美观、平整，无跳丝、无疵点、无线头，衬里为毛料，不变形，悬垂挺括，较为厚重。在打领带时讲究一条基本原则：宁肯不打领带，也决不要以次充好。

2. 领带的打法

一条打得漂亮的领带，在穿西装的人身上往往能发挥画龙点睛的作用。若想打好领带，就务必要注意场合、服装、性别、位置、结法、长度、配饰等几点。

第一，场合。打领带，一定有其适用的特定场合。打领带便意味着郑重其事，因此在上班、办公、开会或走访等执行公务的场合，都以打领带为好。参加宴会、舞会、音乐会时，为了表示尊重主人，亦可打领带。但在休闲场合，则通常不必打领带。

第二，服装。打领带时，必须注意与之配套的服装。一般而言，穿西装套装是非打领带不可的。穿单件西装时，领带则可打可不打。在非正式活动中穿西装背心时，可以打领带。不穿西装时，例如穿风衣、大衣、夹克、猎装、毛衣、短袖衬衫时，通常不宜打领带。

第三，性别。严格地说，在商务活动中，领带仅适合男士佩戴，领带是商界男士的基本标志之一。由于男女有别，一般商界女士在正式活动中都不宜打领带。不过，若女士将其视为普通饰物而在社交场合加以使用，则是允许的。

第四，位置。将领带打好后，必须将其置于适当的位置。如果穿的是西装上衣与衬衫，则应将其置于二者之间，并令其自然下垂。如果在西装上衣与衬衫之间还加穿有西装背心或羊毛衫、羊绒衫，则应将领带置于西装背心、羊毛衫、羊绒衫与衬衫之间。切勿将领带夹在西装上衣与西装背心、羊毛衫、羊绒衫之间，尤其是不要在穿两件羊毛衫或羊绒衫时将领带掖在两者中间。

第五，结法。领带打得漂亮与否，关键在于领带结打得如何。打领带结的基本要求是：务必令其挺括、端正，并在外观上呈倒三角形。领带结的具体大小，最好与衬衫衣领的大小形成正比。要想使之稍有变化，则可在它的下面压出一处小窝或一道小沟来，此即所谓"男人的酒窝"，是当今所流行的领带结法之一。打领带时最忌讳的就是领带结不端不正、松松垮垮，因此在正式场合露面时务必要提前收紧领带结，千万不要为使自己爽快而将其与衬衫的衣领"拉开距离"。

第六，长度。领带打得好的一个标准，就是长短适度。最标准的长度，是领带打好之后，其下端的大箭头正好抵达皮带扣的上端。超过这一长度，搞不好领带就会暴露于上衣衣襟外。而若达不到这一长度的话，则很有可能又会时不时地从上衣衣襟里"蹦跳"出去。

第七，配饰。依照惯例，打领带时大可不必使用任何领带配饰去点缀或固定领带。当自己疾步行走时，领带在敞开的衣襟外随风荡漾，岂不是很棒?! 在国外，人们除了有必要限制领带的"活动范围"或穿制服，大多不喜欢使用领带夹。即便使用领带夹，也不宜令其处于外人视野之内，而只宜将其夹在领带打好后的"黄金分割点"上，即衬衫自上而下的第四粒至第五粒纽扣之间。如果愿意，打领带时亦可使用领带针或领带棒。前者应插在领带打好后偏上方的正中央，后者则只能使用在衬衫衣领上。此处需要强调的一点是，使用领带的配饰，在数量上应以一件为限，千万不要同时使用多件，更不要将其滥用、乱用。

（三）鞋袜

穿西装时，商界男士所穿的鞋子与袜子均应符合规定，并与西装相配套。对商界男士来说，鞋袜在正式场合亦被视作"足部的正装"。如果不遵守相关的礼仪规范，就必定会使自己"足下无光"。

1. 鞋的选择与穿着

与西装配套的鞋子，只能选择皮鞋。布鞋、球鞋、旅游鞋、凉鞋或拖鞋，显然都是与西装"互相抵触"的。

与西装配套的皮鞋，通常应当是真皮制品而非仿皮。一般来说，牛皮鞋与西装最是般配，羊皮鞋、猪皮鞋则不甚合适。至于以鳄鱼皮、鸵鸟皮、蟒蛇皮制作的皮鞋，穿出去多有炫耀之嫌，一般都不宜选择。

需要说明的是，磨砂皮鞋、翻毛皮鞋、编织皮鞋大多属于休闲皮鞋，均不适合与西装相配套。

与西装配套的皮鞋，按照惯例应为深色、单色。浅色皮鞋、艳色皮鞋与多色皮鞋，例如，白色皮鞋、米色皮鞋、红色皮鞋、"香槟皮鞋"、拼色皮鞋等，都不宜在穿西装时选择。通常认为，最适于同西装套装配套的皮鞋唯有黑色一种。在有些人眼里，就连棕色皮鞋往往也大受排斥。在正式场合里，一定要自觉遵守"三一定律"，即应使自己皮鞋的颜色与腰带、公文包的颜色一致，并最好使三者皆为黑色。它亦称"三一法则"。

商界男士在正式场合所穿的皮鞋，应当没有任何图案与装饰。打孔皮鞋、绣花皮鞋、拼图皮鞋、带有文字或金属扣的皮鞋等，均不应予以考虑。

商界男士所穿皮鞋的款式，理当庄重而正统。根据此项要求，系带皮鞋是最佳之选。各类无带皮鞋，如船形皮鞋、盖式皮鞋、拉锁皮鞋等，都不符合这一要求。此外，在正式场合，男士穿厚底皮鞋、高跟皮鞋、坡跟皮鞋或高帮皮鞋显得不伦不类，故此不宜选择。

男士们在商务活动中穿皮鞋时，有下列五点必须切记：

第一，鞋内无味。可能的话，皮鞋要勤换、勤晾，免得其味道过于浓重熏人。

第二，鞋面无尘。皮鞋必须天天上油打光，反复擦拭。不论鞋子是何种名牌，假如它"蒙尘"良久，自然就不会给人以好感。

第三，鞋底无泥。每日擦皮鞋时，切勿忘记同时打扫一下鞋底。雨天、雪天拜访他人时，还要在进门前再次检查一下鞋底是否"拖泥带水"，并采取适当的措施及时将其去除。

第四，鞋垫相宜。使用鞋垫时，一定要令其大小与皮鞋相适应，切勿使其动辄在自己行走之际"逃脱"在外。

第五，尺码恰当。正式场合所穿的皮鞋，其大小必须恰到好处。如果小了，肯定会夹脚、磨泡；如果大了，则难免会不跟脚，走起路来踢踢踏踏、极不自然。

2. 袜子的选择与穿着

穿西装、皮鞋时所穿的袜子，最好是纯棉、纯毛制品。有些质量好的以棉、毛为主要成分的混纺袜子，也可以选用。不过，最好不要选择尼龙袜与丝袜。

与西装、皮鞋相配套的袜子，以深色、单色为宜，并且最好是黑色的。千万别穿与西装、皮鞋的色彩对比鲜明的白色袜子，也不要穿过分"扎眼"的彩袜、花袜或其他浅色的袜子。发光、发亮的袜子，则更是绝对不要穿。

在袜子上，允许出现以几何图案为主的庄重风格的图案，但穿没有任何图案的袜子则更为合适。

商界男士在穿袜子时，必须遵守下列四项具体规则：

第一，干净。袜子务必要做到一天一换、洗涤干净，以防止其异味令自己难堪、令他人难忍。

第二，完整。穿袜子之前，一定要先检查一下它有无破洞、跳丝。如果发现其出现问题，切记及时更换。

第三，成双。无论如何，穿袜子时都要选择成双成对的袜子。不要自行将原非一双的两只袜子随意组合在一起，尤其是当二者色彩不同、图案各异时，更是不该那么做。

第四，合脚。在正式场合所穿的袜子，其大小一定要合脚。特别应当注意的是，不要穿太小、太短的袜子。袜子太小，不但易破，而且容易从脚上滑下去。袜子太短，则时常会使腿肚子外露出来。一般而言，袜子的长度不宜低于踝骨。

最后还须强调一点：赤脚穿皮鞋乃失仪之举，商界男士绝对不可以那样去做。

（四）公文包

公文包往往被称为商界男士的"移动式办公桌"，是其外出之际须臾不可离身之物。对穿西装的商界男士而言，外出办事时手中若是少了一只公文包，未免会使其神采和风度大受损害，而且还会让人对其身份置疑。

1. 公文包的选择

商界男士在选择公文包时，有许多特定的讲究。其面料以真皮为宜，并以牛皮、羊皮制品为最佳。一般来讲，棉、麻、丝、毛、革以及塑料、尼龙所制作的公文包，均难登大雅之堂。

公文包的色彩以深色、单色为佳，浅色、多色甚至艳色的公文包均不适用于商界男士。在正常情况下，黑色、棕色的公文包是最正统的选择。从色彩搭配的角度来说，公文包的色彩若能与皮鞋的色彩相一致，看上去则显得更加和谐。

除商标之外，商界男士所用的公文包在外表上不宜再带有任何图案、文字，否则就会有失品位。

最标准的公文包，当推手提式的长方形公文包。箱式、夹式、挎式、背式等其他类型的皮包，均不可充当正式的公文包之用。

2. 公文包的使用

在使用公文包时，大体上有如下四点具体要求：

第一，用包不宜多。外出办事，有时可以不带公文包。如果需要使用的话，则应以一只为限。不要连提带背，一次携带数只皮包。

第二，用包不张扬。使用公文包前，一定要先行拆去所附的真皮标志。在外人面前，切勿显示自己所用的公文包的名贵高档。之所以如此要求，就是为了不使自己给人以张扬之感。

第三，用包不乱装。在外出前，随身携带的物品均应尽量装在公文包里的既定之处。但应切记，无用之物千万别放在包里，尤其是别使之"过度膨胀"。凡是放在包里的物品，则一定要有条不紊地摆放整齐。

第四，用包不乱放。进入别人办公室或居所的室内后，应将公文包自觉地放在自己就座之处附近的地板上，或主人指定之处，而切勿将其乱放在桌、椅之上。在公共场所里亦须注意，不要让它放得有碍于他人。

第二节　套　裙

商界人士的正式着装，一向讲究男女有别。崇尚传统的商界人士始终认为：裤装属于工装、便装与休闲装，因此难登大雅之堂。换言之，商界女士在正式场合的着装，唯独以裙装为佳，而各种裤装都是不宜选择的。此种状况近年来虽稍有改变，但绝大多数人依旧持此观点。

不仅如此，商界人士还约定俗成地认为：在所有适合于商界女士在正式场合所穿着的裙式服装中，套裙是名列首位的选择。在一些人的脑海里，套裙甚至与商界的职业女装直接画上了等号。

所谓套裙，其实就是西装套裙的简称。其上身为一件女式西装，下身则是一条半截式的裙子。准确地说，女式西装其实最早是由男式西装演变而来的，前者只不过是后者的一个"变种"而已。然而一旦将潇洒、刚健的西装上衣与柔美、雅致的代表女性化服装的裙子组合到一起，二者便刚柔相济、大放异彩，套裙也就因此脱颖而出了。

在日常生活里，将套裙穿在任何一位商界女士的身上，都无一例外地会使其立即精神倍增、神采奕奕。它不仅会使着装者看起来精明、干练、成熟、洒脱，而且还能烘托出白领丽人所独具的神秘韵味，使之显得优雅、文静、娇柔和妩媚。所以有人曾说："穿上套裙，马上就会让一位职业妇女显得与众不同，并能够恰如其分地展示她认真的工作态度和温婉的女性美。"不论怎么说，不容置疑的是：在塑造商界女士的职业形象方面，套裙确实功不可没。迄今为止，就"包装"商界女士而言，还未见到其他任何一种女装能够与套裙相媲美。

商界女士平时所穿着的套裙，大致上可以分成两种基本类型。一种是用女式西装上衣同随便的一条裙子所进行的自由搭配与组合，它被叫作"随意型"。另外一种则是女式西装上衣和与之同时穿着的裙子为成套设计、制作而成，它被称为"成套型"或"标准型"。正规而严格地讲，套裙事实上指的仅仅是后一种类型。

顾名思义，任何一套套裙都应当以裙为主、成套穿着。也就是说，离开了裙子的套装不应当称作套裙，女式西装上衣与裙子不配套也不能算作是套裙。这绝非一句废话，商界女士对此理当引起重视。

进而言之，每一套正宗的套裙，一般都是由一件女式西装上衣和一条半截裙所构成的两件套女装。有些时候，也可以见到三件套的套裙。它是在女式西装上衣与半截裙以外，再加上一件背心。自从套裙问世至今，占主导地位的一直都是两件套套裙。

根据礼仪规范，一套经典的、可供商界女士在正式场合所穿着的套裙，通常必须具备如下特色：其一，在制作上，它应当是由高档面料缝制的，上衣与裙子应采用同一质地、同一色彩的素色面料。其二，在制作上，它讲究为着装者扬长避短，因此提倡量体裁衣、做工考究。其三，在款式上，它的上衣注重平整、挺括、贴身，较少使用饰物、花边进行点缀；裙子则以窄裙为主，而且裙长不宜过短。

一　套裙的选择

时至今日，套裙早已在商界广为普及。但是从本质上看，它依旧万变不离其宗。商界女士在选择套裙时，通常需要兼顾下述七个基本问题：

（一）面料

总的说来，女士所穿的套裙在面料上的选择余地，远远要比男士所穿的西装套装大得多。其主要要求是：套裙所选用的面料最好是纯天然质地的上乘面料；其上衣、裙子以及背心等，均应选用同一种面料。在外观上，套裙所选用的面料讲究的是匀称、平整、滑润、光洁、丰厚、柔软、悬垂、挺括，它不仅弹性、手感要好，而且还应当不起皱、不起毛、不起球。

通常，人们对组成套裙的上衣、裙子以及背心等的面料的一致性，是最为看重的。之所以如此，是由于做到此点，就可以使套裙浑然一体、朴素自然，而且还会使穿着者看起来高雅、脱俗、美观、悦目。

目前，人们依照以上标准用来制作套裙的面料，除薄花呢、人字呢、女士呢、华达呢、舍味呢、凡立丁、法兰绒等纯毛面料之外，高档的府绸、丝绸、亚麻、麻纱、毛涤以及一些化纤面料往往也在选择之列。

商界女士务必注意：在什么情况下，都不要选择真皮或仿皮套裙，尤其是在对外交往中勿穿黑色皮裙，因为在国际社会里此乃"风尘女子"的主要标志。

（二）色彩

在色彩方面，套裙的基本要求是：以冷色调为主，借以体现出着装者的典雅、端庄与稳重。用常人的眼光来看，套裙的色彩应当清新、雅致而凝重。因此，挑选套裙时不宜选择鲜亮抢眼的色彩。与此同时，还须使之与此时此刻正风行一时的各种"流行色"保持一定的距离，以示自己的传统与持重。

具体而言，标准而完美的套裙的色彩，不仅应兼顾着装者的肤色、形体、年龄与性格，更要与着装者从事商务活动的具体环境彼此协调一致。在一般情况下，各种加入一定灰色的色彩，例如，藏青、炭黑、烟灰、雪青、茶褐、土黄、紫红等稍冷一些的色彩，通常都是商界女士可以考虑的。由此可知，同商界男士所穿的西装套装相比，商界女士所穿的套裙并不一定非得是深色，而且其选择范围也远远不止于蓝、灰、棕、黑等寥寥几种。

不仅如此，套裙的色彩有时还可以不受单一色彩的限制。以两件套套裙为例，它的上衣与裙子既可以同为一色，也可以采用上浅下深或上深下浅等两种并不相同的色彩，使之形成鲜明的对比，以强化它所留给别人的印象。在上面所提及的两种套裙色彩的组合方法中，前者庄重而正统，后者则富有活力与动感，二者各有千秋。

有时，即使穿着上衣下裙同为一色的套裙，也可以采用与其色彩不同的衬衫、领花、丝巾、胸针、围巾等衣饰，来对其加以点缀，以便使之生动而活跃。此外，还可以采用不同色彩的面料，来制作套裙的衣领、兜盖、前襟、下摆，这样做也可以"搞活"套裙的色彩。

但应当切记：一套套裙的全部色彩至多不要超过三种，否则就会显得杂乱无章，给人一种乱糟糟的感觉。

（三）图案

选择套裙讲究的是朴素而简洁，在考虑其图案时必须注意到这一点。

按照常规，商界女士在正式场合所穿着的套裙可以不带有任何图案。如果本人喜欢，那么以各种或宽或窄的格子、或大或小的圆点、或明或暗的条纹为主要图案的套裙，则大多可以一试。其中，采用以方格为主体图案的格子呢所制成的套裙，因为穿在商界女士的身上可以使人显得静中有动、充满活力，所以多年来它一直盛行不衰、大受欢迎。

一般都认为，套裙不应以花卉、宠物、人物、卡通、文字、符号为主体图案。

一名白领丽人假如穿着那样的套裙行走于商界，不但过分地引人注目，而且还会让人感到头晕目眩。总而言之，绘有此类图案的面料，在本质上与套裙的风格是水火不相容的。

（四）点缀

在一般情况下，套裙上不宜添加过多的点缀，否则便极有可能会使其显得琐碎、杂乱、低俗和小气。有的时候，套裙上若点缀过多还会使穿着者失之于稳重。

一般而言，以贴布、绣花、花边、金线、彩条、扣链、亮片、珍珠、皮革等加以点缀或装饰的套裙，穿在商界女士的身上都不会有多么好的效果。实际上，在现实生活中，此类套裙通常也不为人们所接受。

不过，并非所有带有点缀的套裙均应遭到排斥。有些套裙上适当地采用了装饰扣、包边、蕾丝等点缀之物，实际效果其实也不错。问题的关键之处在于，套裙上的点缀宜少不宜多、宜精不宜糙、宜简不宜繁。

（五）尺寸

从具体的尺寸上来讲，套裙可谓变化无穷。但从总体上来看，套裙在造型上的变化主要表现在它的长短与宽窄等两个方面。

1. 长短

一般而言，在套裙中，上衣与裙子的长短没有明确而具体的规定。以前，在欧美主要国家，商界女士的套裙曾被要求：上衣不宜过长，下裙不宜过短。比较而言，人们对裙子的长度似乎关注得更多一些。传统的观点是：裙短则不雅，裙长则无神。裙子的下摆抵达着装者小腿肚子上的最为丰满之处，乃是最为标准、最为理想的裙长。不过，在现实生活中，仍然墨守此规者并不多见。目前，套裙之中的裙子，有的是超短式，有的是及膝式，有的则是过膝式。商界女士在具体进行选择时，主要考虑的是个人偏好、身材特点以及流行时尚。应当明确的是：裙子过短，尤其是短得过于裸露大腿，则肯定是不允许的。

需要强调的是，在套裙中，虽然超短裙已被渐渐地接受，但出于自尊自爱与职业道德等方面的缘故，商界女士仍须注意，套裙中的超短裙并非愈短、愈"迷你"愈好。过多地裸露大腿，无论如何都是不文明的。在一般情况下，商界女士所穿着的套裙中的超短裙，裙长应以不短于膝盖以上 15 厘米为限。

就事论事，在套裙的着装实践中，上衣与裙子的具体造型主要有上长下长式、上短下短式、上长下短式、上短下长式等四种基本形式。只要着装者选择恰当，它们穿起来都能够在视觉上令人赏心悦目。

在套裙中，由于背心需要内穿，故其不宜过于宽松肥大；由于裙子强调贴身为美，故其以窄为主。因而套裙中的宽窄问题，实际上主要与上衣有关。

2. 宽窄

以宽窄肥瘦而论，套裙中的上衣分为紧身式与松身式等两种。紧身式上衣的肩部平直、挺拔，腰部收紧或束腰，其长多不过臀部，整体上呈倒梯形造型，线条硬朗而鲜明。松身式上衣的肩部则大多任其自然，或稍许垫高一些；其腰部概不收缩，衣长往往直至大腿，线条上讲究自然而流畅。一般认为紧身式上衣显得较为正统，松身式上衣则显得更加时尚。

（六）版型

套裙的版型，亦即其整体造型，它具体是指套裙的外观与轮廓。从总体上来讲，套裙的具体版型可大致分为"H"型、"X"型、"A"型、"Y"型四种。

1. "H"型

"H"型版型套裙的主要特点是：上衣较为宽松，裙子则多为筒式。如此一来，上衣与下裙便给人以直上直下、浑然一体之感。它既可以让着装者显得优雅、含蓄和帅气，也可以为身材肥胖者遮丑。

2. "X"型

"X"型版型套裙的主要特点是：上衣多为紧身式，裙子则大多是喇叭式。实际上，它是以上宽与下松来有意识地突出着装者的腰部的纤细。此种版型的套裙轮廓清晰而生动，可令着装者看上去婀娜多姿、楚楚动人。

3. "A"型

"A"型版型套裙的主要特点是：上衣为紧身式，裙子则为宽松式。此种上紧下松的造型，既能体现着装者上半身的身材优势，又能适当地遮掩其下半身的身材劣势。不仅如此，它还在总体造型上显得松紧有致，富于变化和动感。

4. "Y"型

"Y"型版型套裙的主要特点是：上衣为松身式，裙子则多为紧身式，并以筒式为主。它的基本造型，实际上是上松下紧。一般来说，它意在遮掩着装者上半身的短处，并同时表现出其下半身的长处。此种版型的套裙，往往会令着装者看上去亭亭玉立、端庄大方。

（七）款式

套裙在款式方面的变化，主要集中于上衣与裙子方面。一般而言，背心的变化往往不会太大。

1. 上衣的款式

套裙中上衣的变化，主要表现在衣领方面。除最为常见的平驳领、枪驳领、一字领、圆状领、"V"字领、"U"字领外，青果领、披肩领、燕翼领、蟹钳领、束带领等领型，在套裙的上衣中也并非罕见。

上衣的另外一个主要变化，则体现在衣扣方面。它既有无扣式的，也有单排式、双排式的；既有明扣式的，也有暗扣式的。在衣扣的具体数目上，它少则只有一粒，多则不少于十粒。就具体作用而论，有的纽扣发挥着实际作用，有的纽扣则只起着装饰作用。

除领型、纽扣等方面的变化，套裙的上衣在其门襟、袖口、衣袋等方面，往往也多会花样翻新、式样倍出。

2. 裙子的款式

作为套裙的主角，裙子的式样也不乏变化。就最常见者而言，西装裙、一步裙、围裹裙、筒式裙、折裥裙等，款式端庄、线条优美；百褶裙、旗袍裙、开衩裙、"A"字裙、喇叭裙等，则飘逸洒脱、高雅漂亮。目前，它们都是大受白领丽人们欢迎的式样。

与男士的西装相比，女士的套裙在款式上千变万化，令人眼花缭乱。此种情况，是男士选择西装时根本不会遇到的。

二　套裙的穿着

商界女士在正式场合要想显得衣着不俗，不仅需要选择一身符合常规标准的套裙，更要注意套裙的具体穿着必须得法。

在穿着套裙时，需要注意的主要问题大致有以下五个：

（一）大小适度

一套做工精良的优质面料的套裙，穿在一位白领丽人的身上，无疑会为之平添魅力。但是，如果真的想让穿在自己身上的套裙显得美丽而生动，就必须大小相宜。别人的套裙，过大或过小、过肥或过瘦的套裙，通常都不宜贸然穿着。

通常认为，套裙中的上衣最短可以齐腰，而裙子最长则可以达到小腿的中部。在一般情况下，上衣不可以再短，裙子也不可以再长。否则，便会给人以勉强或者散漫的感觉。

特别应当注意的是，上衣的袖长以恰恰盖住着装者的手腕为好。衣袖如果过长，甚至在垂手而立时能够挡住着装者的大半个手掌，往往会使其看上去矮小而无神；衣袖如果过短，动不动就使着装者"捉襟见肘"，甚至将其手腕完全暴露，则会显得滑稽而随便。

还应强调的是，上衣或裙子均不可过于肥大或包身。如果说过于肥大的套裙易于使着装者显得萎靡不振的话，那么过于包身的套裙则往往会令着装者"引火烧身"、惹来麻烦。

（二）穿着到位

穿套裙时，必须依照其常规的穿着方法将其认真穿好，并令其处处到位。尤其需要注意：上衣的领子要完全翻好；衣袋的盖子要拉出来盖住衣袋；不允许将上衣披在身上或搭在身上；裙子要穿得端端正正，上下应对齐之处务必对齐。

特别需要指出的是，商界女士在正式场合露面之前，一定要抽出一些时间仔细地检查一下自己所穿的衣裙的纽扣是否系好、拉锁是否拉好。在大庭广众之前，如果上衣的衣扣系得有所遗漏，或者裙子的拉锁忘记拉上、稍稍滑开一些，都会令着装者一时无地自容。

按照常规，商界女士在正式场合穿套裙时，上衣的衣扣必须一律全部系上。不允许将其部分或全部解开，更不允许当着别人的面随便将上衣脱下来。那种所作所为，不一定会使自己显得随和、泼辣，也不一定会给人以"女强人"的印象，但却必定会给人以大而化之、不拘小节之感。

（三）适应场合

商界佳丽尽管与套裙非常般配，但是这也并不意味着不论干什么事情、在任何场合都可以以穿着套裙应付下来。与任何服装一样，套裙自有其适用的特定场合。

商务礼仪规定：商界女士在各种正式的商务交往中一般以穿着套裙为好，在涉外商务活动中则尤其应当如此。除此之外，在其他场合大多没有必要非穿套裙不可。

商界女士在出席宴会、舞会、音乐会时，可酌情选择与此类场面相协调的礼服、时装或民族服装。此刻若是仍然穿着套裙，就会令自己与现场"格格不入"，并且还有可能影响到他人的情绪。

外出观光旅游、逛街购物，或者进行健身锻炼时，商界女士一般以穿着休闲装、运动装等便装为宜。如果在那类场合还穿着套裙的话，不仅"劳而无功"，而且还会使他人觉得着装者煞有介事。

（四）协调妆饰

高层次的穿着打扮，讲究的是着装、化妆与配饰风格统一，并相辅相成。因此，在穿着套裙时，商界女士必须具有全局意识，将其与化妆、配饰一道全盘加以考虑。若忽略了这一点，可能就会使它们彼此矛盾、问题丛生。

就化妆而言，商界女士在穿套裙时的基本守则是：既不可以不化妆，又不可以化浓妆。穿套裙时，商界女士必须维护好个人的形象，因此不能够不化妆。而之所以要求商界女士不可以化浓妆，则主要是因为商界女士在工作岗位上需要突出的是其工作能力、敬业精神，而非自己的性别特征和靓丽容颜。

就配饰而言，对商界女士在穿套裙时的主要要求是：以少为宜，合乎身份。在工作岗位上，可以不佩戴任何首饰。如果需要佩戴的话，则至多不应超过三种，每种不宜多于两件。不仅如此，穿套裙的商界女士在佩戴首饰时，还必须兼顾自己职业女性的身份。按照惯例，在工作场合，不允许其佩戴与个人身份无关的珠宝首饰，也不允许佩戴有可能过度张扬自己"女人味"的胸针、耳环、手镯、脚链等首饰。

（五）兼顾举止

虽说套裙最能够体现女性的柔美曲线，但若是着装者举止不雅，在穿套裙时对个人的仪态毫无要求，甚至听任自己肆意而为，则依然不会将套裙自身的美感表现出来。

穿上套裙后，商界女士的站立姿态一定要又稳又正。不可以双腿叉开，或站得东倒西歪；不随时倚墙靠壁而立。就座以后，则务必注意自己的坐姿。切勿双腿分开过大，或是翘起一条腿来，脚尖抖动不已，更不可以脚尖挑鞋直晃，甚至当众脱下鞋来。

一套剪裁合身或稍微紧身一些的套裙，在行走时或取放东西时，有可能会对着装者产生一定程度的制约。由于受裙摆所限，穿套装者走路时不宜大步流星地奔向前去，而只宜以小碎步疾行。在行进中，步子以轻、稳为佳，不可走得"嗵嗵"直响。需要去取某物时，若其与自己相距较远，可请他人相助，千万不要逞强，尤其是不要踮起脚尖、伸直胳膊费力地去够，或是俯身、探头去拿，免得露出自己身上不该暴露的部位，甚至使套裙因此而訇然开裂。

三　套裙的搭配

俗话说，"红花还须绿叶扶。"在穿套裙时，对其搭配不可不慎。在套裙的具体搭配上，主要应考虑衬衫、内衣、衬裙、鞋袜的选择是否适当。

（一）衬衫

选择用以与套裙配套穿着的衬衫，向来就有不少的讲究。

1. 衬衫的选择

从面料上讲，它的主要要求是轻薄而柔软，故此真丝、麻纱、府绸、罗布、花瑶、涤棉等都可以用作其面料。从色彩上讲，它的要求则主要是雅致而端庄，并不失女性的妩媚。除了作为"基本型"的白色外，其他各式各样的色彩，包括流行色在内，只要不是过于鲜艳，或与同时所穿的套裙的色彩不相互排斥，均可用作衬衫的色彩。不过，还是以单色为最佳之选。同时，还应注意，应使衬衫的色彩与同时所穿的套裙的色彩互相般配：要么外深内浅，要么外浅内深，以形成两者之间的深浅对比。

与套裙配套穿着的衬衫，最好不要带有"繁花似锦"般的图案。选择无任何图案的衬衫最为得当。除此之外，至多可以再选择带有条纹、方格、圆点、碎花或暗花的衬衫。假如在穿着带有图案的套裙时穿带有图案的衬衫，应使二者或外简内繁，或外繁内简，以使之变化有致。

女式衬衫的款式甚多，其变化多体现在领型、袖管、门襟、轮廓上，在点缀上通常不宜十分新奇夸张。那些样式极其精美、新奇、夸张的衬衫，其实仅适合于单独外穿。

2. 衬衫的穿法

穿衬衫时，白领丽人须注意下述事项：一是衬衫的下摆必须掖入裙腰内，不得任其悬垂于外，或是将其在腰间打结。二是衬衫的纽扣要一一系好。除最上端一粒纽扣按惯例允许不系外，其他纽扣均不得随意解开。在他人面前露出一抹酥胸，乃属不雅之态。三是在公共场合不宜直接外穿衬衫。

按照惯例，不可在外人面前脱下上衣，进而直接以衬衫面对对方。身穿紧身而透明的衬衫时，特别要牢记此点。

（二）内衣

内衣，通常被商界女士昵称为"贴身的关怀"。穿着套裙时，按照惯例，亦须对同时所穿的内衣慎加选择，并注意其具体的穿着之法。

1. 内衣的选择

一套内衣往往由胸罩、内裤以及腹带、吊袜带、连体衣等构成。内衣理当柔软贴身，并能够起到支撑和烘托女性线条的作用。有鉴于此，选择内衣时，最关键的一点就是要使之大小适当，既不能过于宽大晃悠，也不能过于窄小夹人。

内衣所使用的面料以纯棉、真丝等面料为佳，其色彩可以是常规的白色、肉色，也可以是粉色、红色、紫色、棕色、蓝色、黑色。总体而言，一套内衣最好同为一色，而且其各个组成部分宜为单色。就图案而论，着装者完全可以根据个人爱好加以选择。

内衣的具体款式甚多。在具体进行选择时，特别应当注意的是，穿上内衣以后，不应使它的轮廓一目了然地在套裙外展现出来。不然，就很有可能使自己为他人所蔑视。

2. 内衣的穿法

在内衣的穿着方面，商界女士必须具体注意如下四点：

第一，不可不穿。无论如何，在工作岗位上不穿内衣的做法都是失礼的。在西方一些国家里所流行的不戴胸罩的做法，并不值得仿效。

第二，不宜外穿。有人为了显示自己新潮，在穿着套裙时索性不穿衬衫，而直接代之以连胸式衬裙或文胸。更有甚者，甚至在套裙之内仅仅穿着胸罩。那样一来，它们都会暴露在他人视野之内。此种出格的穿法，是甚为不雅的。

第三，不得外露。穿内衣之前，务必要检查一下它与套裙是否大小相互配套。若无意之中在领口露出一条胸罩的带子，或在裙腰外面露出一圈内裤，都会给自身形象造成无可挽回的损失。

第四，不准外透。在选择与内衣一同穿着的套裙、衬衫时，应使三者厚薄有别。切勿令三者一律又薄又透，并色彩反差甚大。那样的话，内衣就会被别人从外面看得清清楚楚。

（三）衬裙

衬裙，此处特指穿在裙子之内的裙子。一般而言，商界女士穿套裙时非穿衬裙不可。穿套裙时，尤其是在穿丝、棉、麻等薄型面料或浅色面料的套裙时，假如不穿衬裙，就很有可能会使自己的内裤动辄为外人所见。

1. 衬裙的选择

选择衬裙时，可以考虑各种面料，但不论是哪种面料，都以透气、吸湿、单薄、柔软者为佳。过于厚重或过于硬实的面料，通常都不宜用来制作衬裙。

在色彩与图案方面，衬裙的具体讲究是最多的。衬裙的色彩宜为单色，如白色、肉色等，但必须使其与外面套裙的色彩相互协调。二者要么彼此一致，要么外深内浅。但无论如何，都不允许出现二者之间外浅内深的情况。在一般情况下，衬裙上不宜出现任何图案。

从款式方面来看，衬裙亦须与套裙相互配套。大体上来说，在衬裙款式的选择上应该特别关注线条简单、穿着合身、大小适度等三点。它既不能长于外穿的套裙，也不能过于肥大，以至于将外穿的套裙撑得变形。

2. 衬裙的穿法

穿衬裙时，有以下两条主要注意事项：一是衬裙的裙腰切不可高于套裙的裙腰，从而暴露在外。二是应将衬衫下摆掖入衬裙裙腰与套裙裙腰之间，切不可将其掖入衬裙裙腰之内，否则行走的时间一长，或动作过大时，它就有可能连累衬裙裙腰"重见天日"。

（四）鞋袜

鞋袜，往往被称为商界女士的"腿部景致"或"足上风光"。因此每一位爱惜自身形象的白领丽人都切不可对其马虎大意。有人曾言，"欲了解一位白领丽人的服饰品位，看一看她所穿的鞋袜即可。"这句话，突出地说明了鞋袜之于商界女士的重要性。

1. 鞋袜的选择

选择鞋袜时，理当首先注意其面料。商界女士所穿的用以与套裙相配套的鞋子，宜为制式皮鞋，即黑色高跟或半高跟的船型皮鞋，并以牛皮或羊皮制品为上品。同时与之配套所穿的袜子，则可以是尼龙丝袜或羊毛袜。

对鞋袜的色彩，在此有许多特殊的要求。与套裙配套的皮鞋，以黑色最为正统。此外，与套裙色彩一致的色彩的皮鞋亦可选择。但是，鲜红、明黄、艳绿、浅紫色的鞋子则最好莫试。穿套裙时所穿的袜子，可有肉色、黑色、浅灰、浅棕等几种常规选择，但其宜为单色。至于多色袜、彩色袜，以及白色、红色、蓝色、绿色、紫色等色彩的袜子，则通常都是不宜选择的。

有必要强调的一点是，穿套裙时应该有意识地注意鞋、袜、裙三者之间的色彩是否协调。一般认为，鞋、裙的色彩必须深于或略同于袜子的色彩。若一位女士在穿白色套裙、白色皮鞋时穿上一双黑袜子，就会给人以长着一双"乌鸦腿"之感。

不论鞋子还是袜子，其图案与装饰均不宜过多，以免"喧宾夺主"。在正式场合，若选择加了网眼、镂空、拼皮、珠饰、吊带、链扣、流苏、花穗的鞋袜，或印有时尚图案的鞋袜，只能给人以肤浅感。一点图案与装饰都没有的鞋袜，有时穿起来效果反而更好。

鞋袜在与套裙搭配穿着时,其款式也有一定之规。与套裙配套的鞋子,除制式皮鞋外,诸如系带式皮鞋、丁字式皮鞋、皮靴、皮凉鞋等都不宜采用。高筒袜与连裤袜,被视为与套裙的标准搭配。中统袜、低统袜,则绝对不宜与套裙同时穿着。

2. 鞋袜的穿法

穿套裙的商界女士在穿鞋袜时,有下列五点需要注意的具体事项:

第一,鞋袜应大小相宜。鞋子大了不跟脚,并会露出趾缝;袜子大了则会松松垮垮,甚至还会往下掉。

第二,鞋袜应完好无损。鞋子如果开线、裂缝、掉漆、破残,袜子如果有洞、跳丝,均应立即更换,不要打了补丁再穿。

第三,鞋袜忌当众脱下。有些女士喜欢一有空便脱下鞋子,或是处于半脱鞋状态。还有个别人则经常将袜子撸下去一半,甚至当着外人的面脱去袜子。此类做法,都是极其有失身份的。

第四,袜子忌随意乱穿。不允许同时穿两双袜子,也不许将健美裤、七分裤、九分裤等裤装当成袜子来穿。

第五,袜口忌暴露于外。袜口即袜子的上端,将其暴露在外是一种公认的既缺乏服饰品位又失礼的表现。换言之,此即所谓"三截腿",即在裙袜之间露出一段腿肚子。商界女士不仅在穿套裙时应该自觉避免此种情形的发生,而且还应当在穿开衩裙时注意,即使在走动之时,也不应当让袜口偶尔一现于裙衩之处。

第三节 制 服

在国内外多数企业中,人们在工作时通常都会身穿面料、色彩、款式整齐而划一的服装,这就是所谓的制服。简单来说,制服是指上班族在其工作岗位上按照规定所必须穿着的,由其所在单位统一制作下发的,面料、色彩、款式整齐而划一的服装。对商界人士而言,制服其实就是自己在工作岗位上按规定所必须穿着的上班装,或曰工作服。

在现代社会里,要求本单位的全体从业人员一律身穿制服上班,是许多公司与企业的常规做法。商务人员在工作中身着式样统一的制服,至少有如下四大好处:

第一,可体现其职业特征。为了满足实际工作的需要,不同的职业往往需要具有不同特征的制服。与军服、警服、铁路服、海员服、空乘服、邮政服、工商服、税务服彼此各具特色一样,从事不同类型的商务活动的商界人员所穿的制服通常也都各不相同。它们不仅适应着商务人员各自具体的工作性质,而且还具有商务人员的着装所共有的一些基本特征。

第二,可表明其职级差异。在工作岗位上,商务人员的具体分工往往有所不同,制服对此是有所体现的。即便是在同一个单位里,不同部门、不同级别、不同职务的人员，往往从其制服上就可以一眼区别开来。这样做，既是为了分工明确，也是为了增进着装者的荣誉感，并争取社会舆论的监督。

第三，可实现其整齐划一。从总体上讲，商务人员在自己的工作岗位上是不允许过多地张扬个性的。身着样式一致的制服，不仅有助于体现出整个单位的共性、全体员工的良好的团队意识及合作性与凝聚力，而且还便于本单位更为有效地对全体员工进行要求和管理。

第四，可树立其单位形象。根据现代公共关系理论，要求全体员工身着统一式样的制服上班，实际上是建立某一社会组织用以树立自身形象的"企业静态识别符号系统"的常规手法之一。换言之，要求全体员工在工作岗位上身穿制服，可以令人耳目一新。久而久之，便会使本单位的独特形象随之而深入人心，并得以确立。

由于商界所包容的具体职业不胜枚举，因此制服亦可谓变化万千。有时，就是在同一个单位里，它往往也会异彩纷呈。虽则如此，在千变万化、形形色色的商界制服之中，仍然可以发现许多具有共性的、规律性的一致之处。此种一致之处，即为制服的礼仪规范。

有关商务人员所穿制服的礼仪规范，主要涉及其选择制作与搭配穿着等两个具体方面。

一　制服的制作与选择

制服的制作与选择，既与每一名必须穿着制服的商务人员相关，更主要地取决于其所在单位决策者的个人态度。鉴于此事与单位形象息息相关，故此每个单位的负责人均应亲自过问此事，而决不可将其随便交由办事人员自由经办。

制作与选择一套可供商务人员所穿着的制服，所要考虑的重点问题主要包括面料、色彩、款式、分类、做工等。简而言之，面料宜好、色彩宜少、款式宜雅、分类宜准、做工宜精，就是对商务人员所穿制服的基本要求。

（一）面料宜好

用来为商界人士制作制服的面料，应尽可能地选择精良上乘之物。在一般情况下，本着既经济实惠又美观体面的方针，应当优先考虑纯毛、纯棉、纯麻、棉毛、棉麻、毛麻、毛涤等面料。

纯毛、纯棉、纯麻等面料不仅质地纯天然，而且吸湿、透气、贴身、舒适，外形美观，穿在身上显得较为高档。凡是经济条件允许的单位，均应对此予以优先考虑。

棉毛、棉麻、毛麻、毛涤等，皆属于高档混纺面料。与前者相比，它们可以说是一种退而求其次的选择。它们大多悬垂、挺括、结实、耐折、耐磨，并且在价格上比较便宜，因而经济实惠。

有些时候，为了满足从事某些特殊工作或是适应某些特殊环境的需要，通常还要求用来制作制服的面料具备某些比较特殊的功能，例如，防火、防水、防风、防尘、防辐射、防静电、防氧化、防高温、防低温等。在选择制作此类特种用途的制服的面料时，务必要一丝不苟、精益求精、严格把关，绝对不允许放松标准、以次充好。

若非情况较为特殊，一般不应选择涤纶、涤丝、尼龙、中长纤维等人造化学纤维面料来制作商务人员的制服。用各种化纤所制作的制服，在短时间内，大多色泽鲜艳、免烫抗皱、坚牢耐穿，而且还可以大大地降低制作成本。但是由于它们往往经不起时间的考验，穿的时间久了，通常都会被磨得发光发亮，表面上往往会藏污纳垢、起毛起球，而且还极易跳丝或产生静电。那样就会给人以劣质低档之感，因而它们也就被人们打入了另册。

（二）色彩宜少

在统一制作制服时，切不可使其色彩过于繁多，或过于杂乱。否则它看起来色彩杂乱无章，或花里胡哨，都无益于维护本单位的整体形象。正是基于这一原因，从总体上讲，制服的色彩宜少而不宜多。

具体来说，在选择制服的色彩时对以下三点应予重视：

1. 优先选择本单位的标志性色彩

在用来塑造单位形象的"形象识别系统"中，标志性色彩占据着重要的位置。所谓标志性色彩是指，某一单位为了体现自身特色、表现自身理念，而特意选定一种或数种色彩用以代表自己。在商务活动中，标志性色彩已被广泛地应用于单位的标志、徽记、广告、标语、商标、旗帜、建筑等各个方面。以之作为员工制服的主色彩，亦为一种国际通行的做法。

2. 力求色彩单一而偏深

如果与上一点不矛盾的话，则制服的色彩就应以单一而偏深为好。在一般情况下，一套制服里的上衣、裤子或裙子最好采用同一种色彩。出于庄重、耐脏等方面原因的考虑，制服通常不宜采用浅色、花色或艳色。根据常规，可为商界人士的制服所选择的、符合如上要求的色彩，大体上仅有蓝、灰、棕、黑等几种。蓝色制服表示严谨，灰色制服表示稳重，棕色制服表示文雅，黑色制服则表示高贵。在世界各国，它们都是最为常用的商界制服的"基本色"。

3. 尽量遵守"三色法则"

为制服进行色彩搭配时，在总体上通常要参照"三色法则"。该法则的主要要求是：与制服一同搭配的衬衫、领带、帽子、鞋袜，包括制服本身在内，其色彩应在总量上被限定在三种以内。此种做法，可使配色的效果最佳。具体而言，商界人士在穿制服时，全身一色未必不可，全身两色也不能算少，但是至多不宜超过三色。否则，全身的色彩就会乱套。穿制服时要求遵守"三色法则"，主要是为了体现出商界人士着装简洁大方的整体风格。在具体进行操作时，有下列两点务请切记：其一，采用两色或三色时，最好令其中的一种色彩为白色。其二，不论采用双色还是三色，都不要按等比对其进行搭配。

此外，除本单位的标志外，制服上不宜出现任何图案或饰物。

（三）款式宜雅

商界制服款式上的总的要求，是雅气端庄。它既应当突出自己的实用性，又应当有意识地使之传统而保守；它既应当与众不同，又不宜一味追逐时尚，甚至超越时尚；它既应当体现出本单位的特色，又不可为了标新立异而以奇装异服的面目出现。简言之，商界人士在穿上制服后应当显得工作便利、精明干练、神气十足、文质彬彬、温文尔雅，而非令人瞠目结舌、避之不及。这些要求体现到制服的款式方面，就是应当以"雅"为本。

具体而言，制服目前多为两件套式，即由一件上装与一件下装所构成。由于行业不同、部门不同、要求不同，制服的具体款式亦可谓变化多端，令人目不暇接。

制服中的上装，有西装式、猎装式、夹克式、衬衫式、两用衫式等之分。制服中的下装，则有裤装式、裙装式、背带装式等之分。

不论商界制服具体采用哪一种款式，根据"款式要雅"的总体要求，都必须使之力戒露、透、短、紧，即所谓的制服四戒。

1. 戒露

制服理应发挥服装为人体遮羞的基本功能，对商界人士在工作岗位上不宜裸露在外的躯体加以掩饰。通常认为，制服不应当使着装者的胸部、腹部、背部、大腿和肩部在外"曝光"。此五处不宜外露之处，通称为"制服五不露"。假如达不到这一要求，就会让着装者的乳沟、胸毛、腋毛、肚脐、大腿、脊背等处，甚至连同内衣一起昭然若揭。

2. 戒透

制服即使色浅、单薄，也绝对不应当透明。如果在上班时所穿的制服成了变相的"透视装"，令本属于着装者"绝对隐私"的背心、胸罩、内裤、腹带、衬裙等若隐若现，甚至赫然在目，犹如特意进行"公开陈列"一般，不但有碍观瞻，而且也会显得着装者有失自尊。

3. 戒短

商界人士的制服，无论如何都要合身。有些制服因为工作的需要，允许相对宽松肥大一些。但是不论怎样都不应使之过分短小。不然既显得小气，又会给人以不文明感。在一般情况下，制服中的上装不宜短于腰部，否则就会露出内裤、裙腰甚至肚皮，成为改头换面的"露脐装"。裤装式的制服，一般不宜为短裤式样。裙装式的制服，则裙摆大多应当长于膝盖。之所以如此规定，对着装者其实也是一种保护：既可使其工作安全，又可减少其被他人骚扰的机会。

4. 戒紧

必须明确的是：制服并非时装，因此不应使之过于紧身以凸现着装者的线条。通常，以高弹面料制作制服显然是不合适的。如果采用此种面料，很可能会因此而使着装者原形毕露、一目了然，甚至还会使其内衣、内裤的轮廓均一览无余。应当注意的是，想要体现本人的苗条身材而随意改动制服的做法，也是不可取的。

（四）分类宜准

要使制服在商务活动中真正发挥良好的作用，就必须在恪守上述几项规则的前提下对其进行必要的分类。在实际生活中，对商界制服进行分类有多种方法。然而，不论采用何种分类方法，都应当使之适应实际工作的需要，有助于维护本单位的形象，并且定位恰到好处。此即所谓的分类要准。

就现状而言，在对商界制服进行分类时采用的主要有下述四种方法：

1. 按照性别分类

总的说来，现今的制服明显地具有"中性化"趋向。有时，它甚至可以不分男女。但为了照顾男女的不同生理特点，并在工作中使之得以分辨清楚，制服通常都有男式与女式之别。

2. 按照季节分类

在我国，一年分四季，寒暑各不同，制服自然也应随之有所变化。在四季明显的地区，制服往往被分为三类，即夏装、冬装与春秋装。而在一年只有冷暖两季的地区，制服则可分为暖季制服与冷季制服等两类。在热带地区，由于四季皆为炎夏，所以制服实际上也就只存在夏装一种了。

3. 按照用途分类

虽然制服被通称为上班装，但是商界人士工作的具体岗位往往各不相同，因此制服依照其具体用途又可以分为办公服、礼宾服与劳动服三类。办公服，主要供坐办公室者穿着。礼宾服，主要适合礼仪人员在礼宾岗位上穿着。劳动服，则仅仅适用于在劳作之时穿着。

4. 按照职级分类

在商界讲究的是：员工分工明确，管理者与被管理者有别，下级服从上级。这一特色往往也会在制服上得到体现。在许多大型公司与企业里，不同级别者的制服各不相同，不同部门的制服也区分得一清二楚。它的好处是：不仅方便了自己的交往对象，而且还可以增强着装者的责任心与荣誉感。

（五）做工宜精

在制作制服时，既要考虑节省费用，反对铺张浪费，更要注意务求其做工精细严谨、好上加好、精益求精。

在制作制服时，绝对不允许粗制滥造。而要做到此点，就必须严守制服的制作标准。没有制作标准与不遵守制作标准，同样都是有害的做法。特别应当切记的是：

绝对不允许以任何借口在制作制服时偷工减料，使其看起来粗陋不堪、面目全非；也不允许在制作制服时粗针大线、马马虎虎，使其"好景不长"。为此，在外加工或制作制服时，务必要严加监管、抽查与验收。

之所以要求制服的做工要精，是因为此乃其美观耐用的前提，并且与维护着装者与其所在单位的形象直接相关。因此，在检查一套制服的制作质量时，尤其需要注意下列细节：领子是否大小相当；衣袖、裤管是否长短一致；衣袋是否端正而对称；肩线、裤缝、裙腰是否平直；衬里是否外露；纽扣、别针、挂钩、拉锁、裤襻、裙襻是否钉得结实；纽扣与扣眼是否对应；拉锁是否好用；等等。

除此之外，做工要精还包括其制作应当量体裁衣、大小合身这层意思在内。

二 制服的穿着与搭配

既然制服属于上班装，那么对于身着制服上班的商界人士而言，穿着与搭配制服就必须严格地遵守有关的礼仪规范。

（一）制服的穿着

在穿着制服上班时，商界人士必须注意以下四个方面的问题：

1. 忌脏

穿着制服，必须努力使之保持干净而清爽的状态。上班所穿的制服难免会被弄脏，此点并不值得大惊小怪。重要的是，对制服的清洁与否一定要时刻留意。一旦发觉它被弄脏了，就应当马上进行换洗。换言之，对制服定期或者不定期地进行经常性的换洗，应成为每一位商务人员用以维护自我形象的自觉而主动的行动。不仅如此，除制服之外，与之同时配套穿着的内衣、衬衫、鞋袜亦应定期进行换洗。

在外人面前，商界人员所穿的制服必须无异味、无异物、无异色、无异迹。若其汗臭扑鼻，或遍布油垢、汗迹、汤渍、漆色，往往非但不能表明着装者勤劳辛苦，反而只会令人感觉肮脏不堪。

2. 忌皱

穿着制服，一定要整整齐齐、外观完好。由于制服所用的面料千差万别，并非所有的制服都能够做到悬垂挺括、线条笔直，但不使其皱皱巴巴、褶痕遍布却是每一名商务人员均应做到的。无论从哪一个方面来说，身穿一套褶皱遍布的制服的商界人士，都难于赢得他人的尊敬。除了窝囊邋遢、消极颓废、懒惰不堪、不修边幅这一类评价之外，恐怕再也找不到适于对其加以评论的言辞了。

为防止制服产生褶皱，必须采取一些必要的措施。例如，脱下来的制服应挂好或叠好，切勿信手乱扔。洗涤之后的制服，要加以熨烫，或是上浆。穿制服时，不要乱倚、乱靠、乱坐等。

3. 忌破

在工作中，商界人士所穿的制服经常会在一定程度上形成破损。除了"工伤"这一因素外，制服穿的时间久了，也会自然地发生"老化"，出现诸如开线、磨毛、磨破、纽扣丢失等等的情况。

一旦发现制服"挂彩"，商界人士就应采取必要的补救措施，并应根据其具体情况分别加以对待。在一般情况下，制服一旦在外观上发生明显的破损，如掉扣、开线或形成破洞等，就不宜在工作岗位上继续穿着。在办公室里，特别是在某些"窗口"部门工作的商界人士，或是担负领导职务的商界人士，更要注意此点。千万不可视而不见、听之任之。

对破残的制服，应该根据具体情况分别进行处理。若其为劳动服，则经过认真修补后，仍然可以再穿。但即便如此也不应对破残之处敷衍了事，在其上面贴胶布或别别针都是不规范的举动。若其为礼宾服或办公服，破残之处经过修补后痕迹过于明显者，比如需要打补丁或换上式样不配套的纽扣之类，则不宜再在正式场合穿着。

4. 忌乱

如果单位里规定全体员工都必须穿制服上班，那么每一名商务人员都必须"从我做起"，认真遵守此项规定。不仅如此，欲使制服真正发挥功效，商务人员还必须认真地依照着装规范行事。

在穿制服的单位里，最忌讳一个"乱"字。商界人士穿制服时所谓的"乱"，主要反映在如下两个方面：

第一，有人不按照规定穿制服。在某些要求穿制服的单位里，总有个别人以"忘了""不舒服""不合身""不喜欢"为由，拒绝穿制服。他们甚至自以为美地将街市装、宴会装、沙滩装、卧室装穿到单位里来。此举不仅让别人搞不懂他们是不是上班来了，而且还会因此破坏本单位的制度与秩序，让外人觉得本单位管理不严。

第二，有人穿制服时不守规矩。在有些单位里，一些人虽然按规定穿了制服，但是却自行其是、随便乱穿，例如，像敞胸露怀、不系领扣、高卷袖筒、挽起裤腿、乱配鞋袜、不打领带、衬衫下摆不束起来等。如此种种做法，亦有损制服的整体造型。客观地讲，此类做法的危害性并不亚于不穿制服。

（二）制服的搭配

除去上装与下装这两大主体部分，商界人士通常还需要按照有关规定，将自己其他部分的衣饰与制服有机地、协调地进行组合搭配。

在一般情况下，商界人士在穿制服时，按规定要求与其配套使用的衣饰，主要有衬衫、帽子、鞋袜、皮带等。它们往往会与制服一起下发，在整体风格上与制服相互一致。商界人士在穿着制服时，若是离开了它们，往往会令所穿制服失去其本应具有的神韵。因此，在穿制服时，按规定应与其配套使用的衣饰一同使用。既不准不使用，也不得以其他非配套使用的衣饰代替。

穿制服时，即使自己的所在单位未对其他部分的衣饰进行统一规定，亦不得滥用。在选用其他衣饰时，均应将它们与制服协调与否的问题置于首位考虑。

第四节　饰　品

在商务交往中，尤其是在一些社交场合里，除去西装、套裙、制服等正装之外，商务人员通常还离不开许多重要的饰品。此时此刻，饰品的选择、搭配与使用等一系列的细节，往往更能充分、客观地反映出商务人员自身的素养。

饰品，又叫作饰物。所谓饰品，对商务人员而言，乃指在其整体服饰中发挥装饰作用的一些配件。顾名思义，饰品主要具有装饰作用。然而，不少饰品在装扮其使用者的同时，往往还发挥着不可替代的实际功能。因此，在探讨商务人员的衣饰时，绝对不应对饰品有所忽略。

下面，主要来介绍首饰、手表、钢笔、皮具、围巾等几种商界人士最为常用的饰品的礼仪规范。

一　首　饰

首饰，是人们平日使用最多的一种饰品。严格地说，它指的是那些功能专一的装饰品，诸如戒指、耳环、项链、胸针等。有的时候，首饰往往被人们与饰品直接画上等号。

在一个人的穿着打扮中，首饰通常处于画龙点睛的位置。有鉴于此，商务人员在选用首饰时务必要三思而行。对下述几条有关首饰的礼仪规范，一定要认真予以遵守。

（一）符合身份

在正式的商务交往中选戴首饰时，商务人员务必要使之与自己的身份相称。一般而言，在工作中，商务人员是要讲究"首饰三不戴"的：

1. 不戴有碍工作的首饰

如果佩戴某些首饰会直接影响自己的正常工作，那么商务人员就应当坚决不佩戴它们。

2. 不戴炫耀财力的首饰

在工作场合佩戴过于名贵的珠宝首饰，难免给人以招摇过市、不务正业之感。

3. 不戴突出性别的首饰

诸如胸针、耳环、脚链之类的首饰，往往会突出佩戴者的性别特征，从而引起异性过分的关注，因而在工作场合也不宜佩戴它们。

（二）男女有别

从某种意义上讲，首饰实际上是女性的"专利品"除结婚戒指等极少数品种的首饰之外，男性通常不宜在正式场合佩戴过多首饰。这条当今社会上普遍通行的规则，对商界男士同样适用。

与对男性的限制相反，在佩戴首饰时，女性则往往会有多种多样的选择。俗称"女性首饰两大件"的戒指、项链，许多职业女性都是经常佩戴的。对此点，社会上并无任何非议。

（三）遵守成规

对商务人员，特别是白领丽人们来说，在上班时佩戴首饰还须自觉遵守以下几条约定俗成的常规。

1. 以少为佳

在上班时即便可以佩戴首饰，也要注意限制其数量，并坚持以少为佳。一般而言，佩戴首饰时，总量上不宜多于三种，每种则不宜超过两件。

2. 同质同色

同时佩戴多件首饰时，应尽量选择质地、色彩基本上相同的首饰，最低限度也要使其色彩相似。否则搞得五花八门、异彩纷呈，会令人感到佩戴者粗俗不堪。

3. 风格划一

风格划一，在此既指同时佩戴的多件首饰应当风格统一，也指所佩戴的首饰应与佩戴者自身其他衣饰的风格协调一致。

二　手　表

对广大商务人员而言，手表既是一种常用的计时工具，又是一种重要的饰品。社会上早就流行着"男人看表"一说，可见在商界男士身上，手表是一件十分关键的饰品。

手表亦称腕表，在此特指以表带佩戴于手腕上的计时工具。商务人员在佩戴手表时，主要应当在其档次、款式、功能、戴法等四个方面遵守常规。

（一）手表的档次

在商界，人们非常讲究档次。在选择手表时，人们对其档次高低是颇为关注的。一般而言，市面上销售的手表有高、中、低等三个档次。它们不仅在价格方面相差悬殊，而且对其佩戴者的身份亦有一定限制。

1. 高档表

高档表多为瑞士名表，其价位均在数万元人民币以上，其代表品牌有江诗丹顿、百达翡丽、劳力士、欧米茄等。通常认为，佩戴高档表是商界头面人物的特权。

2. 中档表

中档表的一般价位在 1000~10000 元人民币之间，既有外国表，又有国产表，其代表品牌有浪琴、精工、梅花、海霸、雅确等。在当前，它是大多数商务人员的选择。

3. 低档表

低档表，通常指的是价位在 1000 元人民币以下的手表。一些普通公司员工大多喜欢选择这一档次的手表。

（二）手表的款式

在选择手表的款式时，往往多有讲究。商务人员在正式场合佩戴手表时，在其款式方面主要应考虑下述各点。

1. 男女有别

男款表与女款表，是手表在款式上所存在的最基本的区别。佩戴手表时，一般不允许男女不分、胡乱佩戴。

2. 风格庄重

在商务交往中所佩戴的手表，其风格以庄重、保守为主。因此，商务人员在非常正式的场合大多喜欢佩戴比较传统的机械表，而很少选择时髦的石英表、电子表。

3. 重视外观

商务人员在选择正式场合所佩戴的手表时大多十分重视其外观，并尤其关注下述两点：

第一，轮廓。一般而言，正圆、正方、椭圆、长方等形状的手表都是适宜之选，至于异形手表则通常不宜予以考虑。

第二，色彩。手表的表盘、表壳、表带的色彩均极有名堂。商务人员在正式场合中，往往首先考虑选戴"全黄表""全银表"与"全黑表"。有时，有人也喜欢表盘为乳白色，而表壳、表带为金色、银色、黑色的"两黄一白表""两银一白表"与"两黑一白表"。

（三）手表的功能

手表的功能，在此指的是其具体用途。在此方面，一般要求商务人员遵守如下"六不戴气"。

1. 不戴广告表

若非本单位的广告表，商务人员在正式场合中是不宜佩戴的。

2. 不戴时装表

时装表只宜用以与时装进行搭配，上班时穿着正式的套装、套裙、制服的商务人员显然不宜佩戴。

3. 不戴珠宝表

上班时，任何人都不宜招摇过市，所以奢华抢眼的珠宝表不宜佩戴。

4. 不戴特种表

一些有特定用途的手表，例如，太空表、潜水表、血压表、卡通表、纪念表、军用表等，商务人员均不宜佩戴。

5. 不戴劣质表

虽说商务人员没有必要上班时一律佩戴高档表，但这并不意味着就可以选择劣质表。

6. 不戴残损表

此处所说的残损表，特指那些功能与外观均已严重受损的手表。上班时佩戴此种表，无疑是缺乏自尊自爱的表现。

（四）手表的戴法

商务人员在佩戴、使用手表时，大多应当注意下述三点：

1. 忌不戴手表

在外人面前，不戴手表的人通常会被视为时间观念不强的人。

2. 忌乱戴手表

作为腕表，手表只宜戴于手腕之上。将其挂于胸前、腰上或装入口袋中，都会显得不伦不类。

3. 忌滥用手表

佩戴手表意在查看时间，但在商务交往中面对外人频频看表、反复上弦，则是不允许的，那样做有变相逐客或心不在焉之嫌。

三 钢 笔

随着科技的进步，电子计算机已被广泛地应用于商务场合。商务人员平时在互行文书时，已越来越多地采用电子计算机。尽管如此，作为传统书写工具的典型代表，钢笔的重要地位依旧是不可替代的。

在商界，钢笔历来都被视为是商务人员的武器。在选择与使用钢笔时，商务人员应认真遵守以下礼仪规范。

（一）钢笔的选择

选择钢笔，实际上大有讲究。一般来看，选择钢笔时主要应对品牌、式样、功能、类别等四个方面的具体问题给予重视。

1. 品牌

在选择钢笔时，商务人员特别是公司的高层人士往往对其品牌特别关注。在国外，人所共知的著名的钢笔品牌有万宝龙、威迪文、派克等。在国内，英雄、永生、金星等品牌的钢笔则有口皆碑。

2. 式样

商务人员所使用的钢笔，其式样应朴实、大方。具体而言，其色彩应单一而又传统，并以黑色、灰色、红色、金色、银色为佳；其长度应在 12~15 厘米之间，过长或过短都未必得体；其外观与装饰则应当简洁。

3. 功能

在商务交往中，商务人员所使用的钢笔不仅应具备实用功能，而且还应具备一定的装饰功能。但由于其主要用途仍然是书写，因此商务人员尽量不要选用附加功能过多的钢笔。

4. 类别

有些类别的钢笔，例如，签字笔、宝珠笔、书法笔、工艺笔等，均属于正式钢笔的变种。在一般情况下，若无特殊原因，商务人员不宜选用它们。

（二）钢笔的使用

商务人员在使用钢笔时，有以下五条具体的注意事项。

1. 随身携带钢笔

平时，商务人员应养成随身携带钢笔的习惯。不随身携带钢笔的人，往往会在一些关键场合遭遇到尴尬的情况。

2. 备有两支钢笔

训练有素的商务人员，往往会在正式场合同时携带两支钢笔。这样一来，当其中的一支钢笔出现故障时，另外一支钢笔便可以及时救场。

3. 保证墨水充足

因公外出前，有经验的商务人员都会循例检查一下自己随身所携带的钢笔，了解其墨水是否充足。

4. 禁止借用钢笔

通常，在工作中，商务人员是不宜向他人借用钢笔的。

5. 置于适当之处

在正式场合，商务人员所随身携带的钢笔应被置于公文包、上衣口袋、笔袋等既定的规范之处。乱放钢笔，例如，夹在耳朵上、插在衣襟上、别在西装上衣外侧左上方的口袋上、放在裤兜内等，都是不适宜的。

四　皮　具

皮具，在此特指以皮革所制作的较高档次的工作与生活用品。对商务人员而言，皮具兼具实用与装饰之功效。而要想发挥皮具的良好功效，首先就要注意选择好的皮具。选用皮具时，商务人员对以下五个基本点应有所了解。

第一，质地。商务人员所选用的皮具，多为牛皮、羊皮制品。有时，也可以选用质地稍逊一筹的猪皮制品。但珍稀、名贵动物的皮革制品，一般都不宜选用。

第二，颜色。商务人员在选择正式场合使用的皮具时，大多选用单色，并往往优先考虑黑色与棕色。对杂色、花色、多色、艳色的皮具，必须谨慎选用。

第三，形状。根据惯例，商务人员在正式场合所使用的皮具，其形状多为长方形、正方形、椭圆形、半圆形、六边形等较为规范的几何图案。

第四，做工。正规场合所使用的皮具，不论其式样如何、用途怎样，均应制作精良。粗制滥造的皮具，商务人员还是以不使用为妙。

第五，品牌。在一些重要场合，尤其是在国际交往中，人们对商务人员所用皮具品牌的关注，往往甚于对其质地、颜色、形状等方面的关注。例如，路易威登、爱马仕、普拉达、巴利等品牌，都是知名的国际皮具品牌。而金利来、万里马等国内知名皮具品牌，也有众多的拥戴者。

在日常工作与生活中，商务人员所使用的兼具实用性与装饰性功能的皮具主要有皮包、皮夹、皮带等，下面，就分别对其各自的礼仪规范进行简述。

（一）皮包

皮包，在此是指真皮制成的各类包袋。在日常工作与生活中，每一名商务人员都离不开皮包的使用。对白领丽人而言，在正式场合讲究的是"女人看包"。选用皮包时，对下述几点必须予以注意。

1. 用途明确

不同类型的皮包，具有不同的用途。例如，旅行包用于差旅，公文包用于办公，电脑包用于放置电脑，手包用于社交，腰包则用于休闲。它们通常各司其职，切记不可混淆其具体用途而滥用。

2. 讲究搭配

使用于正式场合的皮包，非常讲究与其使用者整体服饰的搭配。对下述各点，尤须重视：

第一，色彩的搭配。商务人员所使用的皮包的颜色，一般应使之与自己整体服饰的主色调相似。有时，亦可令其与自己所穿着的服装的颜色互为对比色。在特别正式的商务交往中，有一条特别的讲究，即商务人员所使用皮包的颜色，应与其同时穿着的皮鞋、系着的腰带的颜色相一致。

第二，质地的搭配。使用皮包时，应有意识地使自己同时使用的各类包袋皆为皮质，并最好脚穿皮鞋。不然的话，就会有碍服饰整体上的和谐统一。

第三，款式的搭配。使用皮包时，还应同时使其与自己的其他服饰在款式上较为一致：要么都是商务款，要么则同为休闲款。

第四，整体的搭配。无论在什么情况下，选用皮包时，都应使其服从于自己服饰上的整体搭配。对使用者的性别、年龄、身份、身高等，均应予以考虑。

3. 内容分类

有人曾说：了解一个人为人处世严谨与否的捷径，就是打开他的皮包，去查看里面所摆放的物品是否井然有序。因此，商务人员对使用于正式场合的各类皮包均应注意以下三点：

第一，减少内容。一般而言，没有必要把自己有用没用的物品全部随身携带或塞入皮包之内。对使用于正式场合的皮包，一定要提前进行删繁就简的整理，以求轻装上阵。

第二，分类摆放。在皮包里，常用之物均应分类放置。这样一来，使用时便会一目了然。

第三，固定位置。常用的物品既要分类放置，更要固定其摆放的具体位置，以便需要使用时"手到擒来"。

4. 携带有方

携带皮包时，对下列一些基本的礼仪规范亦应认真遵守。

第一，不乱用皮包。外出之际，该用什么样的皮包就用什么样的皮包。诸如谈判时系腰包，逛街时拎皮箱，则只会令人讥笑。

第二，不乱拿皮包。皮包的带法颇有讲究。旅行箱应当拉着，公文包应当提着，电脑包则应当背着。反其道而行之，通常是不允许的。

第三，不多带皮包。若非外出旅行，随身携带的大型皮包通常不宜多于一只。必要时，宁可选用一只更大一些的皮包。

第四，不乱放皮包。上门做客时，皮包不应乱放。在一般情况下，可将其交由主人存放。既可存入专用的衣帽厅，也可以放在自己脚边的地板上。

（二）皮夹

皮夹，在此特指某些外形较小的皮包。依据皮夹的用途，商务人员最为常用的皮夹有钱夹、碎银夹、钥匙夹、名片夹、公文夹、电脑夹、笔记夹、便条夹、支票夹、护照夹等。使用皮夹时，通常要求商务人员重视以下三点。

1. 内容专一

皮夹通常容积较小，因此其具体内容越是专一越好。以钱夹为例，其中只宜放置钱币与信用卡。若是里面既放硬币又放名片，再放上电话卡，弄得乱七八糟，将非常有碍观瞻。

2. 外形美观

皮夹虽小，但因使用较多，故亦备受瞩目。使用于正式场合的皮夹，若出现褪色、残破、缺损、开线等情况则最好不再使用。

3. 放置到位

在正常情况下，商务人员所使用的皮夹应存放在公文包或办公桌内。在其他地方乱摆乱放均属不当，即使将其放在衣服口袋内也未必合适。

（三）皮带

皮带，又叫腰带。除了可以束腰，系住裤子与裙子之外，皮带有时亦可作为饰品。比较而言，在商务人员身上，皮带所发挥的装饰作用尤其突出。

在选用皮带时，商务人员一般应注意皮带的色彩、图案、尺寸、环扣与系法等几个要点。

1. 色彩

商务人员使用于正式场合的皮带，在色彩方面有下列三点具体讲究。

第一，宜为单色。使用多色皮带，通常是不允许的。

第二，宜选深色。商务人员所使用的皮带，一般应为深色，并以黑色、棕色皮带为其首选。

第三，宜讲搭配。众所周知，皮带的色彩应与同时所穿着的皮鞋、所使用的皮包的色彩保持一致。

2. 图案

除商标之外，正式场合所使用的皮带应当没有任何图案。它宜为光面，而非压花、磨砂之类。

3. 尺寸

在尺寸上，对皮带主要有下述两个方面的具体要求：

第一，宽度。皮带的宽度，通常男女有别。正式场合所使用的皮带，男士宜宽3厘米，女士宜宽2.5厘米。皮带过宽或过窄，一般都是不允许的。

第二，长度。皮带的长度，应为系好之后长过皮带环扣约10厘米左右。

4. 环扣

环扣是皮带上最醒目之处，它一般应为金属制品，并多为单一的金色、银色或黑色。除商标之外，皮带环扣上不宜出现其他任何文字、图案。

5. 系法

系皮带时，下述各点均为其既定之规，理应予以遵守：

第一，自右而左。一般而言，系皮带时，皮带头大多应当自右而左。

第二，穿入襻带。系皮带时，大多应当认真将其穿入裤子、裙子上的每一个襻带之内。

第三，勿挂他物。在正规场合，皮带上不宜悬挂诸如手机、钥匙、打火机等任何物品。一般而言，一个人的社会地位，与他在腰间皮带上所悬挂的物品的件数通常是成反比的。

五　围　巾

围巾，在传统意义上一般是指围在脖子上保暖的针织品或纺织品。在现代生活中，许多商务人员，尤其是公司女职员，往往喜欢选用围巾作为自己的装饰之物。对商务人员而言，不论选择还是使用围巾，都有一些既定的规则。

（一）围巾的选择

选择围巾时，对其质地、色彩、图案、规格、品牌等均应予以注意。

1. 质地

围巾的具体质地往往多种多样，一般公认真丝或羊绒质地的围巾乃属上品。

2. 色彩

在选择围巾具体的色彩时，可以兼顾三点：个人偏好；整体风格；流行时尚。应当注意的是，一条围巾上的色彩在其总量上最好不要多过三种。

3. 图案

图案，往往是白领丽人选择围巾时所关心的重点。从总体上讲，使用于正式场合的围巾可以没有任何图案。喜欢有图案的围巾的人，可选择具有典雅、庄重等特点的图案。

4. 规格

围巾的具体尺寸，往往多种多样。具体选择时，可以根据个人的具体需要而定。

5. 品牌

围巾的知名品牌甚多。例如，国外的爱马仕、古奇与国内的雪莲、鹿王等，都是其中的佼佼者。

（二）围巾的使用

使用围巾时，一般要求商务人员对下列四点予以注意。

1. 男女有别

比较而言，男性在使用围巾时大多依旧偏重于"围脖"这一传统功能，而女性在使用围巾时则往往偏重于装饰或点缀。例如，不少白领丽人都喜欢选用围巾束发、束腰、束腕、披肩。

2. 季节有别

在一般情况下，商务人员在选用围巾时通常会首先考虑到所处具体季节的差异。在冬季，人们青睐羊毛围巾、羊绒围巾，而在其他季节里，真丝围巾、纯麻围巾则是大多数人的首选。

3. 场合有别

一般而言，在较为正式的场合里，商务人员使用围巾时宜注意庄重、大方；而在轻松愉快的场合里，商务人员使用围巾时则应讲究时尚、俏丽、别致。

4. 形状有别

就基本形状而论，围巾有正方形、长方形、三角形等三种。此外，还有不规则形的围巾。具体使用时，长方形围巾使用最广，并可以形成多种变化，因此它最受白领丽人的喜爱，有人甚至称长方形围巾为围巾的"基本型"。

第五节　美　发

美发，通常是指对人们的头发所进行的护理与修饰，其目的在于使之更加美观大方，并适合自身特点。所谓美发的礼仪，在此指的就是有关人们头发的护理与修饰的规范。美发的礼仪，是仪表礼仪中不可或缺的一个重要的组成部分。在正常情况下，人们观察一个人往往是"从头开始"的，因此位居头顶之处的头发自然不会被错过，而且它还经常会给他人留下十分深刻的印象。一位商务礼仪专家曾指出："每当人们与一位商务人员陌路相逢时，最注意对方的大多是其发型、化妆、着装等几点。正因为如此，一名商务人员假如不想使本人形象受损，就不能够在外出应酬时不重视上述各点。"

从可操作的角度来讲，美发礼仪主要分为护发与做发等两个有机的组成部分。前者主要与头发的护理有关，后者则重点关注头发的修饰。一位商界人士如果不打算使自己"头上失礼"的话，对美发礼仪就必须认真地学习和遵守。

一　护　发

护发礼仪，所关注的主要是头发的维护。护发礼仪的基本要求是：商务人员的头发必须经常地保持健康、秀美、干净、清爽、卫生、整齐的状态。若要真正达到以上要求，就必须在头发的洗涤、梳理、养护等几个方面好自为之。

（一）头发的洗涤

任何一个健康而正常的人的头发都会随时产生各种分泌物。此外，它还会不断地吸附灰尘，并使之与其分泌物或汗液混杂在一起，甚至产生不雅的气味。此类情况一旦出现，无疑都会影响到头发的外观。请设想一下，若一名商务人员的头发看上去脏兮兮的，甚至成缕成片地粘在一起，何人会对他产生好感呢？

保持头发干净、清洁的基本方法是，要对它按时进行认真的洗涤。洗涤头发最好是每日一次，并贵在自觉坚持。

洗涤头发，一是为了去除灰垢；二是为了清除头屑；三是为了防止异味；四是为了使头发条理分明。此外，它还有助于保养头发。

要洗好头发，有如下三条具体事项必须注意：

1. 水质的选择

洗涤头发，宜用40℃左右的温水。水温过低或过高，都对头发有害而无益。尤其要注意水质，各种矿泉水，包括含碱或含酸过多的矿泉水，均不宜用来洗头发。

2. 使用洗发剂

目前，人们洗头时大多会使用一些洗发剂，如香波、润丝等。在选用洗发剂时，除要使之适合自己的发质外，还应使之具有去污性强、能够营养柔顺头发、刺激性小、易于漂洗等优点。使用洗发剂洗头之后，一定要将其漂洗干净。

3. 头发的变干

洗头之后，最好令其自然晾干。此种做法，最有益于保护头发。若打算令头发迅速变干，可用电吹风将其吹干，但其温度不宜过高，否则会毁伤头发。

（二）头发的梳理

要使一个人的头发看上去整洁秀美、清爽悦目，将其认真梳理整齐，令其线条分明、层次清晰、一丝不苟，是极为重要的。不论从哪一个方面来讲，在正常情况下，一个人的头发蓬乱如草、凌乱不堪，都会使其难以为他人所接受。正因为如此，每一名商界人士都必须将梳理整齐头发，视作自己每天必须认真操练并经常自查的一项"基本功"。

就梳理自己的头发而言，商界人士有必要注意下列三点：

1. 选择适当的工具

梳理头发时，不宜直接使用手指抓挠，而应当选用专用的头梳、头刷等梳理工具。选择它的主要标准是：不会伤及头发、头皮。在外出上班时，商界人士最好随身携带一把发梳，以备不时之用。

2. 掌握梳理的技巧

梳理头发，不但是为了将其理顺使之成型，而且也是为了促进头部的血液循环与皮脂分泌，提高头发与头皮的生理机能。要做到这一点，就必须掌握必要的梳理技巧，例如，梳头时用力要适度，用力不宜过重过猛；梳子与头发可以形成一定的角度，以促使头发的形状起伏变化；梳子应向某一个方向同向运动等。

3. 避免公开操作

梳理头发属于一种私人性质的活动，他人所了解的应当是其结果，而不是其过程。若在外人面前梳理自己的头发，使残发、发屑纷纷飘落的情景尽收他人眼底，是极不理智的。

（三）头发的养护

身为中华儿女，绝大多数中国人都具有"黑头发、黑眼睛、黄皮肤"这一种族特征。按照常人的审美标准，每一个人都理当拥有一头浓密的乌发青丝。但实际上，它却并非人人都能够办得到。

商界人士如果要想做到这一点，就必须重视头发的养护。养护头发，其实是治标兼治本的。

1. 保护头发

养护头发中的"护"，指的是头发的保护。保护好头发，就要有意识地使之免于接触强碱或强酸性物质，并尽量防止对其长时间曝晒。洗头时使用洗发剂后，会使头发的养分受到一定的损失，致使其干燥、分叉、断裂甚至脱落。为此，可在洗头之后，酌情采用适量的护发剂。此外，一些质量上好的发乳、发露、发油、发胶以及生发水、亮发蜡等，只要使用得法，也会产生一定的护发作用。

2. 营养头发

养护头发中的"养"，则指的是头发的营养。如果说"护"是治标之法，那么"养"则重在治本。真正要养护好头发，关键还是要从营养的调理与补充等方面着手。一般认为，辛辣刺激之物若食用过量，将会损伤头发的发质。烟、酒对头发的危害则尤为严重。如果想要减少发屑，就应少吃油性大的食物，多吃含碘丰富的食品。若想使头发乌黑发亮，则适宜多吃蛋白质和富含维生素、微量元素的食物，尤其是要多吃核桃一类的坚果，或黑芝麻一类的"黑色食品"。

二 做 发

做发礼仪，所涉及的主要是有关头发的修剪、造型等方面的问题。对商界人士而言，做发礼仪的基本要求是：经过修饰之后的头发，必须以庄重、简约、典雅、大方为其主导风格。不论修剪头发，还是为其选择一定的造型，商界人士都必须严格遵守如上要求。

（一）头发的修剪

头发的修剪，俗称理发。它所指的是对头发进行适当的修整，并以将其剪短到一定程度为主要特征。在正常情况下，每个人的头发都会不断地进行新陈代谢。因此，每到一定的时间，人们就必须理发。

商界人士在修剪自己的头发时，有三个方面的具体问题应引起重视：

1. 定期理发

根据头发生长的一般规律，常人每半个月左右理一次发是最为恰当的。至少，每次理发的间隔不宜长于一个月。如果经年累月不理发，个人形象必将惨不忍睹。此外，在某些特殊时候，例如，参加重要的庆典、宴会时，为显示自己郑重其事，特意临时再理一次发也是非常必要的。

2. 慎选方式

具体说来，理发又分为剪、刮、洗、染、焗、吹、烫等不同的方式。商界人士对其中一些具体方式可根据个人爱好进行自由选择，而对其中的另外一些具体方式则需要三思而行。例如，有身份的商界人士在理发时会把自己的头发染得更黑一些，是比较正常的，因为它既符合"人之常情"，也符合中国人传统的审美习惯。然而若是执意把自己的黑头发染成黄、红、绿、蓝等各色，甚至将其染成数色并存的彩色，则与自己的身份不符。在正式场合与窗口岗位工作者，一般不宜染彩发。

3. 留意长度

上文业已指出，理发是以剪短头发为其主要特征的。那么对商界人士在理发时应将自己的头发修剪到多短为好，就不能不予以讨论。实际上，对商务人员头发的标准长度，商界早已有成规在先。常规的要求是：既不宜理成光头，也不宜将头发留得过长。为了显示出商界人士的精明干练，同时也是为了方便其工作，通常提倡商务人员将头发剪得以短为宜。具体而论，在商界男士中，"长发男儿"是不受欢迎的。不仅如此，在理短发时，还必须做到：前发不覆额，侧发不掩耳，后发不及领，并且面不留须。在商界女士中，则提倡剪短发，并一般要求其在工作岗位上头发长度不宜超过肩部，更不允许将自己的一头秀发随意披散开来。那样做，尽管会使自己的"女人味"倍增，但却是商务交往中所不允许的。当然这并不是说商界女士在工作中就绝对不可以留披肩发，而是建议她们最好对其稍加处理。例如，可暂时将其盘起来或者束起来。

（二）头发的造型

头发的造型，通常称为发型，有时也叫作发式。一个人在美发的时候，首先需要面对的问题就是如何塑造自己的发型。因此将发型称为美发的关键环节，一点都不为过。在实际生活中，商务人员必须认识到：发型不仅反映着自己的个人修养与艺术品位，而且还是自己个人形象的核心组成部分之一。

商界人士在为自己选定发型时，除受到个人品位和流行时尚的左右之外，还往往必须对本人的性别、年龄、发质、脸型、身材、职业等因素重点加以考虑。

1. 考虑性别

在日常生活中，发型一向被作为区分男女性别的重要的"分水岭"之一。虽然近几年来发型的选择逐渐呈现出日益多元化的倾向，明星人物和新潮青年在选择自己的发型时纷纷地"敢为天下先"：成年男子要么留披肩发，要么梳起小辫儿；妙龄少女则或者理"板寸"，或者剃光头……此类做法甚至一时蔚然成风，但是素来以恪守传统而著称的商界人士依旧应当不为所动、不去仿效。以发型而分男女，在商界依旧应当是一条人人都必须遵守的惯例。

2. 关注年龄

商界人士在为自己选择发型时，必须客观地正视自己的年龄，切勿"以不变应万变"，从而使自己的发型与自己的年龄相去甚远、彼此抵触。举例来说，一位青年妇女若是将自己的头发梳成"马尾式"或是编成一条辫子，自可显现出她的青春和活力，可若是一名人过中年的女士也作出此种选择的话，则不但显得她极其不自量力，而且还会因其与自己的年龄不甚协调而令他人大倒胃口。

3. 重视发质

发质，一般是指头发的性质。在选择发型之前必须首先了解自己的发质，看其有无可能性。中国人的发质通常被分成硬发、绵发、沙发、卷发等四种类型。它们各具自己的特点，对发型的选择也有各不相同的要求。

第一，硬发。硬发的特点是头发又粗又硬，稠密并富有弹性。硬发尽管可被用来塑造多种发型，但因其往往粗壮茂密，所以在塑造发型时应重点对其"删繁就简"。

第二，绵发。绵发俗称软发，其特点是头发既软又细，不很稠密，弹性不大。它在造型上难度较大，尤其不宜塑造外观平直的发型，但却适于展示头发之美。例如，此种发质的女士若选择"波浪式"发型，往往效果绝佳。

第三，沙发。沙发的主要特点是头发干涩稀疏，灰暗无光，并经常呈蓬乱状。由于此类发质缺陷较多，头发的直观效果不佳，故切勿以之塑造中、长类型的发型。

第四，卷发。卷发，又叫"自来卷"。其主要特点是长短不一，但却自然地呈现出弯曲之态。此种具有天然之美的发质，几乎可以塑造任何发型。

4. 区分脸型

人的头发生在头顶，下垂到脸旁，因而发型与脸型理应相辅相成。选择一种恰当的发型，既可以为自己的脸型扬长避短，更可以体现发型与脸形的和谐之美。具体而言，不同脸型的人在为自己选定发型时往往会有一些不同的要求。

第一，圆脸者。圆脸型的人五官集中，额头与下巴偏短，双颊饱满。此种脸型的人，可以选择垂直向下的发型。顶发若适当丰隆，可使脸型显长；宜侧分头缝，以不对称的发量与形状来减弱脸型扁平的特征；面颊两侧不宜隆发，并且不宜留头发帘。

第二，方脸者。方脸型的人面部短阔，两腮突出，轮廓较为平直。在设计其发型时，应重点侧重于以圆破方，以发型来增长脸型。可采用不对称的发缝、翻翘的发帘来增加发式变化，并尽量增多顶发。但勿理寸头，耳旁头发不宜变化过大，额头不宜暴露，不宜采用整齐平整的发廓线。

第三，长脸者。长脸型的人往往会给人以古典感，脸型较美。为其设计发型时，应重在抑"长"。可以适当地保留发帘，在两侧增多发容量，削出发式的层次感，顶发不可高隆，垂发不宜笔直。

5. 兼顾身材

人的身材一般都有高、矮、胖、瘦之别。身材不同的人，在选择发型时，往往会有许多不同的考虑。

第一，身材高大者。身材高大的人在发型方面往往可以有比较多的选择。他们既可以做直短发，可以理寸头，也可以长发披肩，或是做成"波浪式"。由于具有身材方面的优势，他们所做的发型多会令其敏捷、精神，而无笨重、迟钝之感。

第二，身材矮小者。身材矮小的人，在选择发型时往往会受到一定的限制。聪明一些的话，最好是为自己选择短发型，以便利用他人的视觉偏差使自己"显高"。

千万不要去做长发型，尤其是女士们不要去做长过腰部的披肩发，否则只会令自己显得更加矮小。

第三，身材高瘦者。身材高而瘦的人，可以适当地利用某些发型，例如直发、长发或"波浪式"卷发，让自己显得丰盈一些。不要总是将头发削得又少又短，或是将其盘在头顶，那样会使自己显得"孤苦伶仃"，愈见其瘦。

第四，身材矮胖者。身材矮而胖的人一般不宜留长发，更不应将头发做得蓬松丰厚。有可能的话，应做短发型，并最好露出自己的双耳来。此举既可使自己看上去更高一些，也可使自己胖得不过分突出。

6. 适合职业

在职业形象方面，商界对自己全体从业人员的基本要求是：庄重、典雅与保守。此项基本要求，在商界人士为自己设计发型时亦须得以贯彻落实。平心而论，时下社会上所流行的一些新潮发型，例如，"崩克式""烫字式""梦幻式""爆炸式""麦穗式""迷乱式"等，或是华丽美艳，或是出奇制胜，对于他人都有着强劲的吸引力，然而它们却绝对不适合于商界人士选择。假如商务人员在正式场合以此类"前卫"的发型亮相，只会被人等同于不守本分、缺乏主见之辈，而绝对不会为自己赢得好评。

在设计与制作发型时，商界人士若能对以上几个方面的问题进行通盘考虑，则必然会使自己的发型既符合惯例，也易于得到他人的认可。

最后需要认真强调的是：商界人士不论为自己选定了何种发型，在工作岗位上都绝对不允许在头发上滥加装饰之物。在一般情况下，不宜使用彩色发胶、发膏。男士不宜使用任何发饰。女士在有必要使用发卡、发绳、发带或发箍时，应使之朴实无华。其色彩宜为蓝、灰、棕、黑，并不带任何花饰。绝对不要在工作岗位上佩戴彩色、艳色或带有卡通、动物、花卉图案的发饰。

若非与制服配套，商界人士在工作岗位上通常不允许戴帽子。各种意在装饰的帽子，如贝雷帽、公主帽、学士帽、棒球帽、发卡帽，或用以装饰的裹头巾，戴在正在上班的商界人士的头上，与其身份都是很不协调的。

第六节　化　妆

在人际交往中，商界人士必须始终不懈地精神焕发、神采奕奕。正是基于这一原因，在商界，绝大多数工作环境许可的单位都要求自己的职员，一律在工作岗位上"严阵以待"，必须做到：化妆上岗、淡妆上岗。

化妆，是一种通过对美容用品或美容手段的使用，来修饰自己的仪容，美化自我形象的行为。简单而言，化妆就是有意识、有步骤地为自己美容或修饰。

对一般人来讲，化妆最实际的目的就是对自己容貌上的某些缺陷加以弥补，以期扬长避短，使自己变得更加美丽、更为光彩照人。经过化妆之后，人们大多会拥有良好的自我感觉，身心愉快，精神振奋，不仅可以缓解来自外界的种种压力，而且还可以在人际交往中表现得更为开放，更为自尊自信，更为潇洒自如。

对商界人士来说，化妆最重要的功能主要有如下两个：

第一，塑造形象。要求职员化妆上岗，有助于体现本单位的令行禁止和统一性、纪律性，有助于使其单位形象更为鲜明、更具特色。一句话，这样做乃是塑造单位形象之必需。

第二，体现尊重。要求职员化妆上岗，意在向商界的交往对象表示尊重之意。换言之，在商务交往中化妆与否绝非个人私事，而被交往对象作为一个标尺，来判定商界人士对其尊重的程度。在对外商务交往中，这一点表现得尤为明显。在国外的许多地方，参加商务活动时若不化妆，常常会被交往对象理解为蔑视对方，或视为一种侮辱。

由于化妆在商务交往中与维护单位形象、对交往对象尊重与否等两桩大事有关，因此每一位商务人员对化妆问题都绝对不可以掉以轻心。

下面，简要地介绍商界人士所必须了解并认真遵守的有关化妆的基本规范。

说起化妆，其实它并非看上去那么简简单单的举手之劳，而是一个艺术性与技巧性都很强的系统工程。若不理解此点，自以为化妆不过是一学就会，只是随便化化而已，必将徒劳无益。

要学会化妆并在此方面具有一定的造诣，首先必须对化妆品的种类、化妆品的用法、化妆的程序、化妆的重点与化妆的规则等有一定程度的了解。

一　化妆品的种类

从理论上讲，化妆品可以划分为润肤类、美发类、芳香类与修饰类等四种。它们各有自己独特的功能，切不可混淆滥用。

（一）润肤类化妆品

润肤类化妆品的主要功能是：护理面部、手部以及身体其他部位的皮肤，使之更为细腻、柔嫩、滋润。此类化妆品常见的品种，有香脂、乳液、洁面霜、润肤蜜、雪花膏等。

（二）美发类化妆品

美发类化妆品的主要功能是：保护头发、止痒去屑，以及为头发塑造出种种美妙动人的造型。香波、润丝、发蜡、发乳、发油、焗油膏、发胶、摩丝、冷烫液、染发水、生发水等，都属于这一类型。

（三）芳香类化妆品

芳香类化妆品的主要功能是：溢香祛臭、芬芳宜人，有的还兼有护肤、护发和防止蚊虫叮咬等功效。香水、香粉、香粉蜜、花露水、爽肤水等，都属于此类以芳香为主要特征的化妆品。

（四）修饰类化妆品

修饰类化妆品的主要功能是：通过对面部适当部位进行着色，来为人们扬长避短，使化妆者看起来更加亮丽生辉。最常见的修饰型化妆品，有粉饼、油彩、唇膏、眉笔、眼影、睫毛膏、化妆水等。由于绝大多数此类化妆品都以其"特色"见长，所以它又被人们叫作着色型化妆品或彩妆型化妆品。

二　化妆品的用法

既然不同类型的化妆品具有其各不相同的功能和特定的使用范围，那么商务人员在使用化妆品之前了解一下各种化妆品的具体用法就是非常必要的。不然的话，难免会让他人见笑，甚至会破坏自己的个人形象。用术语来说，如果在使用化妆品时不得其法而一意孤行，则很有可能造成"形象自残"的。

各种化妆品，都有自己独特的用途。例如，作为油脂性润肤膏的一种，香脂因为含有大量油脂，适合人们在冬季使用。将它擦用于面部、手背与耳朵后面，不仅可以滋润皮肤、预防皲裂，而且还可以在一定程度上起到御寒防冻的作用。但若将其使用于烈日当空的夏季，非但于化妆者毫无帮助，反而会堵塞皮肤毛孔，妨碍其排污、排汗，甚至会让化妆者生疮、生疖，看上去"油头滑脑"、面目可憎。

又如，花露水的主要作用是替化妆者祛除汗味，并可以防止蚊虫叮咬。如果把它当成香水而使用于正式场合，显然就不甚合适了。

再如，男女皆宜的香水，实际上也是种类繁多，不得乱用。假如根据香水自身的香型来区分，香水可以分为下列五大系列。

第一，植物香型。其特点是气味爽朗、清新、自然，适合早晨使用。

第二，花香型。它的气味浓郁、温馨、甜美，适合于女孩子在白天使用。

第三，西普莱香型。它以橡树上寄生的青苔与玫瑰花、茉莉花、麝香等调配而成，气味优雅、甜蜜、幽深，女性气息十足，适合于成熟女性在正式场合使用。

第四，东方香型。它以产自东方的动植物香料配制而成，气味馥郁独特，香气经久不散，适用于社交场合。

第五，合成香型。它用人工香料与天然香料调配而成，气味浪漫、温柔、迷人，适合于女性在晚间使用。

如果根据香水中香精的含量与香气持续的时间来划分，则香水又可以分为下列四种类型：

第一，浓香型香水。它又称香精，香精含量为15%～20%，香气可持续5～7小时。

第二，清香型香水。它含香精约 10%~15%，香气可持续 5 小时左右。

第三，淡香型香水。它的香精含量约 5%~10%，香气持续的时间为 3~4 小时。

第四，微香型香水。它亦称微香氛，含香精仅为 5% 以下，香气持续的时间为 1~2 小时。

在此四种类型的香水里，第一种适合人们在出席宴会、舞会时使用，第二种适用于一般性的交际应酬，第三种适合上班时使用，第四种则主要适用于浴后或进行健身运动时使用。它们通常都是乱用不得的。

以上事例表明，在美容化妆时，务必先要掌握化妆品的具体用法，否则就可能事倍功半、徒劳无益。

三 化妆的程序

从技巧上讲，进行一次完整而全面的化妆，其程序与步骤具有一定之规。下面，列举出一位女士进行全套化妆时的大体步骤，仅供大家参考：

第一步，沐浴。沐浴时使用浴液，浴后使用润肤蜜保养、护理全身肌肤，并注意保护手部。

第二步，做发。在沐浴时，使用香波洗头。浴后吹干头发，冷烫定型，或使用发胶、摩丝制作出可心的发型。

第三步，洁面。用洗面奶去除油污、汗水与灰尘，使面部彻底清洁。随后，在脸上扑打化妆水，为面部化妆做好准备。

第四步，涂敷粉底。先用少量的护肤霜，以保护皮肤免受其他化妆品的刺激，这样做还有助于使涂敷粉底、打底色的工作进行得更加容易。接下来，在面部的不同区域使用深浅不同的粉底，使妆面产生立体感。完成之后，即可使用少许定妆粉来固定粉底。

第五步，描眉画眼。首先，修眉，拔眉，画眉。其次，沿着睫毛的根部，画好眼线。再次，运用睫毛膏、睫毛器，对眼睫毛进行"加工"、造型。最后，通过涂眼影来为眼部着色，加强眼睛的立体感。

第六步，美化鼻部。即画鼻侧影，以改变鼻形的缺陷。

第七步，扑打腮红。使用胭脂扑打腮红的目的是修饰美化面颊，使人看上去容光焕发。涂好腮红之后，应再次用定妆粉定妆。

第八步，修饰唇形。先用唇笔描出口形，然后填入色彩适宜的唇膏，使其红唇生色。

第九步，喷涂香水。其目的是以芬芳的气息美化身体的整体"大环境"。

第十步，修正补妆。检查化妆的效果，并进行必要的调整、补充、修饰和矫正。

至此，一次全套化妆彻底完成。

实际上，无论什么人、什么性别，也无论其准备在什么场合抛头露面，其化妆的步骤大致都是在上述范例的基础上增减变化。故此，可将上述十个步骤称为商务人员化妆的基本步骤。

四 化妆的重点

在日常生活中，商界人士的化妆不仅有其基本程序，而且亦有妆饰的重点。商界人士化妆的重点，通常包括护肤、美发、修眉、画眼、饰唇、护手等。

（一）润肤

商界人士应对自己的皮肤百倍爱护。为了达到这一目的，除了多加清洗和使用适当的化妆品外，有条件的人还应定期进行皮肤按摩。凡油性、干性、暗疮性、过敏性皮肤的人，在选择润肤品时一定要首先考虑一下：它是否符合本人的特点，千万不要"病笃乱投医"。务必要使自己的皮肤保持清爽、卫生、光洁、细腻、柔嫩的状态，而不要听任其积垢、生疮、暴皮、干裂、松弛、老化、粗糙，令人不堪入目。

（二）美发

在美发方面，应强调爱护头发。不要因为疏于护理，而让它发干、发黄、发脆、开叉，或不断地脱发。对中国人而言，一头乌黑发亮的黑发与黄皮肤、黑眼睛一样，都是自己应当为之自豪的民族特色。因此，商界人士在正式场合既不允许将一头乌发染成其他颜色，如红色、金色、亚麻色或多种色彩并存，也不允许戴其他色彩的假发套。

（三）修眉

不论男士还是女士，不少人的眉形都有一定的缺陷，例如，眉毛稀疏、眉棱不清、眉毛残缺、眉毛褪尽等。有一些人因其眉毛过分高扬，看上去十分凶狠；还有人天生一对"倒八字眉"，让人觉得其城府颇深。如果有必要的话，应对眉毛进行修剪或补描。一般来说，男士的眉毛尽量不要描画。女士可以描眉，但最好不要文眉。女士在修眉或描眉时，不要把眉毛修得过细或过粗、过短或过长、过弯或过直，也不要使之下拖或上吊。切记不要因为修眉或描眉不当，而使自己显得妖冶或刁钻。

（四）画眼

画眼，一般只限于女士。如果是在正式场合露面，商界女士在画眼时，只需画眼线，涂眼影，上睫毛膏。画眼线时，不宜过于浓重。涂眼影时，切勿过量使用仅只适用于西方人的蓝色眼影。上睫毛膏时，则不宜使用得过量。让它把睫毛粘成一撮，未见其美，反显其脏。

（五）饰唇

修饰唇形时，男士可以使用无色唇膏或润唇膏，以保持嘴唇的丰满圆润。女士如果使用唇膏的话，一定要先用唇笔画出轮廓。不要一上去就乱涂一气，也不要轻易"吃"唇膏。

（六）护手

呵护手部，重点是要使之干净、光洁、细腻。既非令其粗糙不堪，也不要使之过分艳丽。其目的是"敦促"他人多去注视其本应注视之处——自己的面容，而不要为其他部位所分神。

五 化妆的规则

商界对员工的化妆，尤其是对女性员工的化妆，通常都有一定的规范和许多具体的要求。此点早已成为商界常规之一，例如多数公司、企业都要求自己的职员在工作中化妆上岗。也就是说，要求职员上班时必须化好妆。

在商界，一般都要求员工在其化妆的问题上遵守如下几项规则：

（一）工作妆以淡妆为主

化妆与化淡妆，其实是并不完全重合的两个概念。倘若对此不加深究，仅仅要求商务人员只要化妆就行，其后果有时会让人大吃一惊。

一般而言，化妆有晨妆、晚妆、上班妆、社交妆、舞会妆、少女妆、主妇妆、结婚妆等多种具体形式。它们在浓淡的程度和化妆品的选择使用方面，都存在一定的差异。要求商务人员在工作岗位上化淡妆，实际上就是限定其在工作岗位上不仅要化妆，而且只宜选择工作妆这一化妆的具体形式。因此，有人将这一规定简洁地称为"淡妆上岗"。

工作妆的主要特征是：简约、清丽、素雅并具有鲜明的立体感。它既要给人以深刻的印象，又不容许显得脂粉气十足。总的来说，就是要求清淡而又传神。

男士所化的工作妆，一般包括美发定型；清洁面部与手部，并使用护肤品进行保护；使用无色唇膏与无色指甲油，保护嘴唇与手指甲；使用香水等。女士所化的工作妆，在此基础上，还需要使用相应的化妆品略施粉黛、淡扫蛾眉、轻点红唇，以求恰到好处地强化可以充分展现女性光彩与魅力的面颊、眉眼与唇部。

应当强调的是，与晨妆的明朗、晚妆的亮丽、社交妆的美艳、舞会妆的浓郁、少女妆的妩媚、主妇妆的柔美、结婚妆的清纯俱不相同，工作妆只强调一个"淡"字。它要求着妆者化妆后若有若无、自然而然，好似天生如此。实际上，不仅工作妆与其他类型的化妆在总体要求上有所不同，而且在化妆品的具体选择上也不甚一致。举唇膏为例，虽然鲜红的唇膏最容易吸引异性的注意，但商界的白领丽人在化工作妆时，还是要优先选择与肤色所接近的棕色、橙色或深红色的唇膏。

工作妆要求以淡为主，目的在于不过分地突出商务人员的性别特征，使其不过分地引人注目。如果一位商界女性在工作场合妆化得过于浓艳，往往会使人觉得她过分招摇和粗俗。在西方，此种妆型的女士还有"应召女郎"之嫌。

（二）戒过量使用浓香型化妆品

在工作岗位上，使用任何化妆品都不能过量。就浓香型化妆品，尤其是这一类型的代表香水而言，使用时更应当铭记这一点。

实际上，人们过量地使用香水，不但有可能使人觉得自己表现欲望过于强烈，而且还有可能因此而"摧残"他人的嗅觉，并引起对方的反感或不快。在商务交往中，由于有许多地方，如写字间、会议室、会客室、电梯间、轿车内等处的空气流通不畅，因此如果在这些地方出现一颗"香弹"，那可就成为"害群之马"了。

除此之外，过量地使用香水还有可能引起别人的误解。因为过分香气扑鼻的人，很有可能是利用香水来替自己扬长避短，即用香水浓郁的香气来遮掩自己身上不雅的体臭。

通常认为，与他人相处时，自己身上的香味在一米以内能被对方闻到不算是过量。若在三米开外，自己身上的香味依旧能被对方闻到，则肯定是过量使用香水了。

要使自己在工作岗位上所使用的香水恰到好处，应注意以下两个问题：一方面，应选择适当类型的香水。像淡香型、微香型的香水，都比较合适。而诸如浓香型等本身香味过于浓烈厚重的香水，在工作岗位上则不甚适用。另一方面，使用香水的剂量不宜过大。用得多，不如用得精、用得准。所谓用得精、用得准，是说香水有当用之处，也有不当用之处。将香水用在当用之处，即便只是一两滴，亦能见效。通常认为，若同时使用几种香水很容易"串味"，所以在某一段时间内只能用同一品种。凡是身上容易出汗的地方，例如发际、腋窝、脊背、膝弯等处，均不可涂抹香水，否则汗味与香味混合掺杂在一起，往往就会产生"复合型"的气味，更加难闻。

正确使用香水的位置主要有两个：一是脉搏离皮肤比较近的地方，如手腕、耳根、颈侧、膝部、踝部等处；二是既不会污损面料，又容易扩散出香味的服装上的某些部位，如衣领、口袋、裙摆的内侧，或西装上所用的装饰性手帕的下端。

（三）戒当众化妆或补妆

尽管商务人员的时间并不宽松，尽管商务人员对自己的化妆应当认真对待、一丝不苟，但是这并不等于说，商务人员就可以随时随地都为自己化妆或补妆。

在日常生活中，常常可以见到一些女士，不管置身于何处，只要稍有闲暇，便会掏出化妆盒来，一边"顾影自怜"，一边"发现问题，就地解决"，旁若无人地"大动干戈"，替自己扑一点香粉，涂两下唇膏，描几笔眉形。她们珍惜自我形象这一点固然没错，但若当众表演化妆术，尤其是在工作岗位上当众那样做，则是很不庄重的。

如此规定并非不允许商务人员在其工作岗位上进行必要的化妆或补妆，而只是不允许商务人员当众这样做。在商界的许多单位里，一般都设有专门的化妆间，它就是为有必要随时化妆或补妆的人所预备的。此项要求，在礼仪上称作"修饰避人"。

应当指出的是：活跃于商界的女士们千万不要当着一般关系的异性的面，为自己化妆或补妆。有人可能要讲："我不觉得那样做有什么不对，其实有一些男士很爱看小姐化妆呀。"此种说法，其实是很不够自尊、自爱的。它将商界女性视同"花瓶""摆设"，乐于以姿色讨好异性，很有一点搔首弄姿的味道。

在许多国家里，若单身女子在酒吧、舞厅、饭店、街头等公共场合当众化妆或补妆，都会让人鄙视。

（四）戒与他人探讨化妆

现在有不少人，其中尤其以女性居多，都对化妆颇有兴趣。虽然如此，在工作岗位上，仍不允许商界人士擅自"越位"，随便与他人一起切磋化妆之术。如果在工作岗位上这样做，谁都会觉得那样的人有些不务正业。

不允许在工作岗位上介绍自己化妆的心得，也不允许到处兜售自以为是的"拿手好戏"。

不允许评价、议论他人化妆的得失。每个人的审美观未必一样，所以不值得在此方面替别人"忧心忡忡"，否则很可能"费力不讨好"。

（五）戒妆面出现残缺

在工作岗位上，假如自己适当地化了彩妆，那么就要有始有终，努力维护其妆面的完整性。对使用唇膏、眼影、腮红、指甲油等化妆品所化过的妆面，尤其要"常备不懈"地时常检查。用餐之后、饮水之后、休息之后、出汗之后、沐浴之后，一定要及时地为自己补妆。若是妆面一时深浅不一、残缺不全，必然会给他人留下十分不好的印象。为妆面的残缺寻找任何借口，都难以让人接受。

妆面一旦出现残缺，不仅会直接有损自身的形象，更重要的是，它还会使自己在他人眼中显得做事缺乏条理、为人懒惰、邋里邋遢、不善自理。所以，商界人士尤其是白领丽人必须努力克服此种现象。

发现妆面出现残缺后，需要及时采用必要的措施，重新进行化妆，或对妆面重新进行修补。拖的时间越久，危害就越大。

第七节　仪　容

所谓仪容，通常是指人的外观、外貌。在商务交往中，每一名商界人士的仪容都会自然而然地引起交往对象的关注，并将影响到对方对自己的整体评价。在个人的仪表问题上，仪容可谓是重中之重。

商务礼仪对个人仪容的首要要求是仪容美。其具体含义主要有三层：

首先，自然美。它是指一个人仪容的先天条件好，天生丽质。尽管以相貌取人不合情理，但先天美好的仪容相貌无疑会令人赏心悦目，感觉愉快。

其次，修饰美。它是指依照规范与个人条件对仪容进行必要的修饰，扬其长，避其短，设计、塑造出美好的个人形象，在人际交往中尽量令自己显得有备而来，自尊自爱。

最后，内在美。它是指通过努力学习，不断提高个人的文化、艺术素养和思想、道德水准，培养出自己高雅的气质与美观的心灵，使自己秀外慧中，表里如一，"腹有诗书气自华"。

真正意义上的仪容美，应当是上述三个方面的高度统一。忽略其中任何一个方面，都会使仪容美失之于偏颇。在此三者之间，仪容的内在美是最高的境界，仪容的自然美是人们的心愿，而仪容的修饰美则是仪容礼仪所关注的重点。

要做到仪容修饰美，自然要注意修饰仪容。修饰仪容的基本规则是：美观、整洁、卫生、得体。

修饰个人仪容时，除美发与化妆之外，应引起注意的通常还有面部、手臂、腿部三个具体方面。

一　面部的修饰

仪容，在很大程度上指的就是人的面部。由此可见，面部修饰在仪容修饰中占有举足轻重的地位。

修饰面部首先要做到清洁，即要勤于洗脸，使之干净清爽，无汗渍、无油污、无泪痕、无其他任何不洁之物。具体到各个不同的部位，修饰面容还有一些不尽相同之处。

（一）眼睛

眼睛，是人际交往中被他人注视得最多的地方，因此它是修饰面容时首要之处。

1. 保洁

保洁，在此主要是指眼部分泌物的及时清除。对此点，一定要铭记于心，并随时注意。此外，若眼睛患有传染病，亦应自觉回避交际活动，省得让他人近之不宜、避之不恭。

2. 修眉

若感到自己的眉形刻板或不甚雅观，可进行必要的修饰，但不提倡进行"一成不变"的文眉，更不允许剃光所有眉毛去刻意标新立异。此外，文面、文身一般也都在禁忌之列。出入正规场合较多者，意欲在身上进行纹饰时亦应三思。

3. 眼镜

若有必要，可以经常戴眼镜。戴眼镜不仅需要美观、舒适、方便、安全，而且还应随时对其进行必要的揩拭或清洗。在正规的交际场合，按惯例不应戴太阳镜，免得让人"不识庐山真面目"，或给人以拒人千里之外之感。

（二）耳朵

耳朵虽位于面部两侧，但仍在他人视线注意之内。修饰耳朵时，所需要注意的具体问题有以下两个：

1. 卫生

在洗澡、洗头、洗脸时，不要忘记清洗耳朵。必要时，还须清除耳孔中不洁的分泌物。但切忌"奇景共欣赏"，不要在他人面前如此进行操作。

2. 耳毛

有些人，特别是一些上了年纪的人，耳毛长得较快，有的甚至还会长出耳孔之外。在必要时，应对其进行修剪，切勿任其自由发展、随风飘摇。

（三）鼻子

涉及个人形象的有关鼻子修饰的问题，主要有以下两个：

1. 清洁

平时应注意保持鼻腔的清洁，不要让异物堵塞鼻孔，或让鼻涕到处流淌。不要随处吸鼻子、擤鼻涕、"发射"鼻涕，也不要在人前人后时时挖鼻孔、捉"鼻牛"。

2. 鼻毛

在参加社交应酬之前，勿忘检查本人的鼻毛是否长出鼻孔之外。一旦出现此种情况，应及时对其进行修剪，不要置之不理，更不要当众下手去拔。

（四）嘴巴

嘴巴是发声之所，也是进食之处，理所当然地应当对其多作修饰，并悉心照顾。

1. 护理

牙齿洁白、口腔无味，是护理嘴巴的基本要求。要做好这一点，就应谨记：第一，每天定时刷三次牙，以去除异物、异味。第二，经常采用爽口液、牙线、洗牙等方式，以有效保护牙齿。第三，在参加重要应酬之前，忌食葱、蒜、洋葱头、韭菜、腐乳之类食后易于散发出异味的食物，并不要抽烟或喝酒，免得令交往对象掩鼻受罪。

2. 异响

商务礼仪规定：人体之内发出的所有声音，如咳嗽、哈欠、喷嚏、吐痰、清嗓、吸鼻、打嗝、放屁的声响，都属于不雅之声。它被统称为异响，在交际场合均应禁止出现。需要指出的是，禁止异响重在自律，而不必强求于人。在大庭广众之前，若他人不慎制造了异响，最明智的做法是：视而不见，置若罔闻。若本人不慎出现了异响，则最好及时承认，并向身边之人抱歉。不要显得若无其事，反而让他人相互猜疑、人人自危。

3. 胡须

唇间长有胡须，是成年男子的生理特点。男士若无特殊宗教信仰和民族习惯，最好不要蓄须，并应及时地剃去胡须。在交际场合，即使胡须极浅，但若被人看出，也十分失礼。青年男子尤其不要蓄须，否则稀疏难看不说，还会令自己显得邋遢。女士若因内分泌失调而长出类似胡须的汗毛，则应及时治疗或修饰，并予以清除，否则任其生长很不雅观。

（五）脖颈

脖颈与头部相连，属于面部的自然延伸部分。修饰脖颈，一是要防止其皮肤过早老化，与面容产生较大反差；二是要使之经常保持清洁卫生，不要只顾脸面不顾其他。脸上干干净净，脖子上，尤其是脖后、耳后却藏污纳垢、肮脏不堪，与脸上泾渭分明、反差过大，同样不合适。

二　手臂的修饰

在正常情况下，手臂是人际交往中人的身体上使用最勤、动作最多的一个部分，而且其动作往往还被附加了多种多样的含义。因此，手臂往往被人们视为商务交往中每个人都拥有的"第二枚名片"。从某种程度上讲，它甚至比人们常规使用的印在纸片上的名片更受重视。

修饰手臂，可从手掌、肩臂与汗毛三个具体方面来进行讨论。

（一）手掌

手掌既是手臂的中心部位，也是"制作"形形色色的手语的关键部分。它的修饰重点有四：

1. 洗涤

在日常生活里，手是接触其他人和其他物体最多的地方。出于清洁、卫生、健康的考虑，手应当勤于洗涤。用餐前、便后、接触过肮脏物体、遭受到"污染"之时洗手，更是起码的要求。否则，就会使自己与"不卫生"画等号。

2. 指甲

手上的指甲应该定期修剪，大体上应每周修剪一次。不要长时间不剪指甲，使其看上去脏兮兮、黑乎乎。不要无故蓄留长指甲。它不仅毫无实用价值，而且还不美观、不卫生、不方便。修剪手指甲，应令其不超过手指的指尖。反之，即可视为过长。若指甲的外形不美观，可进行适当的修饰。

3. 死皮

手部若接触过肮脏之物，在手指甲周围即会产生死皮。如果发现死皮，应立即将其修饰剪掉，但不宜当众操作，更不应用手去撕、用牙去咬。

4. 伤残

对手部要悉心照料，不要让它常带伤残。若皮肤粗糙、红肿或是皲裂，应及时进行护理、治疗。如果长癣、生疮、发炎、破损、变形，则不仅要治疗，还应避免使之接触他人。因为不论以之与别人进行直接的还是间接的接触，都会令对方不快，甚至还会因此产生反感。

（二）肩臂

商务礼仪规定：在参加各种非常正式的活动时，商界人士的手臂，尤其是肩部，不应当裸露在衣服之外。也就是说，在此类场合不宜穿半袖装或无袖装。但在其他非正式场合，则并无此限制。

修饰肩臂，最重要的就是此点。着装时肩臂的露与不露，应依照具体所处场合而定。

（三）汗毛

由于个人生理条件不同，有个别人手臂上的汗毛生长得过浓、过重或过长。此事一般无关大局，没有必要非去进行"干涉"不可。不过，若是情况反常，特别是有碍观瞻的话，最好还是应采用适当的方法对其进行脱毛。

需要强调的是，在他人面前，尤其是在外人或异性面前，腋毛是不应为对方看到的。因为它属于"个人隐私"，不甚雅观，所以被人见到是很失礼的。根据现代人着装的具体情况，商界女性特别要注意此点。在正式场合，一定要牢记，不要穿着会令腋毛外现的无袖装。而在非正式场合，若打算穿着暴露腋窝的服装，则务必先行脱去或者剃去腋毛。

三 腿部的修饰

中国人看人的一般性习惯是："远看头，近看脚，不远不近看中腰"。腿部在近距离内常为他人所注视，在修饰仪容时自然也就不能偏废。

修饰腿部时，应注意脚部、腿部和汗毛三个具体问题。

（一）脚部

修饰脚部，须对以下三点予以关注：

1. 裸露

严格地说，在正式场合是不允许光着脚穿鞋子的。它既不美观，又有可能被人误会。在社会上，尤其是在国外的正式场合，女性光脚穿鞋，或穿一些可能使脚部过于暴露的鞋子，往往被视为卖弄"性感"的做法。

不仅如此，一些有可能使脚部过于暴露的鞋子，如拖鞋、凉鞋、镂空鞋、无跟鞋，也因此而不得登大雅之堂。总之，易于磨损、不甚雅观的脚趾、脚跟，切勿随意裸露在鞋外。

2. 清洁

在正常情况下，应注意保持脚部的卫生。鞋子、袜子要勤洗勤换，脚要每天洗上一次，袜子则应每日一换，以防其臭气熏人。不要穿残破、有异味的袜子，如有可能，应在办公室或随身所带的公文包里装上备用的袜子，以应不时之需。

在非正式场合光脚穿鞋子时，要确保其干净、清洁。

不要在他人面前脱下鞋子、趿拉着鞋子，更不要脱下袜子抠脚丫子。此类不良习惯，不仅易于令人作呕，而且还极其有损个人形象。

3. 趾甲

趾甲要勤于修剪，至少要做到每周修剪一次。要去除死趾甲。不应任其藏污纳垢，或是长于脚趾趾尖。趾部通常不应露出鞋外，所以不要随便穿暴露脚趾的凉鞋活动于正式场合。

（二）腿部

在正式场合，不允许商界男士的着装暴露腿部，即不允许其穿短裤。商界女士可以穿长裤、裙子，但不得穿短裤，或穿暴露大部分大腿的超短裙。越是正式的场合，女性的裙子应当越长。在庄严、肃穆的场合，商界女士的裙长通常应在膝部以下。

商界女士在正式场合穿裙子时，不允许光着大腿不穿袜子，尤其不允许光着的大腿暴露于裙子之外。

在非正式场合，特别是在休闲活动中，则无此规定。

（三）汗毛

男性成年以后，腿部汗毛大多较重。所以在正式场合不允许其穿短裤，或卷起裤管。设想那时露出一截子"飞毛腿"，何其不雅！

女士则一般不存在这一问题。不过，若因内分泌失调而使腿部汗毛变得浓黑茂密，则最好将之脱去或者剃除。此外，也可选择深色的丝袜加以遮掩。既不要光着大腿，也不要穿浅色或薄型的透明丝袜。

第八节 举 止

举止，一般是指人们在外观上可以明显地被觉察到的活动、动作，以及在活动、动作中身体各部分所呈现出的姿态。有时，它也叫举动、动作、仪姿、仪态或姿态。在一般情况下，它主要由人的肢体所呈现出的各种体态及其变动所组成。在现实生活中，人们正是通过身体的种种不同姿势的变化来完成自己的各项活动的。

作为无声的语言，举止在一般情况下又被叫作体态语言，简称体态语或体语。它的特点有三：

其一，连续性。它的过程连续不断，往往不可分割。

其二，多样性。传递同一信息时，可以多种举止并行。

其三，可靠性。相对于口语而言，它往往是无意识的，因而对人的内心世界的反应就更加令人可信。

商务礼仪要求：人们在交往中，尤其是在各种正式场合，一定要注意举止有度。

其含义就是要求人们的举止合乎约定俗成的行为规范，做到"坐有坐相，站有站相"。具体说来，就是要求人们的行为举止文明、优雅、敬人。

首先，文明。所谓文明，是要求举止自然、大方，并高雅脱俗，借以体现出自己良好的文化教养。

其次，优雅。所谓优雅，是要求举止规范美观，得体适度，不卑不亢，赏心悦目，风度翩翩，隽永姣好，颇具魅力。

最后，敬人。所谓敬人，则是要求举止礼敬他人，以体现出对对方的尊重、友好与善意。

根据商务礼仪的规范，商务人员应注意的举止礼仪主要涉及手姿、立姿、坐姿、行姿等几个具体方面。

一　手　姿

手姿，又叫手势。由于手是人的身体上最为灵活自如的一个部位，所以手姿也是体语中最丰富、最有表现力的。所谓手姿，实际上所指的就是人的两只手臂所做的各种具体动作。其中，双手的动作是其核心所在。它既可以是静态的，也可以是动态的。

一般而言，手姿由进行速度、活动范围和空间轨迹三个部分构成。在人际交往中，它主要具有表示形象、传达感情等两个方面的作用。

（一）基本的手姿

学习手姿，最重要的是要正确掌握和运用下述几种基本手势。

1. 垂放

垂放，是最基本的手姿。其做法有二：第一，双手自然下垂，掌心向内，叠放或相握于腹前。第二，双手伸直下垂，掌心向内，分别贴放于大腿两侧。它多用于站立之时。

2. 背手

背手，多见于站立、行走时。它既可显示权威，又可镇定自己。其具体做法是：双臂伸到身后，双手相握，同时昂首挺身出胸。

3. 持物

持物，即用手拿东西。其做法多样，既可仅用一只手，也可使用双手。但最关键的是，拿东西时应动作自然，五指并拢，用力均匀。不应翘起无名指或小指，显得扭捏作态。

4. 鼓掌

鼓掌，是用以表示欢迎、祝贺、支持的一种手姿，多用于会议、演出、比赛或迎候嘉宾。其做法是：以右手掌心向下，有节奏地拍击掌心向上的左掌。必要时，应起身站立。但是，不应以此表示反对、拒绝、讽刺、驱赶之意，即不允许"鼓倒掌"。

5. 夸奖

此种手姿，主要用以表扬他人。其做法是：伸出右手，跷起拇指，指尖向上，指腹面向被称道者。但在交谈时则不应将右手拇指竖起来反向指向其他人，因为它意味着自大或藐视。以之自指鼻尖，也有自高自大、不可一世之意。

6. 指示

它是用以引导来宾、指示方向的手姿。其做法是：以右手或左手抬至一定高度，五指并拢，掌心向上，以其肘部为轴，朝一定方向伸出手臂。

（二）禁忌的手姿

在人际交往中，下列几种手姿均在禁止范围之内。

1. 易误解的手姿

易为他人误解的手姿有下列两种：第一，出自个人习惯，但不通用、不为他人理解。第二，因为文化背景不同，而被赋予了不同的含义。例如，伸起右臂，右手掌心向外，拇指与食指合成圆圈，其余手指伸直这一手姿，在英美表示"OK"，在日本表示钱，在德国则表示下流，不了解这一文化背景的人往往就很容易发生误会。

2. 不卫生的手姿

在他人面前搔头皮、掏耳朵、剜眼屎、抠鼻孔、剔牙齿、抓痒痒、搓脚丫等这样一些手姿，均极不卫生，甚至令人恶心，自然属于不当之举。

3. 欠稳重的手姿

在大庭广众之前，双手乱动、乱摸、乱举、乱扶、乱放，或咬指尖、折衣角、抬胳膊、抱大腿、拢头发等手姿，亦是应当禁止的不稳重的手姿。

4. 非敬人的手姿

掌心向下挥动手臂，勾动食指或除拇指外的其他四指招呼别人，用手指指点他人，都是失敬于人的手姿。其中指点他人，即伸出一只手臂，食指指向他人、其余四指握拢这一手姿，因含有指责、教训之意，尤为失礼。

二 立 姿

立姿，又叫站姿、站相，指的是人在站立时所呈现出的具体姿态。一般认为：立姿是人最基本的姿势，同时也是其他一切姿势的基础。立姿，通常是一种静态姿势。

（一）基本的立姿

具体而言，人的立姿一般呈现为三种基本形态，即立正、稍息与跨立。

立姿的基本要求是：头端，肩平，胸挺，腹收，腿直，手垂。

由于性别方面的差异，对商界男女的基本立姿又各有一些不尽相同的要求。一般而言，对男子的要求是稳健，对女子的要求则是优美。

1. 男子的立姿

男子在站立时，一般应双脚平行，大致与肩同宽，最好间距不超过一脚之宽。全身应正直，双肩稍向后展，头部抬起，双臂自然下垂伸直，双手贴放于大腿两侧。

如果站立时间过久感到疲累，则可将左脚或右脚交替后撤一步，使身体的重心落到另一只脚上。但是，上身仍须直挺，伸出的脚不可伸得太远，双腿不可叉开过大，变换不可过于频繁。膝部一定要注意伸直。

2. 女子的立姿

女子在站立时，应挺胸，收颌，目视前方。双手应自然下垂，叠放或相握于腹前；双腿则应基本并拢，但不宜叉开。

站立时，女子可将重心置于某一脚上，即一条腿伸直，另一条腿略为前伸或弯曲，也就是说双腿一直一斜。还有一种立姿则是：双脚脚跟并拢，脚尖分开，张开的脚尖大致相距 10 厘米。其张角约 45 度，略呈"V"形。

（二）禁忌的立姿

站立时，不应有如下或为不雅、或为失礼的姿势。

1. 全身不够端正

古人对站立的基本要求是："站如松"。它强调的是：站立时身体要端正。站立时，一定要十分用心，力戒头歪、肩斜、臂曲、胸凹、腹凸、背弓、臀撅、膝屈。

2. 两腿叉开过大

站立过久，可采用稍息的姿势，双腿可适当叉开一些。但出于美观与文明的考虑，在他人面前双腿切勿叉开过大。对于此点，女士尤其应当谨记。此外，双腿交叉站立，即别腿站立，亦不美观。

3. 两脚随意乱动

在站立时，双脚应当老实规矩，不可肆意乱动。例如，不应用脚尖乱点乱划，双脚踢来踢去、蹦蹦跳跳，用脚去够东西、蹭痒痒，脱下鞋子把脚"解放"出来，或半脱不脱，脚后跟踩在鞋帮上，一半在鞋里一半在鞋外。

4. 表现自由散漫

站得久了，若条件许可，可坐下稍事休息。但不应站没有站样，在站立时随意扶、拉、倚、靠、趴、踩、蹬、跨，显得无精打采、自由散漫。

（三）下蹲的姿势

下蹲的姿势，简称为蹲姿。它是人在处于静态的立姿时的一种特殊情况，多用于拾捡物品、帮助别人或照顾自己。例如，在他人面前需要捡拾地上某物时，弯腰、俯首、撅臀，显然就不如采取蹲姿雅观。

1. 基本方式

蹲的基本方式有三种：第一，单膝点地式。即下蹲后一腿弯曲，另一条腿跪着。

第二，双腿交叉式。即下蹲时双腿交叉在一起，然后蹲下。第三，双腿高低式。即下蹲后双腿一高一低，互为倚靠。

2. 主要禁忌

在公共场所下蹲，一般有三条禁忌：第一，忌面对他人。那样做，会使他人不便。第二，忌背对他人。此举对别人不够尊重。第三，忌双腿叉开。它好像在上洗手间，故又称"洗手间姿势"。它最不雅观，对女士而言还有内裤曝光的可能。

三　坐　姿

坐姿，即人在就座后所呈现出的姿势。从总体上讲，坐姿是一种静态的姿势。在各种交际应酬中，坐姿往往是人们采用最多的姿势。

一种正确的坐姿，一般需要兼顾角度、深浅、舒展三个方面的具体问题。

其一，角度。即坐定后上身与大腿、大腿与小腿所形成的角度。这两个角度均有大小之分，坐姿也因此而大有不同。

其二，深浅。即坐下时臀部与座位所接触面积的多少。以此而论，坐有深坐、浅坐之别。

其三，舒展。即入座前后手、腿、脚的舒张、活动程度。其舒展与否，往往与交往对象相关，从这一点上可以间接反映出双方关系的远近亲疏程度。

坐姿的重点自然是指坐定后的姿势，但对就座时的姿势也不可不闻不问。

（一）就座的姿势

就座，即走向座位直到坐下来等一系列的过程。它是坐姿的前奏，也是其重要组成部分。就座由一系列的具体环节所构成，而举止礼仪对其中的各个重要环节均有规范。

1. 注意顺序

若与他人一起入座，则落座时一定要讲究先后顺序，并礼让尊长。就座时合乎礼仪的顺序有两种：第一，优先尊长。即请位尊之人首先入座。第二，同时就座。它适用于平辈人与亲友同事之间。无论如何，抢先就座都是失态的表现。

2. 讲究方位

不论从正面、侧面还是背面走向座位，通常都讲究从左侧一方走向自己的座位，并从左侧一方离开自己的座位。它被简称为"左进左出"，是人们在正式场合一定要遵守的。

3. 落座无声

入座时，切勿争抢。在就座的整个过程中，不论是移动座位还是放下身体，都不应发出嘈杂声。不慌不忙、悄无声息，本身就体现着一种教养。调整坐姿，同样也不宜出声。

4. 入座得法

就座时，应转身背对座位。如果距其较远，可以右脚后移半步，待腿部接触座位边缘后再轻轻坐下。着裙装的女士在入座时，通常应先用双手拢平裙摆，再随后坐下。

5. 离座谨慎

离座时，亦应注意礼仪序列，既不要突然跳起、惊吓他人，也不要因不注意而弄出声响，或把身边东西弄到地上去。

（二）坐定的姿势

正确的坐定后的姿势，主要体现在如下几个具体方面：

1. 调整坐姿

一般而言，可以根据座位的高低来调整坐姿的具体形式。在较为正式的场合，或有位尊者在座时，通常坐下后不应坐满座位，大体占据其 2/3 即可。

2. 目中有人

就座后，须挺直上身，头部端正，目视前方，或面对交谈对象。在一般情况下，不可身靠座位的背部。只有在无人在场，或个人进行休息时，此举方被许可。

3. 正襟危坐

在极为正规的场合，就座后上身与大腿、大腿与小腿宜均为直角，此姿势即所谓的"正襟危坐"。这两个角度若为钝角或锐角，不是显得放肆，就会显现疲乏不堪。

4. 双腿并拢

若有可能，尤其是当自己面对尊长而无屏障时，双腿最好并拢。具体而言，男士就座后双腿可以适当张开一些，但不应宽于其肩宽。女士就座后，特别是身着超短裙时，则务必要并拢大腿。

5. 腿位摆放

在非正式场合，允许坐定后双腿叠放或斜放。双腿交叉叠放时，应力求做到膝部之上的部分并拢。双腿斜放时，则以与地面构成 45 度夹角为最佳。

6. 脚位摆放

就座以后，双脚应自然下垂，置于地面之上。脚尖应面对正前方，或朝向侧前方。双脚可以并拢、平行，或呈外八字状。双脚一前一后，也是允许的。

7. 手位摆放

正坐之时，双手应掌心向下叠放于大腿上，或放在身前的桌面上。以其一左一右扶住座位两侧的扶手也是可以的。侧坐时，双手以叠放或相握的姿势放置于身体侧向的那条大腿上最为适宜。

（三）禁忌的坐姿

在就座后，身体各部分所呈现的下述姿势均不符合商务礼仪的要求。

1. 头部摇晃

坐定之后，不允许仰头靠在座位背上，或低头注视地面。左顾右盼，闭目养神，摇头晃脑，亦不被许可。

2. 上身不直

不允许坐定后上身前倾、后仰、歪向一侧，或是趴向前方、两侧。

3. 手部错位

坐下之后，不应以双手端臂，双手抱于脑后，双手抱住膝盖，以手抚腿、摸脚。双手应尽量减少不必要的动作，不要摸摸、碰碰、敲敲、打打。身前有桌子时，不要将肘部支于其上，或双手置于其下。双手夹在大腿中间，通常也应避免。

4. 腿部失态

双腿切勿在坐好后敞开过大。不要在尊长面前高翘"4"字形腿，即不要将一条小腿叉叠放于另一条大腿上。两腿既不要直伸开去，也不要反复抖动不止。此外，也不要骑在座位上，或把腿蹬在其他高处。

5. 脚部乱动

切勿在坐定后将脚抬得过高，以脚尖指向他人，或使对方看到鞋底。不要在坐下后脱鞋子、脱袜子，或将脚架在桌面上，勾住桌腿，跷到自己或他人的座位上。不要以脚踩踏其他物体。双脚不要交叉，不要将其摆成内八字，更不要令两脚脚跟着地、脚尖朝上、摇荡抖动不止。

四　行　姿

行姿，亦称走姿，它指的是人在行走的过程中所形成的姿势。与其他姿势有所不同的是，它自始至终都处于动态之中，它体现的是人类的运动之美和精神风貌。

从总体上讲，行姿属于人的全身性综合活动，但是其重点则在行进中的脚步之上。因此，行姿有时也叫作步态。

对行姿的总的要求是：轻松、矫健、优美、匀速。虽不一定非要做到古人所要求的"行如风"，至少也要做到不慌不忙，稳重大方。

（一）基本的行姿

行走时，应以正确的立姿为基础，并且要全面而充分地兼顾以下六个具体方面：

1. 昂首挺胸

在行走时，一定要面朝前方，双眼平视，头部端正，胸部挺起。背部、腰部、膝部尤其要避免弯曲，应使全身看上去形成一条直线。

2. 重心在前

在起步行走时，身体应稍向前倾，身体的重心应落在反复交替移动的前面那只脚的脚掌上。如此这般，身体就会随之向前移动。需要注意的是，当前脚落地、后脚离地时，膝盖一定要伸直，踏下脚步时再稍为松弛，并即刻使重心前移。这样走动起来，步态就一定十分好看。

3. 步幅适中

在行进时，向前伸出的那只脚应保持脚尖向前，不要向内或向外。在此同时，还应保证其步幅大小适中。此处所说的步幅，主要是指行进中一步的长度。通常，正常的步幅应为一脚之长，即行走时前脚脚跟与后脚脚尖二者相距之长。

4. 自始至终

在行进时，双脚两侧行走的轨迹，大体上应呈现为一条直线。与此同时，还要克服身体在行进中的左右摇摆，并使自腰部至脚部始终都保持一条直线的形式进行移动。

5. 两臂摆动

行进时，双肩、双臂都不可过于僵硬呆板。双肩应当平稳，并力戒摇晃。两臂则应自然地、一前一后地、有节奏地摆动。在摆动时，手腕要进行配合，掌心要向内，手掌要向下伸直，摆动的幅度以 30 度左右为佳。不要双手横摆，或同向摆动。

6. 匀速前进

在行走时，大体上在某一阶段中速度要均匀，要有节奏感。此外，全身各个部分的举止要相互协调、配合，并表现得轻松、自然。

（二）禁忌的行姿

商务礼仪规定，行走时出现下列举止俱为失礼：

1. 方向不定

在行走时，方向一定要明确。切不可忽左忽右、变化多端，好像胆战心惊、心神不定。

2. 瞻前顾后

在行走时，不应左顾右盼，尤其是不应反复回过头来注视身后。此外，还应力戒身体乱晃不止。

3. 速度多变

行走时，切勿忽快忽慢、突然快步奔跑、突然止步不前，这些都会让人感到不舒服。

4. 声响过大

行走时，不要用力过猛、声响大作，不要因此而妨碍其他人，或惊吓了其他人。

5. 八字步态

行走时，若两脚脚尖向内侧伸构成内八字步，或两脚脚尖向外侧伸构成外八字步，看起来都十分难看。

第九节　表　情

表情，是面部表情一词的简称。它是指人类在神经系统的控制下，面部肌肉及其各种器官所进行的运动、变化和调整，以及面部在外观上所呈现出的某种特定的形态。人体的其他部分也有表情，但表情主要体现于人类的面部，因此在一般情况下，人们所说的表情往往就是指的人的面部表情。

与举止一样，表情也是人的无声的语言。现代传播学认为，人的表情属于人际交流中的"非语言信息传播系统"，并属于其核心组成部分。相对于举止而言，表情更为直观，更为形象，更易于为人们所觉察和理解。在人际交往中，表情真实可信地反映着人们的思想、情感、反应，以及其他一切方面的心理活动与变化。传播学认为：在人们所接受的来自他人的信息中，只有45%来自有声的语言，约有55%以上都来自无声的语言。而在后者中又有70%以上来自表情，由此可以推知表情在人际交往中所处的重要位置。

表情礼仪，主要涉及的是眼神与笑容等两个方面的具体问题。它总的要求是，要理解表情、把握表情，并要在商务活动中努力使自己的表情显得热情、友好、轻松、自然。

一　眼　神

眼神，是对人的眼睛总体活动的一种统称。眼睛是人类的心灵之窗，它能够最明显、最自然、最准确地展示出每个人自身的心理活动。对他人而言，与其交往所得信息的87%都来自视觉，来自听觉的信息则仅占10%左右。

人们在日常生活中借助于眼神所传递出的信息，可被称为眼语。在人类的五种感觉器官眼、耳、鼻、舌、身中，眼睛最为敏感，它通常占人类总体感觉的70%左右。

眼语的构成，一般具体涉及时间、角度、部位、方式、变化等五个方面。

（一）时间

在人际交往中，尤其是与熟人相处时，注视对方时间的长短往往显得十分重要。在交谈中，聆听的一方通常应当多注视讲话的一方。

1. 表示友好

若对交往对象表示友好，则注视对方的时间应占双方全部相处时间的1/3左右。

2. 表示重视

若对交往对象表示关注，或是表示兴趣时，则注视对方的时间应占双方全部相处时间的 2/3 左右。

3. 表示轻视

若注视交往对象的时间不到双方相处全部时间的 1/3，往往意味着对其瞧不起，或对对方没有兴趣。

4. 表示敌意

若注视交往对象的时间超过了双方全部相处时间的 2/3 以上，往往表示可能对对方抱有敌意，或为了寻衅滋事。

5. 表示兴趣

注视交往对象的时间长于双方全部相处时间的 2/3 以上，有时则意味着对对方本人发生了兴趣。

（二）角度

注视他人时，目光的角度，即其发出的方向，是事关与交往对象亲疏远近的一大问题。注视他人的常规视角，大致有四：

1. 平视

平视，即视线呈水平状态，它也叫正视。它一般适用于在普通场合与身份、地位平等的人进行交往。

2. 侧视

它是一种平视的特殊情况，即位居交往对象一侧，面向对方，平视对方。侧视的关键在于必须面向对方，否则即为斜视对方，那是很失礼的。

3. 仰视

仰视，即主动居于低处，抬眼向上注视他人。它表示尊重、敬畏之意，适用于面对尊长之时。

4. 俯视

俯视，即抬眼向下注视他人，一般用于身居高处之时。它可以对晚辈表示宽容、怜爱，也可对他人表示轻慢或者歧视。

（三）部位

在人际交往中，目光所及之处就是注视的部位。注视他人的部位不同，不仅说明自己的态度不同，而且还说明双方关系有所不同。

在一般情况下，在与他人相处时，不宜"目中无人"，或注视其头顶、大腿、脚部与手部。对异性而言，通常不应注视其肩部以下，尤其是不应注视其胸部、裆部和腿部。允许注视的常规部位有：

1. 双眼

注视对方双眼，表示自己聚精会神、一心一意，并重视对方，但其时间不宜过久。它亦称关注型注视。

2. 额头

注视对方额头，表示严肃、认真、公事公办。此种注视被叫作公务型注视，适用于极为正规的公务活动。

3. 眼部至唇部

注视这一区域，是交际场合面对交往对象时所采用的常规方法，它因此也叫交际型注视。

4. 眼部至胸部

注视这一区域，表示亲近、友善，多用于关系密切的男女之间，故称近亲密型注视。

5. 眼部至裆部

它适用于注视相距较远的熟人，亦表示亲近、友善，故称远亲密型注视，但不适用于关系普通的异性。

6. 任意部位

对他人身上某一部位随意一瞥，可表示注意，也可表示敌意。它叫作随意型注视，多用于公共场合注视陌生人，但最好慎用。通常，它也叫瞥视。

（四）方式

注视他人，在商务交往中往往有多种选择方式。其中最常见的有：

1. 直视

直视，即直接注视交往对象。它表示认真、尊重，适用于各种情况。若直视他人双眼，即称为对视。对视可以表明自己大方、坦诚，或关注对方。

2. 凝视

它是直视的一种特殊情况，即全神贯注地进行注视。它多用于表示专注，恭敬。

3. 盯视

盯视，即目不转睛，长时间地凝视某人的某一部位。因其表示出神或挑衅，故不宜多用。

4. 虚视

它是相对于凝视而言的一种直视，其特点是目光不聚焦于某处，眼神不集中。它多表示胆怯、走神、疲乏，或是失意和无聊。

5. 扫视

扫视，即视线移来移去，注视时上下左右反复打量。它表示好奇、吃惊，不可多用、滥用，对异性则尤其应该禁用。

6. 睨视

睨视，又叫睥视，即斜着眼睛注视。它多表示怀疑、轻视，在一般性的人际交往中均应忌用。与初识之人交往时，尤其对其应当忌用。

7. 眯视

眯视，即眯着眼睛注视。它表示惊奇、看不清楚，其模样不大好看，故也不宜采用。

8. 环视

环视，即有节奏地注视身边不同的人员或事物。它表示认真、重视，适用于同时与多人打交道，表示自己"一视同仁"。

9. 他视

他视，即与某人交往时不注视对方，而是望着别处。它表示胆怯、害羞、心虚、反感、心不在焉，是不宜采用的一种眼神。

10. 无视

无视，即在人际交往中闭上双眼不看对方。它又叫闭视，表示疲惫、反感、生气、无聊或没有兴趣。它给人的感觉往往是不友好、不热情，甚至会被理解为厌烦、拒绝。

（五）变化

在一般性的人际交往中，人的目光、视线、眼神时刻都在变化。其主要表现为：

1. 眼皮的开合

人的内心情感变化，往往会牵动其眼睛周围的肌肉进行运动，从而使其眼皮的开合也产生改变。例如，瞪大双眼表示愤怒、惊愕；睁圆双眼则表示疑惑、不满。眼皮眨动一般每分钟5～8次，若次数过快表示活跃、思索，若次数过慢则表示轻蔑、厌恶。有时，眨眼还可表示调皮或不解。

2. 瞳孔的变化

瞳孔的变化是显而易见的，它往往不由自主地反映出人的内心世界。平时，它变化无多。若突然变大、发出光芒、目光炯炯，多表示惊奇、喜悦、感兴趣。若突然缩小、双目黯然无光，即所谓双目无神，则多表示伤感、厌恶、毫无兴趣。

3. 眼球的转动

眼球的转动，不应表现得反常。若其反复转动，表示在动心思。若其悄然挤动，则表示在向人进行暗示。

4. 视线的交流

在各种常规的人际交往中，与他人交流视线常可表示某些特殊含义。

第一，可表示爱憎。

第二，可表示地位。

第三，可表示补偿。

第四，可表示威吓。

视线交流的具体做法，应因人、因事而异。与他人交往，不交流视线不行，交流视线时方法不当也不行。

二　笑　容

笑容，即人们在笑的时候所具体呈现出的面部表情。它通常表现为脸上所流露出的喜悦的表情，有时还会伴以口中所发出的欢喜的声音。

从广义上讲，笑容是一种令人感觉愉快、既悦己又悦人的、能够发挥正面作用的表情。它是人际交往中一种轻松剂和润滑剂。通过笑容，人与人之间可以缩短彼此的心理距离，打破交际障碍，为深入的沟通与交往创造和谐、温馨的良好氛围。

（一）笑的种类

在日常工作与生活中，笑的种类有很多。它们绝大多数都是善意的，但也有极少数失礼、失仪的。出于实际需要，在此所重点讨论的主要是合乎商务礼仪的笑容。此类笑容基本上可以分作下列六种：

1. 含笑

含笑，是一种程度最浅的笑。它不出声，不露齿，仅是面含笑意，意在表示接受对方，待人友善，其适用范围较为广泛。

2. 微笑

微笑，是一种程度较含笑为深的笑。其特点是面部已有明显变化：唇部向上移动，略呈弧形，但牙齿不会外露。它是一种典型的自得其乐、充实满足、知心会意、表示友好的笑。在商务交往中，其适用范围最广。

3. 轻笑

轻笑，在笑的程度上较微笑为深。其主要特点是面容进一步有所变化：嘴巴微微张开一些，上齿显露在外，大致会露出六颗牙齿；不过仍然不发出声响。它表示欣喜、愉快，多用于会见亲友、向熟人打招呼，或是遇上喜庆之事的时候。

4. 浅笑

浅笑，是轻笑的一种特殊情况。它与轻笑稍有不同的是，浅笑表现为笑时抿嘴，下唇大多被含于牙齿之中。它多见于年轻女性表示害羞之时，俗称抿嘴而笑。

5. 大笑

大笑，是一种在笑的程度上较轻笑为深的笑。其特点是面容变化十分明显：嘴巴大张，呈现为弧形；上齿下齿暴露在外，并且张开；口中发出"哈哈哈哈"的笑声，但肢体动作不多。它多见于欣逢开心时刻，表示尽情欢乐，或高兴万分。

6. 狂笑

狂笑，是一种在程度上最高、最深的笑。其特点是面容变化甚大：嘴巴张开，牙齿全部露出，上下齿分开；笑声连续不断，肢体动作很大，往往笑得前仰后合，手舞足蹈，泪水直流，上气不接下气。它出现在极度快乐、纵情大笑之时，一般不多见。

（二）笑的本质

在上述所有的笑容里，要数微笑最为自然、大方，并最为真诚友善。实际上，微笑早已为世界各民族的人们所认同。如果说笑的本质在于自信、热情和友好的话，那么它在微笑中便得到了充分而全面的体现。

在工作岗位上，微笑是礼貌待人的基本要求。在交际场合里，微笑可以使人自然放松，如沐春风。……正因为如此，微笑才被一致视为"参与人际交往的通行证"，又被称为基本笑容或常规表情。

进而言之，微笑至少能够发挥以下几个方面的作用：

1. 表现心境良好

只有心态平和、心情愉快、心理正常、善待人生、乐观面世的人，才会拥有真诚的微笑。

2. 表现充满自信

只有不卑不亢、充满信心的人，才会在商务交往中为他人所真正接受。而面带微笑者，则往往说明其对个人能力和魅力确信无疑。

3. 表现真诚友善

以微笑示人，可以反映出自己心地善良、坦坦荡荡、真心待人友善，而非虚情假意、敷衍了事。

4. 表现乐业敬业

商界人士在其工作岗位上微笑，说明其热爱本职工作，并乐于恪尽职守。

（三）笑的方法

不同的笑容，有着不同的笑法。笑的共性在于面露喜悦之色，表情轻松愉快。笑的个性则在于：具体的眉部、唇部、牙部、声音彼此之间的动作、配合往往不尽相同。

以微笑为例，其具体做法大致上可以分为四个步骤。

第一，额部肌肉进行收缩，使眉位提高，眉毛略为弯曲呈弯月形。

第二，两侧面颊上的笑肌进行收缩，并稍为向下拉伸，使面部肌肤看上去出现笑意。

第三，唇部肌肉进行配合，唇形稍为弯曲，嘴角稍稍上提，双唇关闭，不露出牙齿。

第四，自觉地控制发声系统，一般不应发出笑声。

总而言之，笑的时候应注意下列三个方面：

1. 声情并茂

笑的时候，应当作到表里如一，令笑容与自己的举止、谈吐相辅相成，并锦上添花。切勿脸上挂笑，出言不逊，举止粗鲁；或语言高雅，却面无笑意。如此两种表现，都会使自己的态度受到怀疑。

2. 气质优雅

会笑的人，不仅讲究笑得适时、尽兴，更讲究笑时要精神饱满，气质典雅。真正的笑应发自内心，所以它能够非常自然地反映出一个人的文化修养与精神追求。倘若笑的时候粗心大意，表现得粗俗、放肆，实乃自毁个人形象。

3. 表现和谐

从直观上看，笑实际上是人们的眉、眼、鼻、口、齿以及面部肌肉与声音的协调行动。笑的时候，一定要使各个部位运用到位、不温不火，千万不要顾此失彼，笑得勉强、做作、失真。在正式场合中，笑的时候切忌假笑、冷笑、怪笑、媚笑、怯笑或者窃笑，当然更不能狞笑。

（四）笑的禁忌

在正式场合中，笑的时候应力戒下述几种不适宜的表现：

1. 假笑

假笑，即笑得虚假，皮笑肉不笑。此种笑容有悖于笑的真实性原则，毫无价值可言。

2. 冷笑

冷笑，是含有怒意、讽刺、不满、无可奈何、不屑于、不以为然等意味的笑。此种笑容，非常容易使人产生敌意。

3. 怪笑

怪笑，即笑得怪里怪气，令人心里发麻。它多含有恐吓、嘲讽之意，让人非常反感。

4. 媚笑

媚笑，即有意讨好别人的笑。它亦非发自内心，而是带有一定的功利性目的。

5. 怯笑

怯笑，即害羞或怯场的笑。例如，笑的时候以手掌遮掩口部，不敢与他人交流视线，甚至还会面红耳赤，语无伦次。此种笑容，通常难登大雅之堂。

6. 窃笑

窃笑，即偷偷地笑。多表示洋洋自得、幸灾乐祸，或看他人的笑话。

7. 狞笑

狞笑，即笑时面容凶恶，多表示愤怒、惊恐、吓唬他人。此种笑容，没有丝毫的美感可言。

本 章 小 结

本章所讲授的是仪表礼仪。它在此是指有关商务人员个人修饰与打扮的基本规范。遵守仪表礼仪，有助于更好地维护商务人员的个人形象及其所代表的单位形象。

本章第一节讲授的是有关西装的礼仪。它具体涉及西装的选择、西装的穿法、西装的搭配等。

本章第二节讲授的是有关套裙的礼仪。它具体涉及套裙的选择、套裙的穿法、套裙的搭配等。

本章第三节讲授的是有关制服的礼仪。它具体涉及制服的选择制作、制服的搭配穿着等。

本章第四节讲授的是有关饰品的礼仪。它具体涉及首饰、手表、钢笔、皮具、围巾等。

本章第五节讲授的是有关美发的礼仪。它具体涉及护发、做发等。

本章第六节讲授的是有关化妆的礼仪。它具体涉及化妆品种类、化妆品用法、化妆的程序、化妆的重点、化妆的规则等。

本章第七节讲授的是有关仪容的礼仪。它具体涉及面部的修饰、手臂的修饰、腿部的修饰等。

本章第八节讲授的是有关举止的礼仪。它具体涉及手姿、立姿、坐姿、行姿等。

本章第九节讲授的是有关表情的礼仪。它具体涉及眼神、笑容等。

练 习 题

一 名词解释

1. 西装的版型
2. 三色法则
3. 制服
4. 饰品
5. 化妆
6. 仪态语

二 要点简答

1. 怎样选择一身适合于自己的西装？
2. 穿套裙时需要注意哪些问题？
3. 什么是"制服四戒"？
4. 商界人士为什么需要重视饰品？
5. 化妆的基本规则有哪些？
6. 怎样才能让自己的举止表现得优雅得体？

第二章　行业礼仪

内容提要

　　行业礼仪，在此是指商务人员在商界的不同的行业里供职时所适用的行为规范。它实际上是商务礼仪在商界不同行业内的具体化与个性化。本章所讲授的内容，包括公司、企业、宾馆、商店、银行、应聘等方面的礼仪。

学习目标

　　1.重视行业礼仪。

　　2.学习并掌握自己所在行业的行业礼仪。

　　3.以行业礼仪规范自己的职业行为。

　　4.在职场上表现得训练有素。

　　5.防止因不熟悉行业礼仪而弄巧成拙。

商务礼仪虽普遍适用于商界，但具体到商界的不同行业中对其进行应用时，则需要根据不同行业的各自特点，在坚持商务礼仪基本原则的前提下，进行某些必要的变通。

客观地讲，要求商界人士必须遵守商务礼仪，主要是要求其掌握那些在商界普遍适用的基本礼仪原则。除此之外，商界人士在各自供职的具体行业中，还必须严格地依照其各自不同的行业礼仪来行事。

人们通常所说的"行有行规"，大体上指的就是行业礼仪。一般而言，它是指在商界的各不相同的具体行业中供职时所适用的行为规范。从本质上看，行业礼仪乃是商务礼仪在商界不同行业内的具体化与个性化。遵守自己本行业的行业礼仪，可使本人显得训练有素。

第一节　公　司

现代企业的基本组织形式是各种各样的公司，因而公司礼仪一向备受人们的关注。

具体而言，公司礼仪主要可以分为以下两个基本侧面：一是写字间的基本规则；二是生意场的个人操守。前者主要涉及公司的内部事务，后者则主要涉及公司的对外交往。

一　写字间的规则

公司职员的办公地点多在写字间里，因此公司礼仪的核心内容就是写字间的规则。简单地说，所谓写字间的规则，就是对公司职员在其办公地点内的仪容仪表、言谈话语、举止行为与待人接物等所做的基本规范。可以说，它就是公司职员在上班时的基本守则。

写字间礼仪的特点是：对全体职员高标准、严要求。与商界其他行业的行业礼仪相比，以写字间礼仪为代表的公司礼仪的标准，显然要求得更高，规范得也更为严格。由于公司职员办公的写字间多设在写字楼、商务大厦、宾馆或饭店里，其左邻右舍多为同行业人士，其往来客户可以说是"谈笑有鸿儒，往来无白丁"，因此在高雅的办公环境、众多的竞争对手及高层次的交往对象三重因素的制约下，任何公司若在礼仪方面不对自己的职员从高、从严要求，轻则会使人感觉"千人一面"、没有自己的特色，重则还会危及公司的整体形象。

（一）修饰仪表

职员在写字间里办公时，对自己的仪表既要进行必要的修饰，注意维护个人的形象，又要使之传统、保守、庄重、正规。不可以标新立异，或在此方面不合乎规范。

进入写字间内上班的公司职员，应当仪容干净、整洁，并统一着装。有条件的话，应由公司出面为之统一定做同一样式的上班装。如果条件不允许，至少也要要求男职员穿深色西装套装、白衬衫，打素色领带，配深色皮鞋；女职员则要穿西装套裙、长筒或连裤式肉色丝袜，配黑色高跟皮鞋或半高跟皮鞋。

作为高层次的要求，对公司职员着装的一些细节应予以高度重视。在没有外人在场的情况下，可将西装上衣脱下来，只穿着长袖衬衫办公。但是脱下来的西装上衣应整整齐齐地挂在衣帽架上，或完全摊开、背部外向、肩部平展地搭在自己所坐的椅背上。穿着长袖衬衫、打着领带时，只限于在写字间内活动。若穿着这身行头外出公干，是不合适的。穿夹克衫或者短袖衬衫打领带，则更是不伦不类。

不要在写字间内办公时打系领结，因为它只适用于社交、娱乐场所。若在做生意时这么干，就会被交往对象轻视或瞧不起。男士应注意：不要把自己打扮成"花花公子"或"奶油小生"的模样。

使用吊裤带的男士不要在写字间内轻易地对外人展示其图案，因为即便穿着长裤、长衫，吊裤带仍会被当作内衣来看待。一旦有人来访，就应当首先穿上西装上衣，再出去会客。顺便说一下，腰带与吊裤带二者只宜选择其一。如若二者并用，则属画蛇添足。

在写字间内上班的女职员，俗称白领丽人。话虽这么说，也只是准许她们在着装方面多些色彩，并不意味着她们就可以随随便便地在写字间里展示自己的各式时装。例如，具有很强透视效果的纱制太阳裙、左前方高开衩且在走路时"突出"其秀美大腿的"踢腿裙"、大面积暴露其肩部与背部的吊带裙、紧包大腿的"七分裤"或"热裤"，都是绝对禁止穿着进入写字间的。

不允许女职员们穿着过于暴露的服装，那样做不仅本人会引来非议，而且公司也会因此受牵连。

穿高跟鞋的女职员在上班时，不要脱下鞋子，或趿拉着鞋子。不要在鞋子底上钉上铜跟，免得在上班时人一走动，便制造出烦人的声响。在正常情况下，在写字间里不允许穿皮靴。

（二）检点言行

在写字间里上班时，不论有无外人在场，都不允许丝毫放松对自己言行举止所应有的严格要求。

不准在工作岗位上忙里偷闲，吃东西、刮胡子、看小说、睡懒觉、听音乐、玩电子游戏或上网聊天。

工作在写字间的各位同事，在上班期间应当"各人自扫门前雪"，首先做好本职工作。若非上级要求进行必要的合作，同事之间在写字间里是不允许说闲话、开玩笑的。

不要在上班时主动找人谈论与工作无关的话题，尤其不要去传播小道消息、拨弄是非，或议论工薪、待遇、人际纠葛以及男女关系等敏感内容。

不论男职员还是女职员，在写字间内跟异性同事相处时，都应当自尊自爱。男职员的"口风"应该紧，不要跟女同事说过头话、开过火的玩笑，不要同女同事拉拉扯扯、动手动脚，不要有意无意地专找女同事插科打诨、斗嘴犯贫。女职员则不要滥用男同事对自己的照顾、迁就与宽容，不要动不动就跟男同事耍态度，或随随便便地把男同事当成自己的仆人，要么让对方干这干那，要么让对方买这买那，不要以能够"指挥""调动"男同事为荣。

在处理与异性关系的问题上若不自重，不但可能引火烧身、招致麻烦，而且也是在贬低自己、作践自己，让人看不起自己。

在写字间里上班时，即使手头上的工作料理完了，也不可以擅自休息或出去运动。此时应当做的是预备下一步的工作，或整理手头的资料。切不可跑到其他同事的办公桌旁，要求对方跟自己谈一谈"有没有什么新闻"，干扰人家的正常工作。更不要"祸水外流"，溜达到比邻的其他公司里去串串门子，或站在楼道里"望风捕影"。利用工作时间跑到街上去逛商店，自然也不允许。

对个人的行为，一定要好自检点。不要在写字间内大吼大叫、高谈阔论、笑个没完。说话的声音要低一些，语言要文明而高雅。不要说粗话、吐脏字，不要因此给自己脸上抹黑。

举止与动作，一定要大方而得体。不要用脚踹门、用脚关门，或用臀部拱门。在办公的时候，不要高挽袖口、裤筒或敞开上衣，也不要把双腿高翘在桌面上，不要把脚蹬在椅子上。

（三）严于律己

不把个人私事带到写字间里办，是写字间的基本规则之一。公私要分明本是做人的一项常识，有的人并非不知道，可就是不当一回事。他们或许不晓得：自己在写字间里办私事，实在是占小便宜吃大亏。因为他们仅此一举，就让别人看不起了，而且还触犯了公司的"王法"。

不要把家里的私活，例如，打毛衣、写家信、会晤私交等，带到写字间里来干。不要利用写字间里的办公设备来为自己效劳，例如，通私人电话，收发传真或电子邮件，拷贝软件，复印资料，转录录音带、录像带，进行网络下载，洗衣服、洗澡，等等。带领自己的亲友前来参观写字间，或让他们来共享写字间的办公用品，同样也是不可以的。

若想给上司、同事和来访者留下好的印象，就千万不要忘记布置好自己在写字间里工作的"主战场"——自己的办公桌。暂时不用的物品，应分门别类地归置到抽屉里或文件柜内。为了便于使用，最好给重要的资料编上一份索引。那样需要使用时就会马上找到，而不至于在他人面前翻来覆去找不到，让人觉得自己办事情不稳妥、缺少计划性。

放在桌子上的常用物品，需要各就各位。文件要放在文件夹或文件筐里，钢笔、铅笔、尺子要放入笔筒，不要随手乱扔，切勿把办公桌的桌面搞得像小商小贩的地摊一样。

尽量不要在办公桌上摆放自己的私人物品。诸如孩子的小照、恋人的信物、备用的化妆品、私人的收藏品等，均不宜在此进行公开陈列。

二　生意场的操守

在生意场上，商界人士有其职业道德必须遵守。这一方面的问题虽然主要表现为个人的操守，但与自己和公司的事业却是直接相关的。

对有职有权、基本上都在独当一面的公司职员来讲，在生意场上经风雨、见世面，不仅要有信心、有毅力、有勇气、有计谋，而且还必须讲究操守，"出淤泥而不染，濯清涟而不妖"，始终在经商的过程中维护自己的人格，保持自己廉洁正直的品德，做一名堂堂正正的商人。

公司礼仪规定：每一名职员在商务交往中，尤其是在生意场上，在个人操守方面都必须防止犯如下六忌：

（一）忌目无法纪

要建设好社会主义市场经济，靠的是国家实行法治、公民奉公守法。因此公司职员在受命代表公司与外界进行经济交往时，务必要把依法办事、非法勿为作为自己时刻不忘的指南针。必须时刻注意学法、知法、懂法、依法、守法；必须时刻牢记：凡是法律规定不能做的事，决不允许做。切不可心怀侥幸心理指望能够钻法律的空子，或是打一打"擦边球"。那样做的结果，必将是"一失足成千古恨"，既使自己身败名裂，又辜负了公司对自己的信任。

在谈生意、做买卖时遵纪守法，重点是要注意下述几点：一是不要违法经营；二是不要贪污受贿；三是不要偷税漏税；四是不要非法盗窃经济情报；五是不要侵犯他人的知识产权；六是不要对外出卖国家或本单位的商业秘密。

总之，公司职员在经商时，只有学法、知法、懂法、依法、守法，才能心安理得、不走弯路。

（二）忌损人利己

做生意的人自然都是想要赚钱的，但是赚钱要凭真本事，要公平地竞争，要勤劳致富。损人利己、昧良心的钱，肯定是不能赚的。

古人云："君子爱财，取之有道。"它的含义显然并非倡导"无商不奸"，而是要求人们在经济交往中要有良心，要讲究礼义廉耻。对生意上的交往对象，在合理合法的前提下可讲究策略与方法，但为了发不义之财而对别人坑、蒙、拐、骗则是不行的。在商界，要学会争取双赢，"大家赚，有得赚；一人赚，没得赚"，是一条公认的法则。

值得强调的是：在商务交往中，要求人们遵守商务礼仪，讲究的是相互尊重、平等互利。因此，商界人士在实践中要注意独善其身，可以对人存有防范之心，但却绝对不可以抱有害人之意。

如果从长远打算，要想在竞争激烈的生意场上立于不败之地，就必须设法取信于人、赢得信誉。而要真正做到这一点，在商务交往中，尤其是在激烈的竞争中，就要常存仁爱之心，要善于与交往对象同舟共济。相反，一开始就抱有"他人即地狱"的阴暗心理，处处给别人下绊子、使心眼，非要搞你死我活、鱼死网破的人，终将难成大气候。

（三）忌言而无信

此处所谓言而无信，是指在商务活动中阳奉阴违、口是心非、言行不一。它与经商中人们惯用的"声东击西""能而示之不能"等策略方法并不相同。具体而言，它是指出尔反尔、不择手段、不讲信誉。无疑，此种做法违反了商务交往中所必须遵守的诚信无欺的基本守则。一旦离开了"诚""信"二字，在商场上必将寸步难行。

平心而论，有极个别人对商务礼仪不仅耳熟能详，而且能够熟练地操作。然而让人可惜的是，他们太爱耍小聪明了。在他们的心目中，只把商务礼仪视为一种用以装扮自己、哄骗他人的工具。在商务交往中，他们一边表现得彬彬有礼，借以蒙骗别人；另一边则口蜜腹剑，笃信"厚黑"之术，尔虞我诈，翻云覆雨。此种被人们称为"奸商"或"骗子"的人，不论走到什么地方，都不会受欢迎。

在商务交往中，运用商务礼仪要求真诚，待人处世则要求诚信无欺。对此大是大非的原则问题，每一位商界人士均须谨记。

（四）忌过河拆桥

在生意场上，所谓过河拆桥是指一些商界人士在商务交往中过分地急功近利，而没有常性。有求于人时，他们"现拜佛、现烧香"，只要能够达到自己的目的，阿谀奉承、卑躬屈膝、低三下四、有求必应，这一切手法都可以无所不用其极。但一旦自己的目的达到，就会立刻翻脸不认人，由君子而小人，忘恩而负义。

从广义上讲，人与人之间的交往大抵上都是"相伴只有一程"的。对任何朋友，都不可以要求过高，而且也不可能彼此之间的关系无一例外地"友谊地久天长"。但是，做人总是要有良心的。无论是朋友之间还是交往对象之间，都应当有来有往，常来常往，因为"来而不往，非礼也"。

任何一位目光远大的生意人，都会在平日多做善事、广交朋友，努力与自己的一切交往对象保持联络、相互关照，并对他人的"滴水之恩"涌泉相报。唯其如此，才会为其事业的发展创造良好的人际关系条件。相反，若平常对别人"无事不登三宝殿""人一走，茶就凉""过了河，就拆桥"，定会恶声在外，使自己日后的进一步发展阻力重重。

（五）忌嫌贫爱富

市场经济的一大特征，就是任何公司、任何产品的境遇都会瞬息万变，令人捉摸不定。完全有理由说，不论大公司与小公司、"朝阳产业"与"夕阳产业"、富公司与穷公司，还是老产品与新产品、畅销产品与滞销产品，大体上都是相对而言的，并非一成不变。

为此，商界人士在商务交往中一定要抱有平常心，而不能做势利小人。不论自己的交往对象是大是小、是强是弱、是富是贫，是对方有求于我方还是我方有求于对方，商界人士在待人接物方面务必都要给予对方同等待遇，并在各方面依"礼"行事，对其一视同仁。

对比自己强大、富有的交往对象，或自己有求于对方的交往对象，商界人士在商务交往中应当自尊自爱，既要尊重对方，又不可妄自菲薄，作出任何有失身份、有损个人尊严的事情来。

对比自己弱小、财力较差的交往对象，或有求于我方的交往对象，商界人士切不可以为自己财大气粗、"老子天下第一"，就对对方颐指气使、百般刁难，甚至蓄意侮辱。相反，对他们务必要给予力所能及的支持与关照。对处境困难的交往对象，商界人士特别应当这样做。因为此刻的"久旱逢甘霖"往往会让人刻骨铭心。

（六）忌崇洋媚外

如果说"穷居闹市无人问，富在深山有远亲"这种现象目前在对内交往中已不多见的话，那么在对外交往中它却还是存在的。

中国现在实行对外开放政策，鼓励各行各业积极进行对外交往，但其前提是在对外交往中要维护国格、人格，要实行相互尊重、平等互利的原则。

商界人士在对外交往时，一定要切记维护民族尊严、维护国家形象，不要对外商曲意逢迎、百依百顺，甚至"胳膊肘往外拐"，为了讨好对方而做出损害国家利益、单位利益或同胞利益的事情。实际上，人们心里都清楚，不讲国格、人格而对外商卖身投靠者，尽管在一时或一事上能够偶有所得，但从根本上与长远上来讲却只会因此而让世人鄙视，终归是因小失大的。

第二节　企　业

目前，已经有越来越多的企业直接介入了流通领域，在社会主义市场经济的大潮中调整、改革、充实、提高，一边学习，一边"游泳"。从本质上讲，这是一件势在必行的大事与好事。

许许多多的企业如今都已充分认识到：要在社会主义市场经济条件下求生存、谋发展，不但需要在产品、技术、设备这些企业建设的硬件方面过硬，而且也需要在包括商务礼仪在内的有关企业建设的软件方面补课。

企业礼仪，既是现代企业制度所推崇的企业文化的具体体现，也是商务礼仪在现代企业内的个性化体现。具体而言，与商界中其他行业的行业礼仪相比，企业礼仪尤为关注企业形象与员工素养两个方面的内容。从总体上讲，在任何一家企业中，企业形象与员工素养都是相辅相成、相互影响、你中有我、我中有你的，但二者的具体表现形式仍有一定的差异。

一 企业形象

企业形象，是目前最热门的话题之一。站在商务礼仪的角度上分析，企业形象应被理解为企业在商务交往中给人们所留下的客观的、总体的印象。从内容上讲，企业形象的内涵十分丰富，凡是外界所能接触到的企业的一切内容无不被包罗在内。从形式上讲，企业形象则是许多个经过精心设计的企业局部形象的集合，同时又集中地体现为最容易被社会公众所观察到的企业的可辨识标志。

商务礼仪的一大功能，就是塑造和维护企业形象。就商务礼仪而言，要塑造、维护好企业的形象，关键是要塑造、维护好企业的象征性标记与企业的"橱窗"，因为这两个方面在商务交往中通常最容易给交往对象留下深刻的印象。在企业形象方面，"形象即财富"这一说法绝对正确。

（一）象征性标志

企业的象征性标记非常之多，其中尤以企业名称、企业徽记、企业制服、企业歌曲以及产品商标与广告等最为引人注目。在塑造企业形象的过程中，它们都功不可没。

1. 企业名称

企业名称的命名，应注意使之简洁、朴实、易记。所谓简洁，就是简短、明了，让人一清二楚，而不是搞烦琐哲学。所谓朴实，就是既要突出本企业的特点，又不花里胡哨，不追求大、洋、古，不搞背离国情的所谓的"阳春白雪"。所谓易记，就是要朗朗上口，令人过目不忘。把企业名称搞得又长、又洋、又复杂，不仅不利于企业的对外交往，而且也是对交往对象的不尊重。

2. 企业徽记

在企业徽记的设计上，既要以形象、美观、醒目和独具特色为其基本特征，同时也要注意使其符合人们的审美习惯、文化水平与理解能力，切勿使之"曲高和寡"，脱离人民群众，成为无效的劳动。

3. 企业制服

对企业制服，也就是所谓厂服，必须给予应有的重视。要使本企业的"厂服"在塑造企业形象方面行之有效，关键是要具体抓好以下三点：

第一，设计好厂服。不仅要让它式样美观、实用，而且还要在一定程度上让它体现出本企业的文化特色。

第二，宣传好厂服。通过对厂服的宣传，应使本企业的全体员工在思想上树立起对厂服的正确认识，在工作中视其为企业精神风貌的一大写照。唯有如此，员工才会真心实意地爱惜厂服、重视厂服。

第三，管理好厂服。对厂服的管理，具有三重具体的含义：一是该穿的时候就要穿；二是该穿的时候就要把它穿得有模有样；三是不允许穿着又脏又破的厂服，该更换的时候应及时更换。

4. 企业歌曲

企业歌曲，俗称厂歌，在许多现代化企业中它都颇受重视。不但企业的全体员工人人都要学会唱它，而且在本企业的重要集会和仪式上也必须唱它。企业礼仪对企业歌曲的具体规定有三：

第一，厂歌内容要健康向上。不允许它含有妄自尊大、自吹自擂，或封建、迷信、反动的内容。

第二，演唱厂歌要限定场合。不能把它当成流行歌曲，整天乱放或是到处乱唱。

第三，唱厂歌时要把它唱好。在唱厂歌时，员工应全体起立，并停止交谈与打闹。要把它唱得众口一声、催人奋进，而不许把它唱得脱腔走调、参差不齐。

5. 商标与广告

产品的商标与广告，是企业为社会所了解最多的东西，因而也是企业的重要象征性标记。在设计制作本企业所生产的产品的商标与广告时，应当合"礼"、合法、精益求精。

第一，构思新颖。呆板乏味、没有艺术想象力、千篇一律、人云亦云的商标与广告，不仅搞了白搞，而且还会危及企业形象。只有构思独特，给人以新奇感的商标与广告，才会家喻户晓、深入人心。

第二，立意高雅。不能为了单纯地追求"新、奇、特"和轰动效应而去媚俗，甚至搞低级趣味，或跟法律打"擦边球"。必须使企业的商标与广告高雅、文明、守法，"行得端，立得正"，与社会主义精神文明建设及企业文化建设的基本要求相一致。

第三，内容真实。企业的商标与广告要名副其实，要以其真实可靠去取信于天下。不能夸张，不能掺假，不能言过其实，不能欺诈公众

第四，态度友善。注册商标，要依法履行手续。在与其他企业发生纠纷时，要平心静气地依法解决或协商解决。制作广告，亦须友善待人，对公众要平等相处，不要装腔作势地充当自封的"教师爷"；对竞争对手可以公平竞争，但不允许肆意扬己抑彼，对对方随意奚落、贬低或进行攻击，不能在广告中搞"唯我正宗"、一花独放。

（二）企业的橱窗

企业的"橱窗"，在此是指企业在商务交往中对交往对象所开放的一切区域。从总体上来讲，它可以被分为环境区、办公区、生产区与生活区等四大部分。它们都是对企业形象极其直观的展示。

1. 环境区

搞好企业的"橱窗"，首先就要搞好企业环境区的管理。企业的环境区，不仅指草坪、花园、树林、喷泉、雕塑，而且还包括大门、院墙与道路。企业的管理者不能只把精力放在容易引人注目的绿化、美化上，更要在清洁、卫生、秩序等方面打"持久战"，并常备不懈。

企业的大门、院墙属于企业真正的"门脸"，因此一定要保证它们天天干干净净，不要在上面乱写、乱画、乱贴标语或口号。一些在语气上待人不恭的口号，如"禁止倒垃圾""吸烟罚款"等则最好一条都没有。不要任意在厂门口进行广播宣传，众所周知，那样做往往收效甚微。不要在厂门口或厂区内随随便便地办"市场"、搞展销，否则会把企业弄得像农贸市场。

要确保厂区道路，尤其是主干道上无垃圾、无废料、无痰迹、无烟蒂。在道路两侧应多摆一些痰盂，让人有地方吐痰。不要在上班时间内打扫道路，搞得到处飞沙走石、灰尘遮天蔽日，否则非常令人讨厌。

对草坪、花园、树林、雕塑，不仅要建设，而且也要进行经常性的管理和维护。不要把草坪搞得"遍体鳞伤"，不要把花园搞得有枝无花，不要把树林搞得成了"晒衣架"，不要把雕塑搞得"肢体残缺"。

2. 办公区

搞好企业的"橱窗"，其次要搞好企业办公区的管理。任何一家企业的办公区，特别是企业的办公室、接待室、会客室、会议室以及产品陈列室等，都是其交往对象注目与驻足最多的地方。办公区的管理水平高低，通常都是企业管理者本人能力与水平的最好写照。

企业的办公区一定要搞好卫生，尤其是要规定本企业的任何员工都不准吸烟、不准随地吐痰。提倡坐办公室的每个人都要"人人自扫门前雪"，不仅要搞好室内卫生，对走道、楼梯、洗手间等公用区域的卫生亦须"人人有责"。

在每间办公室里，都要设置衣帽架与文件柜。要自觉地养成让暂时不用的衣帽与文件"适得其所"的良好习惯，不要将其到处乱扔、乱放、乱堆。

接待来宾的接待室、会客室、会议室、休息室等，一定要布置得整洁、美观、实用。出于方便来宾与便利工作的考虑，可在其"软件"建设上下一番功夫，但务必要规范化。例如，不要悬挂彩灯，不要放置卡拉 OK 机，不要使温度与湿度超标。

应当强调的是：不要把此处当成临时仓库或宣传栏，将一些无用之物或是并不代表本企业真正实力与水平的奖旗、奖状、奖框、奖杯到处乱挂、乱摆、乱放。

3. 生产区与生活区

搞好企业的"橱窗"，最后要搞好企业的生产区与生活区的管理。企业的生产区，主要是指生产车间。企业的生活区，则是指员工的集体宿舍、家属区以及职工食堂、俱乐部等。

与环境区、办公区相比，企业的生产区与生活区较少"对外开放"，但其并非完全"与世隔绝"。由于它们是企业员工的基本生存空间，因而从某种意义上讲，它们更能够真实地展现出企业的实际状态。

管理生产区与生活区时，应关心群众生活与维护企业形象二者并重，两手一起抓。要办实事、见实效，从搞好卫生、治理污染、减少噪声、维护秩序等小处着手。那样做既可以增强全体员工的凝聚力与归属感，又可以使企业的整体形象表里如一。

二　员工素养

在任何一家企业里，人的因素永远都重于物的因素，这是因为企业内的所有事情都必须由人来做。就科学含义而言，管理实质上主要是对人的管理，而非仅仅是对物的管理。在塑造、维护企业形象时，千万不要重物轻人，尤其是不应该"目中无人"。

一家企业形象的好坏，在很大程度上与其全体员工素质的高低密切相关。企业员工绝大多数都长期奋战在生产第一线，勤勤恳恳、任劳任怨地为社会主义物质文明的建设做贡献。与公司职员相比，企业的员工或许与外界很少直接地进行交往，然而其素养的高低却会直接地影响到外界对其所属企业的看法。

企业礼仪规定，提高全体员工的礼仪素养，主要需要抓好个人自律与人际关系两个方面的工作。

（一）个人自律

企业员工的自律，在此是指员工在工作和生活中必须做到依"礼"行事，时时刻刻地严格要求自己。

平日不论工作多么辛苦，都不能使之成为任何员工不修边幅、仪表邋遢的借口。头发肮脏、指甲污黑、说话带"味"、浑身异臭等，无论如何都是不够自尊自爱的表现。

在人际交往中，必须注意人与人交往的基础——平等与相互尊重。所谓人际交往中的平等，在此是指人与人在人格上没有贵贱之分，因此对任何人均应同等对待，既不低三下四、委屈自己，也不妄自尊大、傲慢无礼。

所谓人际交往中的相互尊重，在此是指人与人之间应当彼此尊敬、彼此重视，不允许轻视或失敬于他人。企业员工学习一些尊重别人的行为规范，对融洽自己的人际关系是有一定帮助的。而要对交往对象表示自己的尊重之意，就应首先做到谦虚谨慎、理解对方。对别人真正地表现出自己的兴趣，是能够获得"厚报"的一个诀窍。其具体做法是，要记住对方的姓名、嗜好、专长，使对方永远都能够感觉到本人非常重要。同时还要多站在对方的角度替对方考虑问题，并给予其适度的关照。

对待交往对象绝不可做过头事、说过头话，不可让对方丢面子，不要伤害其自尊心。不要滥交"酒肉朋友"，更不要以利己作为交往的目的。友情最纯洁、最珍贵，但也最容易被损害。需要友人帮助自己，先要想一想是否合适，然后还需要首先征得其同意。不要事事求人，而不给对方商量和考虑的余地。

在平常性人际交往中，企业员工具体还有以下四大禁忌：

1. 忌举止粗鲁

有人认为，在待人接物方面"粗针大线"、简单粗鲁才是劳动人民的本色，而文雅的谈吐、优美的举止则都属于资产阶级的"货色"。此种鄙视现代文明的小农意识，是非常有害的。

2. 忌乱发脾气

喜怒哀乐，实属人之常情。但是自己心情不好应当由自己来"消化"，绝不可以向他人"发起攻击"，否则是很不文明的。心情再坏也不要丧失理智，而应尽力克制自己的不良情绪，并在思想上制怒。脾气暴躁，随便乱发脾气，不仅会伤和气，而且还会使人对自己"敬而远之"。

3. 忌飞短流长

同事、朋友之间讲几句心里话是不为过的，然而决不允许到处不负责任地传播流言蜚语、搬弄是非。尤其应该注意的是，切勿对他人的不幸幸灾乐祸，甚至望风捕影、添油加醋，把别人的隐私与苦楚作为自己的谈资。

4. 忌说话过头

与他人相处时，切勿说过头话，尤其是不要在公共场合和上班时间之内随随便便地跟别人打趣逗乐，开过"度"的玩笑。

总之，要想在人际交往中受人欢迎，请务必要遵守"三A法则"。该法则的含义是：在人际交往中，每个人都要尽可能地去接受别人、重视别人、赞同别人。它之所以叫"三A法则"，是因为在英文中"接受"（Accept）、"重视"（Admire）、"赞美"（Appreciate）三个单词的第一个字母都是A。"三A"有如满足人们自尊心的基本条件，在人际交往中，是不可被其他东西所替代的。

（二）人际关系

企业礼仪所要求的重视人际关系，主要要求员工处理好自己与本企业内部其他人员的关系。这样做，不仅能够显示出自己的良好教养，而且还有助于自己做好本职工作。

在企业内部，人际关系大致可以分为上下级关系与同事关系。

1. 上下级关系

企业内部的上下级关系，在此是指职位高者与职位低者彼此之间的关系。它属于垂直型人际关系。由于当事人所站的具体角度有所不同，它又可以分为下行关系与上行关系。

第一，下行关系。所谓下行关系，是指作为上级的当事人所必须处理的与下属之间的关系。它所讨论的，其实主要是如何才能当好领导者的问题。

在企业中要想处理好自己与下属之间的关系，或曰想要当好领导者，应予重视的礼仪规范主要有六点：

其一，以身作则。不论做什么事情，作为一名领导者，都必须身先士卒。倘若"对别人马列主义，对自己自由主义"，则将毫无威信可言，而且必定会一事无成。

其二，平等待人。当领导的人，最令下属反感的莫过于拉帮结伙、任人唯亲。要想成就一番事业，就一定要搞五湖四海，要唯才是举、任人唯贤、平等待人。

其三，礼遇下属。对待下属，一定要"礼让三先"。以"礼"服人，既要讲原则，又要讲礼貌。不要随心所欲地批评、挖苦、训斥、责骂下属，更不要侮辱对方的人格。

其四，关心下属。"关心群众生活"是赢得下属人心的最佳方法，同时也是领导者的本职工作。因此领导者有必要将下属的冷暖挂在心上，并主动为对方排忧解难。

其五，信任下属。对下属而言，最需要的是领导者的尊重。而对对方的最好的尊重，则当属信任对方。"士为知己者用"，就是对信任的回报。

其六，接近下属。不要自封为"尊者"，不要高高在上，不要脱离群众。在可能的条件下，要主动接近下属，与对方交朋友，对对方知无不言、言无不尽、上情下达。这样做，下属不仅会更尊重领导，而且还会体恤上情。

第二，上行关系。所谓上行关系，在企业内就是指作为下属的当事人所面临的与上级之间的关系的处理，其实质是怎样当好被领导者的问题。

在企业内部，要处理好自己与上级之间的相互关系，换言之要当好一名被领导者，需要注意的礼仪规范主要有以下五点：

其一，尊重上级。在企业中，要搞好企业管理，就必须树立各级领导的权威，确保其有令必行。必须牢记：在工作中，上级永远是正确的。不要因为个人恩怨而泄私愤、图报复，不要有意同上级唱反调、有意损害其威信。

其二，支持上级。只要有利于企业的发展，有利于做好工作，就要积极主动地支持上级，配合上级开展工作，"一切行动听指挥"，无条件地服从上级，确保本企业上上下下都拥有一流水准的良好执行力。能够主动替上级分忧的人，定能使上级"过目不忘"。

其三，理解上级。"人人都有一本难念的经"，上级自然也是如此。因此"理解万岁"这句话，在处理自己与上级关系的问题上同样是适用的。在工作中，应尽可能地替上级着想一点，善于进行换位思考，而不是"我"字当头，有意为难上级。

其四，保持距离。不论自己同上级的私人关系有多么好，哪怕双方存在着亲戚关系，在工作中也要公私分明。在企业内，同上级关系过分亲密，特别是有意宣扬这一点的做法，是非常犯忌的。

其五，不卑不亢。不要有意跟上级"套近乎"，对上级溜须拍马。也不要走另一个极端，不把上级放在眼里。上下级关系，是一种工作关系。自己做下属时，应当安分守己。

2. 同事关系

在企业内部的人际关系中，还有一种平行型人际关系，即平常所讲的同事关系。在处理这一关系时，也有一定的礼仪规范可循。

第一，真诚合作。同事者，一起共事于某单位之谓也。既然大家"效忠"于同一家企业，在工作中就应真诚合作，要为同事的工作尽可能地提供方便。不要心怀忌妒，在工作中有意刁难对方。

第二，同甘共苦。"一个好汉三个帮"，相互支持，荣辱与共，本是同事关系中的应有之义。在工作中，切勿享受在前、吃苦在后，不要担子拣轻的挑，更不能在关键时刻充当逃兵。

第三，公平竞争。在工作中，总有先进与落后之分、成功与失败之别。任何人都希望自己能在工作中有所发展，但是一定要做得光明正大，要实行公平竞争。如果搞不正当竞争，在工作中非要跟同事闹"有我没你，有你没我"，则是非常错误的。

第四，宽以待人。"人非圣贤，孰能无过"，对待同事一定要宽和、宽容一些。朋友关系可以选择，同事关系则往往不可选择。为大局着想，员工们在工作中切勿对同事过分刻薄、吹毛求疵。

在处理同事关系方面有一大禁忌，即远交近攻，将同事全都看成"洪洞县里无好人"。此种人在做人上是不会很成功的。他们不明白，团结同事不仅是一种工作上的要求，而且还是做好本职工作的基本保证。

第三节 宾 馆

在现代商务交往中，宾馆扮演着一个十分重要的角色。它不仅设备完善、环境幽雅、服务周到，而且在许多方面还直接介入了商务活动。在现代生活中，人们来到大宾馆已不再局限于住宿，而更多的是利用它来娱乐、购物、用餐、开会、办公等。任何一家现代化的大宾馆，一般都会同时拥有公寓、写字楼、会议厅、展览厅、商务中心、商场、餐厅、酒吧、歌厅、舞厅、健身房、游泳池等，并以此向社会提供全方位的服务。

在宾馆里，许多商务礼仪的基本原则普遍适用。但由于该行业工作性质的特殊性，又使得它拥有一套自身的礼仪规范，即宾馆礼仪。与其他各行业的行业礼仪相比，宾馆礼仪的特色可以说是更友好、更热情、更周到、更温馨。换言之，在宾馆里，人们更要讲究礼仪。下面，简要介绍宾馆礼仪的基本之点。

一　热情服务

在宾馆所提供的各项常规服务中，接待前来投宿的客人是其中的重中之重。因此，宾馆礼仪的基本内容就是为客人服务。热情待客，是对全体宾馆从业人员的基本要求。它不只要求待客时表现出热情、亲切、喜悦、友好，而且还有以下三大注意事项：其一，真诚。即真心实意，不搞假情假意。其二，适度。即以有关的礼仪规范作为行为准则，而不得擅自行事。其三，平等。即要一视同仁、平等待人。

宾馆礼仪规定，对来宾的热情款待，最重要的是要求门童、行李员、总台接待员、电梯员、客房服务员等宾馆的从业人员，在接待客人的工作中表现得既尽职尽责，又讲究礼貌。

（一）门童与行李员

客人抵达或离开宾馆时，门童与行李员的服务都会给对方留下深刻的印象。

在宾馆服务中，门童的服务乃是首要的环节。门童往往被称为宾馆的门面，或是"宾馆的化身"。其所作所为，在决定出入宾馆之人对宾馆的第一印象方面，具有先入为主、先声夺人之效。

门童在上岗时，服装应干净、整洁、挺括。门童一般均为男性。若以女性取而代之，则往往称其为礼仪小姐。礼仪小姐在上岗时，着装应简约、保守，可以化淡妆，但不宜佩戴首饰。目前，一些宾馆的礼仪小姐穿着特制的旗袍上岗。此种做法是允许的，但其旗袍切勿开衩过高，以免暴露礼仪小姐内里的衣裤或其大腿，从而影响来宾对其所代表的宾馆的评价。

在工作岗位上，门童或礼仪小姐均应肃立、直视、面含微笑，绝不允许抱肩、叉腰、弯腿或倚物。至于与异性、熟人、出租车司机聊天、逗乐，则绝对应被禁止。

当客人到来时，门童有义务为之开启轿车车门。若重要客人或团队客人光临时，门童、礼仪小姐应在宾馆负责人的带领下列队迎候。倘若适逢下雨，门童或礼仪小姐应主动为客人撑伞。遇到行动不便的老年人或残障人士，还须上前搀扶。若对方系海外来人，在上前搀扶之前应先征询一下对方的意见，如"先生，需要我搀扶您一下吗？"只有在得到允许后，才可行动。

行李员此刻的任务，是从来客手中接过行李，或从其乘坐的轿车上为之取出行李，然后为其提进前厅。在行进时，行李员应走在客人身后。若对方再三谢绝行李员为之效力，则不必勉为其难。对客人的任何行李均应轻拿轻放，切忌乱扔或乱压。

客人进入宾馆正门时，门童或礼仪小姐需要主动为之拉门，并在作出"里面请"的手势的同时，对其说"您好，欢迎光临！"在问候对方时，声音切勿过冷、过硬、过高。若来宾不止一人时，应不厌其烦、不怕重复地一一问候到每一个人。遇到常来常往的客人，在问候对方时还应表现出对对方的熟悉，比如说："您好，欢迎再次光临！""您好，请进！""您好，您回来了！"被人认出，对客人而言，是一种自尊心的满足，将会令其心情甚佳。

当客人离开宾馆时，按照规范，门童或礼仪小姐为之所提供的服务，在操作上与迎接客人时大致相似，只是问候语应相应地变为："您好，再见！"当客人所乘坐的车辆驶离时，应肃立一旁，目送其远去。有时，也不必非将客人送至门外不可。

（二）接待员

总服务台，在宾馆服务中发挥着接待中心、服务中心和指挥中心的作用。作为宾馆联系客人的一条最重要的纽带，每一位总台接待员在其工作中都应表现出最佳状态。

总台接待员在上岗时务必要按规定着装，并在各个细节上力求一丝不苟。总台接待员的标志牌应一律佩戴于左胸，并且必须戴得端端正正。

在一般情况下，总台接待员在为客人服务时应当站立。站立时，其姿势要文明、优美，不要弯腰驼背、或倚或趴、双脚交叉、一脚高踏。两手可在下腹交叉或扶在柜台边缘上，但不准插兜、随意挥舞、指手画脚。

在工作中，总台接待员应精通业务、讲求效率，以节省客人的时间。为客人服务时，应笑容可掬地目视客人，态度要和蔼，表情要亲切。在讲话的时候，应做到速度适中、口齿清晰、语言文雅、语气轻柔。

当客人前来投宿时，应目视对方鼻眼之间的三角区域，上身略为前倾，首先问候对方："您好！欢迎光临！""您好！我能为您效劳吗？""请问，您需要我做什么？"在听完客人的要求后，应尽量给予满足。如有必要确认或重复时，应当先说一声"对不起"。倘若不能满足客人的要求，应向其作出合理的解释，并主动向其介绍其他可以满足其要求的地方。必要之时，还可主动替对方代为联系。

如果需要同时接待多位客人，应按照先来后到的合"礼"顺序，依次为之服务。对稍后的客人或发牢骚的客人不要针锋相对，而应主动向对方说一声"对不起！"以静制动，先去平息对方心中的不快。

需要查验客人的证件时，先要说明理由，然后尽快归还，并说一声"谢谢！"在递交客人客房钥匙或现金时应双手捧交，并道"请您收好"，而不要将其随手扔在柜台上由客人自取。

告别客人时，应多说几句此刻客人希望听到的话语。例如，"某先生，按照您的要求，我们在南楼18层为您准备了一个面海的标准间。它的房号是1818。这位行李员将立刻带您前往您住的房间。那间海景房视野开阔，可以看到早晨海上的日出，相信您一定会喜欢。有什么要求，您随时可以吩咐。祝您晚安。"

总台接待员在工作中应积极主动，对前来的客人要主动打招呼，并提供必要的服务。不允许守株待兔，非等客人开口之后才去搭理人家。在接待过程中，话要讲明白、说清楚，要耐心细致地解答客人的疑难。类似"不清楚""不了解""不知道""没听说过""您找旁人去吧"等失礼的回答，均不得使用。

遇到住店客人打来的求助电话，应给予必要的帮助。暂时不能解决的，则应作好笔录；在交接班时，还应进行必要的交代。不允许对其"贪污"、遗忘、推诿，或置之不理。

对即将离店的客人，在为其结账时要迅速、准确。结账单上的有关项目与金额，一定要写得一清二楚。对客人有关账单的疑问要耐心解释，直到对方满意为止。不要嘲笑对方："您可真细心呀！""您还在乎这两个小钱，何必为它费劲呢？"不要忘记：结算清楚既是自己的义务，也是客人的权利。

（三）电梯员

在宾馆里，人们上下楼时均以电梯代步。电梯员的工作或许十分普通，但在影响往来客人的情绪方面却也具有重要的作用。

见到客人走向电梯时，按规定在电梯门外恭候客人的电梯员应首先进入电梯，在电梯间内欢迎客人。电梯员应面向门口，侧身而立，一手按住开门的按钮，一手向客人示意"请进"。与此同时，还应对客人说："您好！请进。"或"您好！请问去几楼？"

在关闭电梯门前，应目视一下反光镜，不要让匆匆赶来的人吃闭门羹。一定要注意电梯的安全操作，不要在开关门时夹伤乘客。在开关门前，最好举手示意各位乘客留神。

倘若电梯里乘客业已满员，则应对还想挤进来的客人道"对不起"，切勿让电梯超载。按照常规，应当客人到达后电梯马上就开。不要为图省事，觉得就为一两个人跑一趟不值得，而让先到者在电梯内久等。

到达客人预先告知的某层楼前，应朗声将层数报出来，以便对方有所准备。在客人步出电梯间时，应对其道一声"再见！"

（四）客房服务员

客房服务员在得到客人将要到达的通知后，应立即做好准备工作。在客人到达时，应对其笑脸相迎，并热情问候："您好！欢迎您！"

随后，即应在前引路，将客人带入客房。在打开房门后，应先请客人入内。进入客房后，应对房内的设备和宾馆内的设施稍作介绍。当问明客人再无疑问后应立即退出，以免妨碍客人休息。在向客人告别时，应告知对方："您有什么问题，随时可以打客房中心的电话或直接找我。"当客人离开宾馆时，应将其送至电梯间门口，并热情地与之告别。

如果客人行李较多，通常其行李应由行李员协助送至大厅或房间内。若将客人的行李送到大厅里的话，应在客人数好行李的件数后，再与其作别。如果需要将客人行李送至客房，则进入正门后，应一直随行于客人身后。当客人与总台接待员交谈时，应在一边恭候。步入电梯间或步出电梯间时，应根据当时的具体情况礼让客人。

行李员在陪同客人抵达既定的楼层后，可以先与客房服务员取得联系，然后随行于客人身后进入客房。进入客房，将行李放在客人指定之处后，即应及时告退。倘若逗留不去，则有强索小费之嫌。

当客人离店、需要行李员帮助时，行李员应按约定时间到达客房。在问明客人行李的件数及具体要求后，应小心而负责地把行李运到客人预约的轿车上，并将其放入行李箱内。当客人到达后，应就此向客人进行详细的交代，免得对方有所遗忘、去而复返。之后，应向客人欠身施礼，并以"祝您一路平安""欢迎再次光临""再会"等合乎礼仪的语句与客人作别。

二　温馨服务

除要求热情待客之外，宾馆礼仪还要求主动给予一切上门之客以无微不至的温馨关怀。

任何人都需要被关怀、被重视，住宿在宾馆里的客人们当然亦是如此。对宾馆而言，给予客人的关怀是理应包括在其提供的各项具体服务之中的。

宾馆所给予客人的关怀，并不仅仅局限于"客来有人迎，进房有人引，用餐有人领，购物有人荐，有事有人办，客走有人送"等一系列具体环节的操作上，而是还要在为客人所提供的服务中注入感情色彩，对客人进行合乎礼仪的感情投资。实际上，此即当前所提倡的宾馆服务的高层次：温馨的关怀。

温馨的关怀，对宾馆而言，就是要求给予客人的关心与照顾既适当、适度、适用，又温暖、温和、贴心。具体而言，它主要体现在下述三个方面：

（一）关心客人

当客人进驻客房后，为了体现宾馆对对方的关心，按惯例应由总台接待员或公关部工作人员代表宾馆打一个电话给客人，向其询问："您觉得这间客房合适吗？""您还有什么要求？""需要我们为您做一些什么？"对对方的要求或意见，应尽可能地加以满足和解决。

遇到团队客人或重要人士前来住宿，宾馆方面应派出专员，在适当的时机前去探访，并当面了解对方有何困难、是否需要宾馆代劳。若有可能，最好由宾馆的总经理、公关部经理和客房部经理等大员亲自出马，以示宾馆方面的诚意。

倘若获悉客人即将在宾馆里度过生日，则应由宾馆有关方面出面向客人赠送生日贺卡与生日蛋糕，并衷心地祝愿对方"生日愉快！"

当新婚夫妇前来投宿时，宾馆亦应出面向其赠送鲜花、贺卡等温暖人心的纪念品，并要求客房服务员在与对方初次见面时祝贺对方新婚愉快、蜜月甜美。在生活细节上，则应为其提供一切可能的方便。

（二）照顾客人

每一个人的生活习惯都不尽相同，因此宾馆给予客人的照顾应当区分对象、照顾需要。

对待初次投宿的客人，客房服务员应主动为其排忧解难。客人需要什么，应想方设法去办，而不应区分分内与分外。有些事情，客人暂时没有想到，或是难于启齿，客房服务员也应为其着想，尽量替对方考虑到。

对待常来常往的客人，照顾的重点是要适合其生活习惯。有人喜欢喝凉开水，有人喜欢睡硬枕头。有人习惯于晚睡晚起，有人则喜欢整日闭门不出、讨厌被外人打搅。客房服务员若能对诸如此类的每一位客人的生活习性加以关照，一定会使对方不胜感激。

对在宾馆下榻期间患病的客人，宾馆有义务代为其联系诊治。即使对方病得很重，也不应以"多一事不如少一事"的态度将对方赶走了事。

对待老年人、残障人士、孕妇，除在其行动时要给予照顾外，还应在其他方面加以关怀，例如，可以派出专人陪同对方外出，代为购买所需商品，派人将其送上飞机或车船等。

对待任何在宾馆内部的商场、餐厅、酒吧、歌厅、舞厅进行消费的客人，宾馆的从业人员在向对方介绍商品和服务项目时，只能替客人算经济、实惠的账，而绝不可怀有"不赚白不赚"的心理，逢人便"斩"上一刀。

有必要强调的是，宾馆各部门从业人员对客人的照顾应当出自公心，不容私情。跟客人过从甚密的事情，是绝对不可以做的。

不允许跟客人勾勾搭搭、打打闹闹、乱开玩笑。不允许向客人索取物品、要求客人帮忙、进入客房打电话或洗澡。有事需要进入客房，必须先按门铃通报，得到允许后方能入内。若客房门上挂有"请勿打扰"的牌子或开启了内容相同的指示灯，则宜过一段时间再去。

进入客房内，不允许锁闭房门，而应将其半掩半开。不论有什么事情，都应当站着对客人尽快讲完，然后马上告辞。即使客人再三让座，也应婉言谢绝。

未经有关部门允许，不允许陪同客人在宾馆内部用餐、购物或娱乐。与客人一起外出，也未必合适。

（三）重视客人

重视客人，既包括要重视客人所提出的一切合情合理的意见与请求，也包括对客人的尊重。

对待客人的正当要求与意见，要马上着手落实、解决，并将结果立即通报给对方，同时还须感谢对方对宾馆的关心与支持。

宾馆的电话员与客房服务员时常会遇上客人投诉，碰到此种情况一定要做到虚心、耐心。要诚恳地让对方把话讲完，把主要内容记下来，并立即转告有关部门。不允许挂断电话、拒绝倾听、表现得无可奈何，或向对方煽风点火。有关部门在接到投诉后，一定要尽快调查、解决。

对常来常往的客人，最好是记住其姓名及其职务、头衔。见面时用语要亲切而礼貌，如"某先生，又见到您了，真让人高兴""某小姐，新年愉快"等。不要小看这么短短的一句话，它能立刻让对方心里倍感温暖。

对再次前来投宿的客人应送上鲜花与水果，并明言这是为了感谢对方对宾馆的支持。它也是重视客人的一种做法。

对任何客人在宾馆内的一举一动，都要倍加重视。这样做，并非要对其进行监视，而是为了及时地根据对方的需要为其提供适当的服务。不过，对客人的重视与对客人的服务一样，都要有眼色。不要做得过犹不及，有碍客人的私生活。否则，无论自己的本意有多么好，客人都未必能够领情。

重视是为了表示尊重，是为了更好地为客人服务。重视不等于监视，重视不能有碍客人。凡此种种，都是对宾馆全体工作人员的基本要求。

第四节　商　店

商店是百姓购物的场所。商店对社会所做的贡献并不仅仅是购物方便，从社会分工这一角度来看，它的主要功能应当是而且主要是一种服务，是要以自己的奉献使全体人民与整个社会在生活上、工作上都得到某种便利。

商店礼仪所关注的重点是：如何更好地、更为规范地为社会、为人民提供优质服务。由于商店为社会、为人民所提供的服务，主要是通过自己的第一线工作人员——店员来进行的，所以准确地说商店礼仪的基本内容都是用以规范店员的服务的。

店员在工作岗位上直接为顾客所提供的服务，依照其具体内涵的不同有各种各样的划分。从形式上区分，服务可以分为服务数量与服务质量。从内容上区分，服务可以分为直接服务与间接服务。从本质上讲，为顾客提供一定的服务数量与直接服务，在物质上暂时满足其需要，比较容易做到。而为顾客提供更为重要的服务质量与间接服务，在精神上使其真正体验到"购物是享受"，则不太容易做到。

商店礼仪的主旨是：要求店员提高服务质量，主动为顾客提供一切可能的间接服务，使其在购物过程中不仅对本店留下美好的印象，而且还能够在心理上获得极大的满足。

商店礼仪的内容，则具体地体现在店员为顾客所提供的各种服务环节之上。

在许多年前，毛泽东同志就曾发出过伟大的号召："为人民服务"。对主要为社会提供服务的商店与店员来讲，"为人民服务"不仅是社会所赋予自己的一项基本职责，而且也是自己本职工作中所包括的应有之义。

商店礼仪规定：要真正做好本职工作，为人民服务，为社会服务，为广大消费者服务，全体店员在上岗之前首先需要明确自己的服务角色，树立良好的服务意识。此乃商店礼仪的立足之本。不解决好这一问题，其他的一切都将成为空话、大话、假话。

角色，泛指人们在社会上所处的一定的位置。不同的角色，拥有一系列不同的与之相适应的权利与义务。在社会上，更为准确地说是在工作岗位上，店员所充当的都是服务角色，即以顾客为自己的服务对象，尽心尽力地在自己所处的服从、从属的位置上，为顾客提供一切可能的方便。服务，就是为别人工作。从某种意义上不客气地说：店员在接待顾客、服务顾客的过程中在地位上与顾客是不平等的。当然，这只是其工作性质使然。

服务意识与服务角色密切相关。一旦找到自己在工作中应当充任的服务角色，就势必要以树立良好的服务意识为前提。虽然为顾客服务绝非不讲平等，但店员应该明白，在任何社会里平等都是相对的。因此在商店里接待顾客时，如欲使之高兴而来、满意而去，全体店员就必须树立全心全意为顾客服务的意识，扮演好此时此地为之服务的角色。唯其如此，才能真正做到文明经营、热情待客、诚实无欺、买卖公平。否则，店员的心理上就可能不平衡。

在思想上树立起正确的服务意识，在工作中担当好到位的服务角色，就要求店员在工作岗位上严于律己，在接待顾客时热情服务。

一　准备工作

在正式为顾客服务之前，店员应首先做好必要的、充分的准备工作。具体而言，商店礼仪规定，店员在开始营业之前所做的准备工作主要包括如下三项内容：

（一）实行统一着装

店员不论是否穿着统一制式的店服上班，都必须使自己的着装整洁、大方、得体，因为它对顾客的购物心理会产生重要的影响作用。举例而言，若一名男店员敞胸露怀、攘拳捋袖、歪戴帽子斜穿衣地站在柜台后面，单身而来的女顾客就算是不把此地当成"黑店"，恐怕也会对其唯恐避之不及。

在中高档商店，最好统一规定店员的着装。同时，还须注意严格检查与自觉遵守并重。穿着考究的店服上岗，是为了使之与商品和购物的氛围相适应。要是把漂亮的店服穿得不像样，例如，领带拉开一半、衬衫下摆不掖起来、外衣袖口高挽、上衣领口大敞、穿西装配布鞋等，都会影响顾客对商店的整体看法。

在低档商店，不必要求店员统一着装，但必须求其按统一规定着装，例如，不准戴太阳镜，不准穿肮脏不堪的衣服，不准穿背心与短裤，不准穿拖鞋等。

（二）保持良好风貌

在社会上，店员工作的辛苦是人们有目共睹的。但这只能够促使全社会尽可能地去理解与尊重店员，却万万不可以使其成为店员放松对自己的严格要求、得过且过的一种借口。

在上岗前，应尽可能休息好，并进行必要的仪表修饰。要使顾客看到自己后觉得耳目为之一新、精神为之一振。不要不修饰仪表，不可看上去萎靡不振、邋邋遢遢。

在工作岗位上必须表现得专心致志，此点上班前在心理上即应有所准备。届时绝不允许扎堆聊天、看书、玩手机、听音乐、"试用"新产品，或跑出店门外去"看风景"。

（三）搞好环境卫生

对个人而言，首先要搞好个人卫生。要勤洗澡、勤理发、勤刮胡子、勤剪手指甲、勤换衣袜，使自己看起来干净、清爽、利索。

对自己所负责的柜台、货架，要定期进行清洁和擦洗。商品上架的工作，一般在营业时间开始前就应做好，不要等到顾客进入商店后还在搬东运西。陈列和码放商品时，要做到主次分明、色彩和谐、整齐划一，不要乱堆、乱放、凌乱不堪。商品的售价，一定要明码标出、一清二楚，不要在标价签上涂来改去。

对公共区域而言，一定要安排专人负责卫生。打扫卫生时，不要弄得乌烟瘴气、飞沙走石，尤其是不要为打扫卫生而"驱赶"顾客。在店内外悬挂广告时，要统筹布置，不要贴得乱七八糟，把整个商店变成了一个大"广告栏"。最好不要在店内播放广告或流行音乐，它们不一定会吸引顾客，却必定会使之心烦意乱、早早地逃出门外。

二 现场服务

在工作岗位上，商店礼仪规定：店员应当全心全意地为顾客提供热情优质的服务。具体而言，店员应当在热情迎客、热情待客、热情送客三个相互关联的具体环节上努力。

（一）热情迎客

热情迎客，就是要求店员在顾客光顾自己的"责任区"时，应使之感受到店员对对方的热情欢迎，听到店员真心诚意的"来有迎声"，并以此使对方对店员产生良好印象，进而促使双方交易成功。

当店员们在自己的岗位上迎接顾客时，应站得有模有样。开架服务时，要站得端正，目视顾客走过的方向，双手自然下垂在下腹处叠放相握，或背在身后。设有柜台的，则应紧靠柜台而站，双手扶在柜台边上，并目视正前方。

不论有没有顾客光临，都不许坐着、趴着、靠着、倚着。此类休息时专用的动作，难以给顾客留下好的印象。

有顾客光临，当对方走到距柜台或店员所负责的货架一米以内时，应面带微笑地对他说一声"欢迎光临"。

（二）热情待客

热情待客，就是要求店员在接待顾客、服务顾客的整个过程中表现得礼貌、热情、耐心、周到，以使顾客的购物舒心而愉快。

在顾客选择商品时，不要多加干扰。在有必要提醒对方时，如不让对方撕开某种软饮料的包装盒，应对其使用尊称，说一声："先生，对不起，这种包装盒是不能撕开的。您想了解的话，请去那边品尝一下样品"，切勿训斥对方。

不要用"捉贼"的目光去审视每一位顾客，因为对方是自己的客人。用那种异样的眼光"盯人"会让对方非常反感。

把商品递交给顾客时，应使用双手，并轻拿轻放。万一顾客主动动手帮了忙，应对其道谢。带"尖"的物品，如剪子、宝剑等，应当横着，或将"尖"端朝向己方递给顾客，不要用其带"尖"的一端直接去跟顾客"针锋相对"。

在介绍商品时，应公平交易、童叟无欺。对顾客的疑问必须坚持"问有答声"，并不厌其烦。应顾客要求推荐商品时，必须实事求是，重点介绍人无我有、人有我优、人优我新的货品。既不要以假充真、以次充好，用假冒伪劣商品欺骗顾客，也不要缺斤短两、不找零钱，类似这样的做法都是难以为自己赢得"回头客"的。

接待多位顾客时，不要以年龄、性别、服饰、相貌、地域取人。对老人、孩子、同性别的人、衣着与相貌平淡无奇的人、来自外地或农村的人，务必要一视同仁、平等对待。遇上一时应接不暇的情况，店员仍须"笑迎天下客"，并且努力做到"接一、顾二、招呼三"。即手头上接待着第一位顾客，口头上顾及着第二位顾客，神色表情上又在欢迎与招呼第三位顾客，使待购之人不至于被冷落。如果有机会为刚才的待购者服务时，还应先对其说一声"对不起，让您久等了"，让对方消消气、去去火。

（三）热情送客

商店礼仪是讲究"买卖不成情义在"的。对那些比较挑剔的顾客、挑拣了半晌分文未花的顾客，店员依旧要不厌其烦。在对方离去时，对对方要像对满载而归的顾客一样，说一声"再见""您慢走"或"欢迎再来"。此即所谓热情送客，亦称"去有送声"。

从商店礼仪上讲，除了跟顾客道别之外，热情送客还包括以下几点：

第一，为顾客的购物提供便利。如对商品主动做好包扎，对顾客的付款唱收唱付，找剩的钱应双手捧交给顾客，而不应把它扔在柜台上、让顾客自取。

第二，牢记"顾客总是对的"。不允许店员与顾客发生争吵。发生此类事件后，店方要主动承担责任，不要让顾客带着一肚子怨气离去。

第三，做好售后服务。对待顾客的退货、投诉以及商品的维修，均应有人管、有人问。不能将售出的商品当成"泼出去的水"，再也不管不问。

三　热情适度

应当强调的是：店员在为顾客热情服务时，一定要表现得适度。不然，就很可能会使自己的努力到头来适得其反。对每一位前来购物的顾客提供热情的服务，本是店员的基本职责，也是其工作性质本身的要求。但是，店员服务于顾客时的热情、积极与主动，在具体的操作上应把握好适当的分寸。否则，很可能就会热情越位，反而欲速不达。

人所共知，在接待顾客时，店员热情总比不热情好。但是热情若过了头同样也会令人生疑，甚至会让人不舒服。

（一）热情有度

商店礼仪规定：对顾客的热情服务亦须有度。所谓热情有度，就是要求店员在接待顾客时，既要表现得热情、友善、认真，又不可因此而干扰、影响、妨碍对方。否则，假如店员对对方一味只讲热情，而不讲分寸，搞得"热情越位"，就会使自己的动机、努力难于达到既定的目标，并且会给顾客造成心理压力，直接影响其"购买欲"。

按照商店礼仪的具体要求，对顾客的笑脸相迎、热情问候有一定的分寸。

笑脸相迎，主要是要求店员们在工作岗位上应精神爽朗，表情自然，不要愁眉苦脸、一脸晦气。至于具体的笑，则仅适合于顾客向店员了解商品的基本功能、要求店员为之提供服务，或店员在接待顾客的过程中与之交换目光之时。相反，如果一个顾客都没有，或是在顾客距离甚远时，某名店员暗自发笑，或傻兮兮地发笑，则很可能会吓跑顾客，而不是为自己招徕顾客。

热情问候，即"您需要什么""我能为您做什么""我能帮您什么忙"等问候语的使用，也要在一定的情况下才能生效。例如，当一位顾客在货架旁、柜台前打量商品时，他既可能只是一般地看看，也可能是在"货比三家"，还可能是在买与不买的问题上自己与自己进行"思想斗争"。如果店员此刻赶上去来一句："您需要什么？"或是说"我把它取出来给您试试"，多半会打断对方的思路，甚至会使对方的购物决心因之而"功亏一篑"。只有在顾客主动要求店员为之效劳时，店员才适宜对之热情问候，切不可强行服务、强买强卖，以免适得其反、吓退顾客。

又如，当一名顾客犹犹豫豫地才踏进店门时，是不宜跑上前去问一声："先生，您需要什么？"不然，这位"先生"可能就会不高兴了："不要什么，我就不能进来吗？"

当店员尚未与顾客正面接触之前，只要对其加以注意，保证随叫随到即可。眼睛专注地盯着对方，对其上上下下地反复"扫描"，甚至与同事议论对方的服饰、发型，或尾随围观，都不是店员所应有的表现，而只会让对方心里感到不舒服。

在顾客主动提出要求之前，大可不必主动上前去推荐介绍自己的商品。例如，有些地方以邀请顾客"尝一尝"的方式来促销商品，其效果并不好。中国人讲究"将心比心"，总觉得尝过之后不买有些对不起促销员，所以不少人对这一"政策"都是眼不见、心不烦，干脆躲得远远的，来一个"走为上策"。顾客希望的是店员听他的话，而不是相反。对这一点，千万别搞错了。

再如，有些店员只要见到顾客在自己的柜台面前驻足，就立即走上前去对顾客正在端详的商品笑吟吟地夸夸其谈开了：什么如何时兴呀、什么价格公道呀、什么"过了这个村就没有这个店"呀、什么它多么适合您呀等，非要逼得对方就范，或是以自己难却的"盛情"在"半推半就"之中让顾客不太情愿地掏腰包。此种"高压"策略，切勿使用。

（二）"零干扰"

目前，在世界各国的商店管理与经营中流行一种"零干扰"理论，其基本宗旨，是要求商店与店员积极致力于将顾客在其购物过程中所受到的干扰减少到零的程度。因为只有将一切有意或无意地对顾客所形成的干扰统统排除掉，才能真正地促进商店的销售，并且使顾客逛得自在、选得自由、买得舒心，使其真正在购物的同时获得精神上的享受。

商店礼仪中有关热情有度的规定，实质上就是"零干扰"理论在店员售货服务时的具体应用。要求店员在服务于顾客时既要热情、积极、主动，又要坚持热情有度，谨防热情越位，本质上，就是要主动地、有意识地将店员或店方所制造的种种对顾客的这样或那样的干扰减得越少越好。

"零干扰"，或曰具体的、恰到好处的无干扰，定将有助于店员们的售卖成功。

店员在应用"零干扰"理论为顾客服务时，有下列三点尤须注意：

第一，未经要求，尽量不要主动上前向顾客推销商品。

第二，若无必要，不要在顾客浏览商品时长时间地在其身后随行。

第三，在某一销售区域内，导购人数切勿多于顾客人数。必要时，一些多余的导购人员可暂时避开。

从销售心理学的角度来讲，以上种种做法都是为了让顾客在商店里自然而放松，并为其了解、选购商品创造出一个必要的环境。

第五节　银　行

银行，通常特指由国家批准设立专门经营存款、贷款、汇兑等项金融业务的机构。在市场经济条件下，对商界而言，银行不只是其必须依赖的流通环节之一，而且也是其自身的重要组成部分之一。随着我国银行业的日益商业化，后者早已不言而喻。

银行提供给社会各界的，主要是各项金融业务类的服务。银行的服务宗旨是：竭诚服务、信誉至上、顾客第一。凡此种种，均应在银行礼仪中得到充分而具体的体现。

一般而言，银行的礼仪主要是指银行业的全体从业人员在工作岗位上，在待人接物方面所应遵守的服务规范。具体而言，它又分为服务设施规范与服务行为规范等两项基本内容。

一 服务设施

银行的服务设施，一般是指在银行业的各个服务网点上，根据常规所应当设置以备顾客使用的各种设备和用具等。对银行的服务设施，规范化的要求是：完善、整洁、便民与安全。

（一）设施完善

银行为客户所提供的各项服务，既要注意周全，更要力臻完善。此项要求，首先应体现于银行的服务设施方面。只有在此方面把具体工作做好了，银行的良好形象才有可能真正地在社会上树立起来。

根据惯例，银行的各个营业机构在完善服务设施方面，必须认真实现以下"八有"：

第一，有名称。即要有行名、行徽、所名以及对外营业的时间牌。

第二，有执照。即要悬挂经营金融业务的许可证以及正式的营业执照。

第三，有业务。即要有标明年月日时分的时钟和办理各项业务的标示牌。

第四，有宣传。即要有储蓄利率牌（办理外汇业务者，还要有汇率牌）以及业务宣传牌。

第五，有人员。即所有一线工作人员都要在上岗时佩戴标明本人姓名、职务的身份胸卡。

第六，有场所。即营业柜台外要有可供客户使用的书写台和休息场地，并配有各种便民用品。

第七，有联络。即要设有专供客户使用的意见簿和服务监督电话。

第八，有保安。即要在营业时间内设有流动的保安人员。

以上这"八有"，是对银行各营业机构完善服务设施的基本要求。对此类基本要求，不但一定要做到，而且还必须努力做好。

（二）设施整洁

银行各营业机构的各种服务设施，必须注意其整洁的问题。具体而言，就是要使之完整、清洁。这是银行为自己塑造良好形象时，绝对不允许有丝毫疏忽的一大问题。

1. 完整

设施完整，不仅体现着银行的实力，而且与银行工作人员工作的一丝不苟一样，也是为了更好地服务于客户。此处特别强调：银行的各营业机构必须做到门面庄严、标志醒目、外形美观。行名、行徽的字体、色彩、图案以及排列的方式，一定要严格依照各家银行总行的统一规定制作：行名要标准，行徽要醒目，文字要正确，色彩要和谐，图案要规范。所名牌、营业时间牌以及经办信用卡业务牌等，按惯例均应采用长方形铜质材料或其他金属质地的材料制作，并应排列恰当地镶嵌在营业厅大门两侧。凡有条件者，均应装有晚间使用的灯光照明设施。但是，上述各种设施均不得出现错、乱、残、缺、坏等现象，否则便如同替自己做反面宣传。

2. 清洁

设施清洁的具体要求是：各银行营业机构均应量力而行，认真做好本单位的环境美化和周边绿化工作。各种服务设施，不但布局要合理，而且摆放还要井然有序。营业大厅要有一定的高度，采光要充足，灯光要明亮，空气要流通，色调要和谐。各银行营业机构，都要搞好本单位的环境卫生。要认真做到：室内桌、椅、柜摆放有序，办公用具一律定位放置，墙上无积尘、无蛛网、窗上无灰垢、无污痕，地上无纸屑、无烟蒂，室内无杂物、无垃圾。不准在室内外乱贴广告、标语、通知。为真正做到这一点，还应以经常性的检查、抽查来加以督促。

（三）设施便民

对于银行的全体从业人员而言，以人为本、客户至上不仅是一种指导性的原则，更应成为自己积极的实际行动。

为方便客户起见，银行各营业机构在营业大厅内均应设立"两台""一座"。有条件者，还须设立"一室"。

1. "两台"

所谓"两台"，在此指的是咨询台与书写台。咨询台通常应设立在营业大厅入口处附近，并应配有业务熟练、口齿清晰、责任心强的工作人员，负责解答客户所提出的各类疑难问题，引导客户办理各项有关的银行业务。书写台上则应当配有各种储蓄单、钢笔、墨水、印泥、别针以及计算器和老花镜，以方便客户填写储蓄单之用。

2. "一座"

所谓"一座"，此处指的是供客户休息之用的座椅。它们应宽大舒适，并达到一定的数量。在座椅附近，还可以摆放一些报刊供客户在休息或等候时阅读。

3."一室"

所谓"一室"，一般指的是贵宾接待室。它俗称"大户室"，专供接待重要客户之用。

出于对客户的尊重，在各银行营业机构的营业大厅内均应悬挂本单位的服务条约、营业纪律、行为规范、文明用语与服务忌语，以供社会监督。

有条件的话，还应在营业大厅内安装空调、暖气，以便做到室内冬暖夏凉，为客户创造一个更为舒适的环境。

对各类常设性的便民设施以及自助式的存、取款设备，应定期进行全面的检查与维修，并将有关的电话号码公告于社会。不要让其有名无实，甚至给客户增添烦恼。

银行各营业机构还须建立流动服务组，以便为存在业务需要的单位或个人提供上门服务。为此，应将上门服务的电话对社会公开。

（四）设施安全

为预防各类风险的发生，银行各营业机构必须采取各类措施做好安全防护工作，防患于未然。不仅要防盗、防抢，而且还要防火、防水、防风。

一定要落实好本单位的保卫值班制度与安全检查制度。事事要有专人负责、专人检查，处处都不可掉以轻心。

一定要认真建立预案制度，提前发现并堵塞各种事故的隐患与漏洞。各营业机构必须认真安装好应急报警设施，备齐、备好各种安全防护工具和防火、防水、防风器材，并要求全体相关人员人人都能够做到熟练使用。凡是有条件的单位，还应尽早安装闭路电视监控设备。

银行各营业机构的保安人员与值班人员，都要经过系统的安全教育与专业培训，以便使其能够应付各种突发性事件的发生，否则便形同虚设。

在各营业机构的营业大厅内，可以放置一台验钞器，并在适当的地方悬挂辨别人民币真伪的宣传性挂图。此举不仅可以使客户舒心、放心，减少了客户与银行之间的矛盾、摩擦，而且也有利于杜绝伪钞的泛滥。

在有条件的银行营业机构里，应为客户提供"一米线"服务。所谓"一米线"，即在个人储蓄窗口外的地面上距离窗口一米处所画的直线。当前一位客户在窗口办理业务时，后一位客户必须在一米之外的线外等候，以便令正在办理业务的客户真正地感受到保密与安全。

二　服务行为

银行的服务行为，通常指的是银行的全体从业人员在自己的工作岗位上的所作所为。换言之，它实际上所指的就是银行的全体工作人员的工作表现。在一般情况下，对银行业的服务行为规范的总体要求主要体现在改善服务态度、提高服务质量两个方面。

（一）改善态度

改善服务态度，应表现在银行全体从业人员的举止神情与言谈话语等各个方面。具体来讲，全体银行从业人员在下述四个方面尤须好自为之：

1. 自尊自爱

在自己的工作岗位上，全体银行从业人员都要对自己的仪表、服饰、举止按照有关的岗位规范从严加以要求。要将这些方面的具体细节问题提升到个人与银行的整体形象的高度来认真地加以对待，并将它们与自己爱岗敬业的工作态度联系到一起来予以关注。

在正常情况下，全体银行从业人员在上班时必须自觉做到仪容清爽整洁、着装端庄得体、化妆自然大方，站、坐姿势端正，佩戴工号上岗，以实际行动做到自尊自爱。

2. 热忱服务

在接待客户时，全体银行从业人员一定要文明礼貌，热忱而主动地为客户服务。与客户打交道时，要严格执行本单位明文规定的文明用语与服务忌语。对客户所提出的各种疑问，都要认真聆听、耐心解释、有问必答，并不厌其烦。

为客户服务时，态度必须主动、诚恳而热情。对待所有的客户，都要一视同仁。具体而言，存款取款要一样周到，业务大小要一样热情，定期活期要一样接待，零钱整钱要一样欢迎，新老客户要一样亲切，大人小孩要一样主动，工作忙闲要一样耐心，表扬批评要一样真诚。

3. 客户至上

在工作中，银行的全体从业人员都必须在思想上牢固地树立起"服务第一""客户至上"的意识，并将其认真地落实到自己的业务实践中，处处急客户所急，想客户所想，勤勤恳恳、踏踏实实地为客户服务。

接递客户手中的现金、单据、卡证时，应使用右手或双手，不允许抛掷，或不用手接递。有必要确认客户存款或取款的具体数额时，不宜高声喊喝，搞得"人人皆知"，而令客户战战兢兢。当客户前来办理某些较为琐碎而毫无利润可言的业务时，如大钞兑换小钞、兑换残钞或零币等，要有求必应，切不可推辞。当客户所取现金数额巨大时，为了确保其安全应安排专人对其加以护送。

4. 任劳任怨

在工作中，有时难免会与客户产生某些矛盾纠葛。在此种情况下，对客户的尊重、对工作的负责，都要一如既往，并持之以恒。对于矛盾，要力求妥善解决。得理之时，必须让人一步。失礼之时，必须主动致歉。受到客户的表扬要谦虚，受到客户的批评要虚心，受了委屈则要容忍。无论在什么情况下，都要自觉做到与客户不争不吵，始终笑脸相对，保持个人风度。要注意，对待批评应有则改之、无则加勉，要认真总结工作中的经验教训，以不断完善本单位的各项制度、措施。

万一在工作上因个人的原因而出现了差错，要迅速予以纠正，不推不拖、绝不赖账。对因工作环节、设备使用等原因而产生的不可抗拒的事故，例如，电脑故障、临时停电、设备维修等，要及时对客户作出耐心解释，并采取一切可能采取的补救性措施。

不论出现何种情况，都不允许议论、讽刺、刁难客户，尤其不允许辱骂客户，或者与客户动手、打架、争吵。

（二）提高质量

提高服务质量，主要表现为银行全体从业人员都要在做好本职工作的基础上对自己提出更高的标准、更严的要求，从而使自己为客户所提供的各项服务在具体质量方面"更上一层楼"。

就现状而论，要求银行全体从业人员提高服务质量特别需要将其具体贯彻落实到如下五个方面：

1. 按时营业

各银行营业机构，均应严格遵守本单位的上、下班时间和营业时间，并确保在营业时间内接待每一位上门而来的客户，办理好每一笔金融业务。

银行的全体从业人员，在每个工作日里均必须在上班时间之前到岗，并应按照本单位有关的员工个人形象规范的具体要求做好营业前的各项准备工作。营业时间一到，必须准点开门营业，分秒不差。未到规定的对外营业结束时间，不得提前关门拒客。不得提早关门结账，不准擅自缩短营业时间。

凡有条件的营业机构，对会计、出纳、储蓄等主要业务均应实行限时服务。凡有此项规定者，理当张榜向社会公布，并严格执行，以接受监督。

2. 规范操作

在本人的工作岗位上，银行全体从业人员都必须严守各项有关的规章制度，使自己的业务操作既规范标准，又迅速及时。服务于客户时，不仅要求眼到、口到、手到，还应力求心到、意到。

为客户提供服务时，要做到先外后内、先急后缓。要认真做到：现金收款业务，要先收款后记账；现金付出业务，要先记账后付款；转账业务，则应收妥做账。

具体办理业务时，应当力争核算准确，快收快付。各基层机构的营业人员在办理业务时，必须做到收付核算准确、办理业务迅速、向客户交点清楚。要争取做到速度快、质量好、无差错，以便尽可能减少客户等候的时间。

在办理业务时，必须按规定使用统一印制、内容标准的凭证，联次要齐全，字迹要书写得清晰工整，印章要有效、齐全、清晰，并且一定要在规定之处加盖整齐。

3. 接受监督

为方便客户，更好地服务于社会、服务于人民群众，银行所经办的各项新老业务应一律向社会公开，并提倡主动地接受社会监督，以促进本单位更好地开展工作。若有可能，还应努力营造内外结合、纵横制约的社会服务监督网。

在目前情况下，各银行营业机构应认真做到下述"三公开"：

第一，公开业务。各银行营业机构，都应将自己所经办的各种金融业务和金融服务项目整理分类，设置简介牌，然后予以公布。

第二，公开手续。各银行营业机构应将自己的主要业务，例如，开户、存取款、办理信用卡、申请储蓄卡、储蓄挂失、提前支取等业务办理的手续和规定，汇编成文字材料，提供给客户查阅使用。

第三，公开政策。各银行营业机构还需将与本单位及客户有关的、由国家制定的各项金融政策纪律，如储蓄政策、结算原则、反假币措施、支票使用规定等，向客户进行公布。

4. 遵守法纪

全体银行从业人员在工作岗位上处理业务时，均须时时刻刻自觉地、忠实地、始终不懈地严格贯彻执行党和国家有关的金融法规、政策和方针。违反政策的话坚决不说，违反规定的业务坚决不做。不仅如此，还要努力做好相互监督与制约，要敢于同一切违反党纪、国法和金融政策的行为进行坚决的斗争。

要严守法纪，就要学法、懂法、知法、守法。要自觉地做到有法必依，执法必严，违法必究。在工作岗位上，绝不能贪赃枉法、以身试法、目无法纪。

要执行好国家各项有关的金融方针和金融政策，就要对其系统而认真地进行学习，并仔细地进行领会。要在自己的工作中处处以国家利益为重，在自己的思想上、行动上自觉地与党和国家保持一致。

要严格完善本单位的各项纪律与各项制度，教育全体员工严守规章制度、严守工作纪律。要坚持秉公办事，廉洁奉公，公私分明，严守秘密，拒腐防变，令行禁止。要不徇私情，不弄虚作假，不利用职权谋求个人私利，不收受客户的礼金或礼物。

5. 自警自励

全体银行从业人员，在工作岗位上皆应立足本职，顾全大局，自重自省，率先垂范。在个人的举止行为方面，特别应当多加检点。

在上岗前，一律不准饮酒。在工作岗位上，不准吸烟。在本单位内，不允许接打私人电话、收发短信、上网聊天、读书看报，或忙于其他类型的个人私事。

不准以任何借口擅离职守，串柜聊天，或大声谈笑。在工作期间，与同事或者客户打、逗、闹、玩，也应禁止。总之，在工作时间，一切与业务无关的事情，一切与本职工作相抵触的事情，都不可以做。

第六节　应　聘

当前，随着我国社会主义市场经济建设的迅速发展，商界人才的流动已经越来越频繁。自主择业、双向选择，已成为更多的人的选择。

在选择职业时，每个人都既要满足国家的需要、实现个人的理想，又要量力而行、审慎从事。现代社会对每个人都提出了种种挑战，同时也提供了各种千载难逢的机遇。在实际生活中，若想在应聘新职时力挫群雄，一举成功，在具有良好专业素养的前提下，掌握必要的惯例与技巧也是不容忽视的。后者，在某些情况下甚至会起到举足轻重的作用。

应聘的礼仪主要涉及应聘的准备与面试的技巧两个具体方面。

一　应聘的准备

应聘新职的第一步，就是要进行必要的准备工作。只有把应聘的准备工作真正做好了，才能为自己应聘的成功奠定坚实的基础。

（一）搜集信息

在应聘新职时，显然离不开对有关信息的搜集。《孙子兵法》上的"知己知彼，百战不殆"那句名言，应用于此刻肯定是无比正确的。

从某种意义上讲，应聘之前搜集信息就是在为应聘进行调查研究。如果不对其进行认真的调查研究，自己就没有"发言权"，甚至两眼漆黑。

为应聘而搜集信息，最重要的是要想方设法获取真实而有效的信息。

1. 真实的信息

为应聘而搜集的信息，首要要求是真实、准确、无误。做不到这一点，那么即便自己拥有的信息十分丰富，也没有太大的用处。

要搜集到于己有利的真实信息，有下列两个具体问题务必注意。

第一，自己动手。要提倡自己动手，尽量取得第一手信息。如果自己所得的信息来源于道听途说，或是第二手、第三手等"中转"过多的信息，往往并无多少用处可言。

第二，加以分析。要对信息进行必要的分析整理，以便去粗取精，去伪存真，由此及彼，由表及里。自己获得的信息再多，假如来者不拒，无所不信，而不加以分析、鉴别，也是不可取的。

2. 有效的信息

为应聘而搜集的信息，还必须于己有效，否则即便真实无误，其用处也不大。因此，务必要将有效的信息作为自己搜集的重点。

一般而论，于己有效的信息大致包括下列三个方面。

第一，有关用人单位的信息。它主要包括单位的性质、单位的规模、单位的经营、单位的产品、单位的效益、单位的口碑、单位的问题等。一旦了解了上述信息，就不但不会"误入歧途"，而且在考试时也容易做到胸中有数，临阵不慌。

第二，有关用人条件的信息。它包括对招聘人员的性别、年龄、学历、阅历、专业、技术、岗位、外语等各个方面的具体要求和限制。对此缺乏了解，必将劳而无功。

第三，有关用人待遇的信息。它具体是指按单位规定将给予应聘合格者的福利、待遇，诸如工资、奖金、补贴、培训、进修、假期、住房、医疗、保险等。提前明确了此类问题，将来应聘成功后就很少会后悔。

（二）自我定位

在决定是否应聘时，每个人都需要先行进行自我定位。所谓自我定位，实际上是指在客观把握自身条件的前提下依据一定的标准确定出最适合于本人的职业和职位。没有准确的自我定位，应聘时便会盲目乱撞，于人、于己都没有什么好处。

通常认为：应聘前的自我定位必须客观、科学、准确，在一段期间里不宜发生太大变化。进行自我定位时，需要注意的主要有下列两大问题。

1. 评价客观

在进行自我定位时，首先要对自身条件进行客观评价。评价自我，一是要实事求是；二是要不卑不亢。

在自我评价时要求实事求是，就是要客观地、全面地了解自己的条件，并对其加以正视。倘若自我评价过于主观，在应聘时难免就要吃亏。

在自我评价时要求不卑不亢，则是要求应聘者在进行自我评价时，既要敢于发现自己的所长，又要善于发现自己的不足。既不能妄自尊大、自以为是，也不应妄自菲薄、自轻自贱。

2. 面对现实

进行自我定位，主要是为了面对现实的需要。进而言之，主要是为了在应聘求职时取得成功。在进行自我定位时，一定要使之服从于现实、服从于需要，绝不能为定位而定位。

进行自我定位时，务必要避免出现定位过高或定位过低等两种错误倾向。此二者均为脱离现实所致，并对应聘者极其有害。

（三）写应聘信

目前，用人单位在招聘人员时大多要求应征人员先行寄上应聘信，以供筛选。对立即登门拜访的应征者，用人单位通常是不欢迎的。

由此可见，写应聘信实际上已经变成了应聘时例行的头一道手续。只有通过了此道关卡，一般才能够拿到应聘的"门票"。

应聘信，亦称应聘函或自荐信，是应聘者在应聘新职时所写的一种特殊信件。对用人单位来讲，它直接涉及应聘者留给对方的印象的好坏，并决定着应聘者能否通过用人单位的"初选"关。

撰写应聘信时，最重要的是要注意书写规范、谦恭守礼、情真意切、言简意赅。

1. 书写规范

写应聘信时，首位的要求就是书写必须规范。对书写规范的具体要求有四：第一，字迹清晰。第二，内容正确。第三，格式标准。第四，通篇整洁。

有条件的话，应聘信最好进行电脑打印。非要亲笔书写时，则务必要采用带格的正式稿纸，并使用蓝黑色或黑色墨水的钢笔。若有必要，还可以附上一篇内容相同的英语译文。

2. 谦恭守礼

写应聘信时，按规矩应采用书面语言。在字里行间，勿忘自谦与敬人。应该使用敬语、尊称的地方，千万不要忽略。必要的礼貌用语，亦不可或缺。

要求写应聘信时谦恭守礼，重在体现出一种彬彬有礼的态度与个人的良好教养。但是单靠过多地堆砌礼貌用语，并不一定能够做到此点。

3. 情真意切

应聘信，是实用性极强的一种应用文。而最能打动人的，又莫过于真情实感。要写好应聘信，就必须使之情真意切。

第一，情真。所谓情真，就是在应聘信里介绍个人情况时绝对不可言过其实。只有客观地、实事求是地进行自我推荐，才容易取信于人。

第二，意切。所谓意切，则是要在应聘信里正面地、坦诚地、充分地向对方表明自己希望应聘新职的迫切心情，切勿令其给人以漫不经心、可有可无之感。

4. 言简意赅

准确地讲，应聘信其实是一种自我介绍信。因此，在写应聘信时，一定要将重点放在自我介绍、自我推荐上。与此无关的话题，写得愈少愈好。

为便于用人单位阅读，一般情况下，一封应聘信在字数上应以 500 字为限，并最好是将其写在一页整洁的纸张上。此外需要注意：句子要短一些，并要多分段，以便于阅读。

（四）预备材料

不论写应聘信，还是日后参加面试，为有备无患，应聘者往往需要事先准备好一些能够反映个人情况的材料。为应聘而预备的材料，主要应做到完备充实、扬长避短。

1. 完备充实

预备供应聘用的个人材料，应多多益善，越周详完备越好。当然，这并不意味着就可以任其鱼龙混杂、杂乱无章。也就是说，在争取多准备必要材料的基础上，还应适当地突出重点。在一般情况下，可供应聘时使用的重要的个人材料大体上有下列三类：

第一，反映自身条件的材料。它们主要有：本人免冠正面半身照片，身份证或户籍卡，求职证、工作证或待业证，毕业证或学历证，体检证明，个人档案，以及个人履历表等。

第二，反映自身水平的材料。它们包括：学位证书，职称证书，专业技术证书，获奖证书，专利证书，发明证书，以及本人的著作、论文、作品等。

第三，反映自身见解的材料。此类材料，主要供应聘较高职位者面试时使用。它通常涉及：供在新职位上所用的建议、计划、方案，以及本人对自己应聘职位的理解、评价，国内外有关某一专业技术的现状等。

2. 扬长避短

在预备与应聘相关的材料时，不但要实事求是，而且在此前提下还应特别注意扬长避短。是否注意到这一问题，往往对应聘的成功与否影响甚大。

第一，扬长。扬长，在此就是要求在准备应聘材料时务必要客观而全面地争取向用人单位尽可能多地反映自己的优点与长处。敢于扬长、善于扬长，既是一种自信与实力的体现，也是对自己和用人单位负责任的表现。不敢扬长，自恃"好酒不怕巷子深"；或者视扬长为自吹自擂，认定"壮夫不为也"，在目前人才激烈竞争的条件下，就难于脱颖而出，就容易吃败仗。

第二，避短。避短，在此则是指在准备应聘材料时，对用人单位未作明确要求，应聘者稍有不足，或容易令用人单位产生不必要的误会的情况，可避实就虚，或索性避而不论。举例来说，假若自己个头较矮，在写应聘信时就没有必要专门对此提及。如果本人体重过重或过轻，没有必要主动向用人单位进行说明。若自己工作经验少，同样也没有必要予以列举。

二　面试的技巧

对中意的人选，用人单位在作出最终决定之前通常需要对其进行一次面试。所谓面试，即对应聘者所进行的当面考查与测试。一般认为，面试是应聘中具有决定意义的一关。只要通过了面试，应聘成功就已经在望。

参加面试，务必要精心准备、认真对待。在临场发挥时，亦有一些有助于人的技巧可言。

（一）仪表

进行面试时，应聘者对自己的仪表必须进行认真的修饰。不论仪容、化妆，还是服饰、配饰，都必须规范而得体。具体而言，应聘者在为面试而修饰仪表时，尤其要注意下列三点：

1. 整洁

应聘者的仪表必须修饰得干净、整齐，绝对不允许不修边幅。男士要切记理发、剃须，女士则要注意整理好发型。面试时所穿的衣物，务必要无污迹、无破损、无折皱。衬衫的领口与袖口，则要确保洁白无瑕。

2. 庄重

修饰仪表，必须围绕面试这一中心进行。应聘者的具体身份，要求其仪表修饰必须以庄重为宜。化妆的时候，不应过分地浓、烈。选择发型与服饰时，切忌过分地"前卫"、摩登，或刻意地追求怪异、新奇、性感。面试时，女士通常忌穿露肩、露胸、露背、露腰的"四露"服装与露趾、露跟的"两露"鞋子。

3. 正规

应聘较高职位或是去公司、外企应聘时，修饰仪表还须注意其正规与否。例如，去公司、外企应聘时，就宜按其常规穿着套装、套裙、制式皮鞋，化妆宜淡，发型宜雅，服装的色彩越少越好，首饰佩戴也以少为佳。若反其道而行之，就可能自讨苦吃。

（二）举止

在面试时，应聘者的举止通常极其令人注目。因为它不但反映了应聘者的心理活动，而且也是其修养、品性、阅历的客观写照。在举止方面，应聘者主要应当注意下列四条。

1. 自然

在面试时，应聘者一定要沉得住气，并努力表现得临阵不慌、见多识广。此刻，应聘者的举止动作以自然而然为好。千万不要矫揉造作、举止呆板，更不要慌乱不堪、手足无措。

2. 大方

面试时，应聘者的举止动作要大大方方、有条不紊。既不要瞻前顾后、东张西望，好像拿不定主意；也不要缩手缩脚、胆战心惊，在动作上放不开。要记住：举止大方，通常能够给用人单位留下良好印象。

3. 文明

应聘者在面试的时候，务必要克服不文明的习惯，避免在面试期间站没有站相、坐没有坐样。一定要记住：走动、就座、开门、关门时不要出声，回答问题时不要指手画脚、手舞足蹈，进出房门时则勿忘始终面对考官。

4. 典雅

在摒弃不文明的举止动作的同时，应聘者在面试的过程中还应使自己的举止动作典雅动人、赏心悦目。典雅的举止，不但有助于塑造出应聘者的高雅形象，而且还很容易使面试人员由此而对自己产生好感。

（三）谈吐

应聘者在面试的过程中，必须对自己的谈吐加以认真的把握。对应聘时自己的语言、语音、语气、语调，都要倍加重视。根据商务礼仪的规范，至少要特别注意如下四个方面的具体问题。

1. 礼貌

面试之际，应聘者务必要使自己的谈吐表现得文明礼貌，而绝对不应当令其粗俗、无礼。不论自我介绍还是答复询问，均须使用必要的谦辞、敬语。在称呼考官时，不应直呼其名，而应称其职务，或以"您"和其他尊称相称。在面试之前，应首先向考官问好。在回答完对方的提问之后，一定要加上一声"谢谢"。对此类细枝末节，一点都大意不得。

2. 标准

应聘者在回答考官的提问以及进行自我介绍时，还有一个标准与否的问题。要求面试时谈吐标准，首先，回答问题要完整、准确，绝对不允许东拉西扯，张冠李戴。其次，要求应聘者语言、口音要标准。所谓语言标准，就是要多用术语。所谓口音标准，则是要求尽量要在面试时讲普通话。

3. 连贯

应聘者在面试时，谈吐的连贯与否至关重要。要求应聘者谈吐连贯，在此具有双重含义。它的第一层含义，是要求"前""后"连贯。即面试时的谈吐，应与应聘者自己向用人单位提供的其他资料完全相符。它的第二层含义，则是要求谈吐自身应一气呵成。切忌吞吞吐吐，首尾不能相顾。

4. 简洁

进行自我介绍或回答提问时，应聘者的谈吐应化繁为简、简明扼要。能不说的话就不要说，能少说的话就不要多说，不该重复的话就一定不要重复。倘若考官限定了自我介绍或回答问题的具体时间，务必要严格予以遵守。宁肯用不了，也不要超时。因为在用人单位来看，谈吐简洁与否是衡量应聘者能力的一项重要指标。

（四）模拟

为确保面试成功，一个行之有效的办法就是进行面试前的模拟。在面试之前进行模拟的最大好处，就是可以通过它来总结经验、找出不足，并增强自己自信心。因此，在有条件的情况下，为面试而进行模拟大可一试。

应聘者在为面试而进行模拟时，应注意预演和探路等两个具体问题。

1. 预演

应聘者在面试的准备工作大体完成后，即可进行一次"实战演习"。必要时，还可请亲朋好友参加，并担任"评委"。

为面试而进行的预演，应包括下列两个具体的侧重点。

第一，自己的形象能否过关。对自己选择的服装、发型乃至化妆，既需要自己认可，同时也需要得到"评委"的首肯。没有穿过的衣服、没有用过的化妆品，最好在此刻一试，免得到时候不合适、出麻烦。

第二，自己的口才是否合格。进行预演时，最好请有经验的人当场提出几个针对性较强的问题，例如，"如何评价本人的优点与缺点""为什么要选择这一职位""为什么要'跳槽'""怎样要求自己的薪金"等，以检验应聘者的临场反应能力，并对其进行点评。

2. 探路

在有可能的情况下，最好于面试之前专程前往面试现场进行一次实地考察。之所以如此，一是为了熟悉一下环境；二是为了弄清其具体方位；三是为了掌握交通路线与所需时间。这样做了的话，在参加面试时就会胸中有数，不慌不忙。

一般来说，最好在面试时提前几分钟抵达现场，以便给自己留出足够的"提前量"，稍事休息或略做准备。

本章小结

本章所讲授的是行业礼仪。它在此是指商务人员在商界的不同行业里供职时所适用的行为规范。遵守自己本行业的行业礼仪，可使自己在职场上表现得训练有素。

本章第一节讲授的是公司礼仪。它具体涉及写字间的规则、生意场的操守等。

本章第二节讲授的是企业礼仪。它具体涉及企业形象、员工素养等。

本章第三节讲授的是宾馆礼仪。它具体涉及热情服务、温馨服务等。

本章第四节讲授的是商店礼仪。它具体涉及准备工作、现场服务、热情适度等。

本章第五节讲授的是银行礼仪。它具体涉及服务设施、服务行为等。

本章第六节讲授的是应聘礼仪。它具体涉及应聘的准备、面试的技巧等。

练 习 题

一　名词解释

1. 行规

2. 厂服

3. 形象

4. 服务角色

5. 零干扰

二　要点简答

1. 公司职员在个人操守方面有何禁忌？

2. 企业员工应如何提高个人素质？

3. 宾馆应怎样令客人感到"宾至如归"？

4. 店员应怎样在商店里热情待客？

5. 银行职员应怎样提高其服务质量？

6. 应聘前须进行哪些必要的准备？

7. 应聘时应怎样表现得落落大方？

第三章　会务礼仪

内容提要

会务礼仪，在此主要是指有关举办会议的行为规范。在商界，遵守会务礼仪，将有助于本单位的对外沟通。本章所讲授的内容，包括洽谈会、发布会、展览会、赞助会、茶话会等方面的礼仪。

学习目标

1. 重视会务礼仪。
2. 认真举办商务会议。
3. 善于利用商务会议与外界进行沟通。
4. 在商务会议上表现得恰到好处。
5. 避免在办会时出现差错或在商务会议上失礼于人。

在其日常工作中，商界人士经常需要组织、领导或参加各种会议。因此，会议自然而然地成为商务活动的重要内容之一。

会议，又称集会。在现代社会里，它是人们从事各类有组织的活动的一种重要方式。在一般情况下，会议是指有领导、有组织地使人们聚集在一起，并对某些议题进行商议或讨论的集体性活动。

在许多情况下，商界人士往往都还需要亲自办会。所谓办会，就是指从事会务工作，即具体负责从会议的筹备直至其结束的一系列具体事项。会务礼仪，通常指的就是有关办会方面的具体的行为规范。在商界，遵守会务礼仪，将有助于本单位的对外沟通。

第一节 洽谈会

商界人士，在其商务交往中都有过参加商务洽谈的经历。对其中一些人而言，他们在有如战场的商场上从商的成败得失，往往更直接地取决于能否通过洽谈来为自己开辟一条成功之路。

商界人士所进行的洽谈，通常又称商务谈判，它属于最重要的商务活动之一。洽谈的含义是：在商务交往中存在着某种关系的有关各方，为保持接触、建立联系、进行合作、达成交易、拟定协议、签署合同、要求索赔，或是为了处理争端、消除分歧而坐在一起进行面对面的讨论与协商，以求达成某种程度上的妥协。因洽谈而举行的有关各方的会晤，一般被称为洽谈会。

大凡正式的洽谈会，都很注重礼仪。绝大多数正式的商务洽谈本身，就是按照一系列约定俗成的既定礼仪所进行的庄重的会晤。在商务洽谈中，正确的态度是：既要讲谋略，又要讲礼仪。倘若只讲谋略而不讲礼仪，或是只讲礼仪而不讲谋略，都无助于洽谈的成功。

以下，将从商务礼仪，尤其是会务礼仪的角度，来具体讨论一下洽谈会的有关事项。一般来说，洽谈会礼仪主要体现在洽谈的筹划与洽谈的方针两大方面。它们互为表里、不可分割、共同决定着洽谈会的成功。

一 洽谈的筹划

在现实生活中，洽谈的具体形式可谓多种多样。不论商界人士面对的是何种具体形式的洽谈，都有必要为此而充分做好准备，以求有备无患。

商界人士在为进行洽谈而着手准备时，重点要在技术性准备与礼仪性准备两个方面好自为之。

（一）技术性准备

为商务洽谈而进行的技术性准备，在此是指要求洽谈者事先充分地掌握有关各方的状况，了解洽谈的"谋篇布局"，并就此而构思、酝酿正确的洽谈手法与洽谈策略。否则，商界人士在洽谈中就可能会"两眼一抹黑"、目标不明、方法不当、顾此失彼、功败垂成。

1. 基本原则

商界人士在准备商务洽谈时，首先应谨记如下四项具体的原则：

第一，客观的原则。所谓客观的原则，意即在准备洽谈时，有关的商界人士不仅所占有的资料需要客观，而且决策时的态度也必须客观。

占有的资料需要客观，是要求洽谈者尽可能地取得真实而准确的资料，不要以道听途说或是对方有意散布的虚假情报来作为自己决策时的依据。

决策时的态度必须客观，则是要求洽谈者在决策时态度清醒而冷静，不要为感情所左右，或是意气用事。

第二，预审的原则。所谓预审的原则，其具体含义有二：其一，是指准备洽谈的商界人士应对自己的方案预先反复审核、精益求精。其二，是指准备洽谈的商界人士应将自己提出的方案预先报请上级主管部门或主管人士审查、批准。

虽说负责洽谈的商界人士拥有一定的授权，在某些特殊的情况下可"将在外，君命有所不受"，或"先斩后奏"，但这并不等于说洽谈者就可以忘乎所以、一意孤行。在洽谈之前对自己的方案进行预审，既可以减少差错，又可以群策群力、集思广益，使方案更臻完美。

第三，自主的原则。所谓自主的原则，是指商界人士在准备洽谈时以及在洽谈进行中，务必要发挥自己的主观能动性，务必要相信自己、依靠自己、鼓励自己、鞭策自己，在合乎规范与惯例的前提下，力争"以我为中心"。

坚持自主原则有两大好处：其一，可以调动有关商界人士的积极性，使其更好地有所表现。其二，可以争取主动权，或是变被动为主动，在洽谈中为自己争取到有利的位置。

第四，兼顾的原则。所谓兼顾的原则，是指商界人士在准备洽谈时以及在洽谈过程中，在不损害自身根本利益的前提下应尽可能地替洽谈对手着想，主动为对方保留一定的利益。

有经验的商界人士都清楚，最理想的洽谈结局不应当是"你死我活""鱼死网破"，而应当是有关各方的利益与要求都得到了一定程度的照顾，亦即彼此达成妥协。在洽谈中，为对手留下余地、不搞"赶尽杀绝"，不但有助于保持与对手的正常关系，而且还会使商界同仁对自己刮目相看。

2. 准备工作

在技术上为洽谈进行准备的时候，洽谈者一般应做好以下三个方面的具体工作：

第一，知己知彼。孙子曰："知己知彼，百战不殆。"他的这句至理名言，对洽谈者准备洽谈也具有一定的教益。如能在洽谈之前就对对手有所了解并就此有所准备，则在洽谈中，洽谈者就能够扬长避短、避实就虚，"以我之长，击敌之短"，取得更好的成绩。

对洽谈对手的了解应集中在如下方面：在洽谈对手中，谁是真正的决策者或负责人；洽谈对手的个人资讯、谈判风格和谈判经历；洽谈对手在政治、经济以及人际关系方面的背景情况；洽谈对手的谈判方案；洽谈对手的主要商务伙伴、对手，以及他们彼此之间相互关系的演化等。

第二，熟悉程序。谈判桌不比战场，"从战争中学习战争"那一套对于洽谈来讲是行不通的。虽说洽谈的经验需要积累，但因为洽谈事关重大，所以它往往是不允许人们视之为儿戏，不允许人们在"知其一，不知其二"的情况下仓促上阵。

从理论上来讲，洽谈的过程是由"七部曲"一环扣一环，一气呵成的。具体来说，这七步就是：探询、准备、磋商、小结、再磋商、终结以及洽谈的重建。其中在每一个洽谈的具体步骤上，都有其特殊的"起、承、转、合"，都有一系列的台前与幕后的准备工作要做，并需要当事人就具体问题具体分析，以"随机应变"。

在准备洽谈时，一定要多下苦功夫，多做案头的准备工作，尤其是要精心细致地研究洽谈的常规程序及其灵活的变化，以便在洽谈中能够做到胸有成竹、处变不惊。

第三，运用策略。尽管商界人士在进行洽谈时总的指导思想是平等、互利，但这并不排斥努力捍卫或争取己方的利益。事实上，任何一方在洽谈中的成功都不仅要凭借实力，更要依靠对洽谈策略的灵活运用。

在商务洽谈中，对诸如以弱为强、制造竞争、趋热打铁、出奇制胜、利用时限、声东击西等具体策略，任何行家里手都不会不清楚。但至为关键的"活学活用"却正是商界人士所必须做到的。

例如，在洽谈时，应当何时报价就是一个策略性极强的大问题。如果想要先入为主、赢得主动权，那么率先出价是可行的。若不明就里，指望以逸待劳，后发制人，那么则不妨后于对手报价。仅仅就此而论，单纯地讲先报价好还是后报价对都没有任何实际意义。只有就事论事，才可以分出其中的优劣。

（二）礼仪性准备

洽谈的礼仪性准备，在此是指洽谈者在安排或准备洽谈会时应注重自己的仪表，预备好洽谈的场所、布置好洽谈的座次，并以此来显示己方对于洽谈的郑重其事以及对于洽谈对象的尊重。

在准备洽谈时，礼仪性准备的收效虽然一时难以预料，但它却绝对必不可少。与技术性准备相比，它是同等重要的。

1. 仪表

对我方正式出席洽谈会的人员，在仪表上务必要有严格的要求与统一的规定。男士一律应理发、剃须、吹头发，不准蓬头乱发，不应蓄胡子或留大鬓角。女士则应选择端庄、素雅的发型，并化淡妆，但不能做过于摩登或超前的发型，不许可染彩色头发，不许可化艳妆或使用香气过于浓烈的化妆品。

在仪表方面，最为出席洽谈会的商界人士所重视的就是服装。由于洽谈会关系大局，所以商界人士在此种场合理应穿着传统、简约、高雅、规范的最正式的礼仪服装。可能的话，男士应穿深色三件套西装和白衬衫、打素色或条纹式领带、配深色袜子和黑色系带皮鞋。女士则须着深色西装套裙和白衬衫，配肉色长筒或连裤式丝袜，穿黑色高跟或半高跟皮鞋。

2. 地点

根据商务洽谈举行的地点不同，可将其分为客座洽谈、主座洽谈、客主座轮流洽谈以及第三地点洽谈。客座洽谈，即在洽谈对手所在地进行的洽谈。主座洽谈，即在我方所在地进行的洽谈。客主座轮流洽谈，即在洽谈双方所在地轮流进行的洽谈。第三地点洽谈，即在不属于洽谈双方任何一方的地点所进行的洽谈。

以上四种洽谈会地点的具体确定，应通过各方协商而定。倘若由我方担任东道主出面安排洽谈，则一定要在各方面打好礼仪这张"王牌"。人们常说"礼多人不怪"，其实在洽谈会中又何尝不是如此呢？！在洽谈会的台前幕后恰如其分地运用礼仪，迎送、款待、照顾对手，就可以赢得信赖，获得理解与尊重。在这个意义上，完全可以说在洽谈会上主随客便、主应客求，与依"礼"服务实际上是一回事。

3. 座次

在洽谈会上，如果我方身为东道主，那么不仅应布置好洽谈室的环境，预备好相关的用品，而且还应当特别重视礼仪性很强的座次问题。

只有在某些小规模洽谈会或预备性洽谈会的进行过程中，座次问题才可以不必拘泥。在举行正式洽谈会时，对它则不能不予以重视。它既反映着洽谈者对规范的尊重，也是洽谈者给予对手的礼遇。

第一，双边洽谈。举行双边洽谈时，应使用长桌或椭圆形桌子，宾主应分坐于桌子两侧。若桌子横放，则面对正门的一方为上，应属于客方；背对正门的一方为下，应属于主方。若桌子竖放，则应以进门的方向为准，右侧为上，属于客方；左侧为下，属于主方。

在进行洽谈时，各方的主谈人员应在自己一方居中而坐。其余人员则应遵循右高左低的原则，依照职位的高低自近而远地分别在主谈人员的两侧就座。假如需要译员，则应安排其就座于仅次于主谈人员的位置，即主谈人员之右。

第二，多边洽谈。举行多边洽谈时，为避免失礼，一般都按照国际惯例以圆桌为洽谈桌来举行"圆桌会议"。这样一来，尊卑的界限就被淡化了。即便如此，在具体就座时，亦应讲究有关各方的与会人员尽量同时入场，并同时就座。最低限度，主方人员也不应在客方人员之前就座。

二　洽谈的方针

在洽谈的一般过程中，双方人员的态度、心理、方式、手法等，无不对洽谈构成重大的影响。

商务礼仪规定：商界人士在参加洽谈会时，首先需要更新意识，树立正确的指导思想，并以此来指导自己的洽谈表现。实际上，此即所谓的洽谈方针。洽谈方针的核心之点，依旧是要求洽谈者以礼待人，尊重别人，理解别人。具体而言，它又分为以下六点：

（一）礼敬对手

礼敬对手，就是要求洽谈者在洽谈会的整个进程中排除一切干扰，始终如一地对自己的洽谈对手讲究礼貌，时时、处处、事事都表现得对对方不失真诚的敬意。

在洽谈过程中，不论发生了什么情况都始终坚持礼敬对手，无疑能给对方留下良好的印象，而且在今后的进一步商务交往中还能发挥潜移默化的功效，即所谓的"你敬我一尺，我敬你一丈"。

调查结果表明，在洽谈中能够面带微笑、态度友好、语言文明礼貌、举止彬彬有礼的人，有助于消除对手的反感、漠视和抵触心理。在洽谈桌上，保持"绅士风度"或"淑女风范"有助于赢得对手的尊重与好感。因此，在某种程度上可以说：有礼即有理，讲礼易成功。

与此相反，假如在洽谈过程中举止粗鲁、态度刁蛮、表情冷漠、语言失礼，不知道尊重与体谅对手，就会在无形中伤害或得罪对方，从而大大加强对手的防卫性或攻击性，并为自己不自觉地增添了阻力与障碍。

（二）依法办事

在商务洽谈中，利益始终是各方关注的核心。对任何一方而言，大家讲究的都是"趋利避害"。在迫不得已的情况下，则会"两利相权取其大，两害相权取其轻"。虽则如此，商界人士在洽谈会上既要为利益而争，更需谨记依法办事。

所谓在商务洽谈中应当依法办事，是要求商界人士自觉地树立法治观念，在洽谈的全部过程中提倡法律至尊。洽谈者所进行的一切活动，都必须依照国家的法律办事。唯其如此，才能确保通过洽谈所获得的既得利益。法盲作风、侥幸心理、铤而走险、目无法纪，都只会害人、害己，得不偿失。

有一些人，在实践中喜欢在洽谈中附加人情世故。它如果是指注重处理与对手的人际关系，争取促进双方之间的理解与尊重，那么则是正确的。但假若指的是要在洽谈中搞"人情公关"，即对对方吹吹打打，与对方称兄道弟，向对方施以小恩小惠，就是非常错误的。实际上，这是小农意识在作怪，而且往往无济于事。因为人情归人情、生意归生意，任何有经验的商界人士都不会在洽谈会上让情感战胜理智。在洽谈中过多地附加人情，甚至以此为重点，实在是误入歧途。说到底，犯此种错误的人是没有法治观念，而且不懂得应当怎样做生意。

（三）平等协商

洽谈是什么？从本质上分析，洽谈就是有关各方在合理、合法的情况下进行讨价还价。由此可见，洽谈实际上是观点各异的各方经过种种努力，从而达成某种程度上的共识或一致的过程。换言之，洽谈只会进行于观点各异的有关各方之间。假如离开了平等协商，成功的洽谈便难于设想。

在洽谈中要坚持平等协商，重要的是要注意以下两个方面的问题：一方面，它要求洽谈各方在地位上平等一致、相互尊重。不允许仗势压人、以大欺小。如果谈判一开始有关各方在地位上便不平等，那么是很难达成让各方心悦诚服的协议的。另一方面，则要求洽谈各方在洽谈中必须通过协商，即相互商量，以求得谅解，而不是通过强制、欺骗来达成一致。

要想在洽谈会上做到平等协商，就要以理服人。要以理评理、坚持说理，并保持一致。这样做，比较容易"自成一说"，并进而说服对方。

（四）求同存异

有一位驰名世界的谈判大师说过："所谓洽谈，就是一连串的不断的要求和一个又一个不断的妥协。"这句话，肯定会有助于商界人士深化对洽谈本质的理解。

在任何一次正常的洽谈中，都没有绝对的胜利者和绝对的失败者。相反，有关各方通过洽谈，多多少少都会获得或维护一些自身的利益。也就是说，大家会在某种程度上达成了妥协。

富有经验的商界人士都很清楚，有关各方既然同意坐下来进行洽谈，那么在洽谈时就绝对不可以坚持"一口价"，一成不变、一意孤行。否则就是作茧自缚、自欺欺人。原因十分简单，既然是洽谈，那么有关的一切议题都是大可一谈的。

在洽谈会上，妥协是通过有关各方的相互让步来实现的。所谓相互让步，意即有关各方均有所退让，但是此种相互让步并不等于有关各方的对等让步。在实践中，真正的对等让步总是难以作出的。在洽谈会上所达成的妥协，对当事的有关各方只要公平、合理、自愿，只要尽最大限度维护或争取了各自的利益，实践中就是可以接受的。

（五）互利互惠

以上之所以反复强调最理想的洽谈结局是有关各方达成了彼此都能够接受的妥协，说到底就是要使有关各方通过洽谈都能够实现互利互惠。

在商务交往中，洽谈一直被视为一种合作或为合作而进行的准备。因此一场商务谈判的最圆满的结局，应当是洽谈的所有参与方都能各取所需，都取得了一定的成功，并获得了更大的利益。换言之，商务洽谈首先是讲究利益均沾、共同胜利的。如果把商务洽谈视为"一次性买卖"，主张赢得越多越好，甚至要与对手拼个"你死我活"，争取以自己的大获全胜和对手的彻底失败来作为洽谈会的最终结果，则必将危及己方与对方的进一步合作，并容易使社会上对己方产生"心狠手辣""不能容人"的恶劣印象。

因此，商界人士在参加洽谈会时，必须争取的结局应当是既利己又利人的。在现代社会，最讲究的就是伙伴、对手之间同舟共济。既要讲竞争，更要讲合作。自己所获得的利益不应当建立在有害于对手或伙伴的基础上，而是应当彼此两利。对此种商界的公德，商界人士在洽谈中务必应自觉遵守。

（六）人事分开

在洽谈会上，洽谈者在处理己方与对手之间的相互关系时，必须做到人与事相分离，各自分别而论。

在洽谈中，要将对手的人与事分开，即要求商界人士在与对方相处时，务必要切记朋友归朋友、洽谈归洽谈，对二者之间的界限不能混淆。

对此项要求的正确认识是，在洽谈桌上，大家彼此对既定的目标都志在必得、义不容情。因此，既不要指望对手中的老朋友能够"不忘旧情""良心发现"、对自己"手下留情"，或是"里通外国"，也不要责怪对方"见利忘义""不够朋友"、对自己"太黑"。

业已明言：商务洽谈并不是一场你死我活的人与人的战争，因此商界人士对它应当就事论事，不要让自己对洽谈对手主观上的好恶妨碍自己解决现实问题。

商界人士在洽谈中应当理解洽谈对手的实际处境，不要对对方提出不切实际的要求，或一厢情愿地渴望对方向自己施舍或回报感情。

同理，商界人士在洽谈会上对"事"要严肃，对"人"则要友善。对"事"不可以不争，对"人"则不可以不敬。

在商界，通常讲究"君子求财不求气"。它告诫各位：意气用事，在商务交往中的任何场合，其中包括洽谈会在内，都是弊大于利的。

商界还流行着另外一句名言："君子爱财，取之有道。"将其应用于洽谈会也是合情合理的。它告诉商界人士：要想在商务洽谈中尽可能地维护己方的利益，减少己方的损失，就应在洽谈的方针、策略、技巧上下功夫，从而名正言顺地在洽谈会上获得成功。若把心思用到了其他地方，甚至指望以见不得阳光的邪门歪道出奇制胜，即便不是痴心妄想，也是自欺欺人。

第二节　发布会

新闻发布会，简称发布会，有时亦称记者招待会。它是一种主动传播各类有关信息，谋求新闻界对某一社会组织或某一活动、事件进行客观而公正的报道的有效的沟通方式。对商界而言，举办新闻发布会是其联络、协调与新闻媒介之间相互关系的一种最重要的手段。

新闻发布会的常规形式是：由某一商界单位或几个相关的商界单位出面，将有关的新闻界人士邀请到一起，在特定的时间里与特定的地点内举行一次会议，宣布某一消息，说明某一活动，或解释某一事件，争取新闻界对此进行客观而公正的报道，并尽可能地争取扩大信息的传播范围。按照惯例，当主办单位在新闻发布会上进行完主题发言后，允许与会的新闻界人士在既定的时间里围绕发布会的主题进行提问，主办单位则必须安排专人回答此类提问。简言之，新闻发布会就是以发布新闻为主要内容的会议。

发布会礼仪，一般指的就是有关举行新闻发布会的相关规范。对商界而言，发布会礼仪至少应当包括会议的筹备、媒体的邀请、现场的应酬、善后的事宜四个具体方面的内容。

一 会议的筹备

筹备新闻发布会，所要做的准备工作甚多，其中最重要的是要做好主题的确定、时空的选择、人员的安排、材料的准备四项具体工作。

（一）主题的确定

一旦决定召开一次新闻发布会后，即应首先确定其主题。新闻发布会的主题，是指新闻发布会的中心议题。主题确定得是否得当，往往直接关系到本单位的预期目标能否实现。一般而言，新闻发布会的主题大致上有下列三类：一类是发布某一消息；一类是说明某一活动；再有一类则是解释某一事件。

具体而言，诸如组织开业、扩建、合并或者关闭，组织创立的周年纪念日，组织的经营方针发生改变，新举措、新产品、新技术、新服务面世，组织的首脑或高级管理人员发生变动，组织遭遇重大事故，组织遭到社会的误解或者批评等，通常都是新闻发布会的常规主题。

（二）时空的选择

新闻发布会的时空选择，通常是指对其时间与地点的选择。对这两个具体问题不加重视，即便主题再好，新闻发布会也往往难以奏效。

1. 时间的选择

一般来说，一次新闻发布会所使用的全部时间应限制在两个小时以内。具体而言，在选定举行新闻发布会的时间时，还须谨记以下四个方面的细节问题：一是要避开节假日；二是要避开本地的重大社会活动；三是要避开其他单位的新闻发布会；四是要避开与新闻界的宣传报道重点撞车或相左。只讲紧迫性、时效性，而忽略了上述问题，往往只会使自己劳而无功。

通常认为，举行新闻发布会的最佳时间是周一至周四的上午九点至十一点，或下午的三点至五点。在此时间内，绝大多数人都是方便与会的。之所以将周五排除在外，主要是因为周末随之而至，此刻人心涣散，对新闻报道往往不予重视。

2. 地点的选择

选择新闻发布会的举行地点时，除可以考虑本单位本部所在地、活动或事件所在地之外，还可优先考虑首都或其他影响巨大的中心性城市。必要时，还可在不同地点举行内容相似的新闻发布会。举行新闻发布会的现场，应交通方便、条件舒适、环境幽雅、面积适中，如本单位的会议厅、宾馆的多功能厅、当地最有影响的建筑物等，均可酌情予以选择。

（三）人员的安排

在准备新闻发布会时，主办者一方必须精心做好有关人员的安排。与其他会议有所不同的是，新闻发布会的主持人、发言人选择是否得当，往往直接关系到它的成败。因此，在安排新闻发布会的人员时，首先要选择好其主持人与发言人。

1. 主持人

按照常规，新闻发布会的主持人大多应当由主办单位的公关部部长、办公室主任或秘书长担任。其基本条件是：仪表堂堂，年富力强，见多识广，反应灵活，语言流畅，幽默风趣，善于把握大局，长于引导提问，并具有丰富的主持会议的经验。

2. 发言人

在一般情况下，新闻发布会的发言人是会议的主角，因此他通常应由本单位的主要负责人担任。有些单位往往还设有专职的新闻发言人。除在社会上口碑较好、与新闻界关系较为融洽之外，对发言人的基本要求还包括：恪尽职守，修养良好，学识渊博，思维敏捷，反应迅速，记忆力强，善解人意，能言善辩，彬彬有礼等。

除要慎选主持人、发言人之外，还须精选一些本单位的员工负责会议现场的礼仪接待工作。依照惯例，他们最好由品行良好、相貌端正、工作负责、善于交际的年轻女性担任。

为了宾主两便，主办单位所有正式出席新闻发布会的人员，均须在会上正式佩戴事先统一制作的姓名胸卡，其内容包括姓名、单位、部门与职务等。

（四）材料的准备

在准备新闻发布会时，主办单位通常需要事先委托专人准备好如下四个方面的具体材料：

1. 发言提纲

发言提纲，是发言人在新闻发布会上进行正式发言时的发言提要。对发言提纲的总的要求是：既要紧扣主题，又要全面、准确、生动、真实。

2. 问答提纲

为了使发言人在现场正式回答提问时表现自如、不慌不忙，事先可对有可能被提问的主要问题进行预测，并就此预备好针对性的答案，以使发言人心中有数，在必要时予以参考。

3. 宣传提纲

为了方便新闻界人士在进行宣传报道时抓住重点、资讯翔实，主办单位可事先精心准备好一份以有关数据、图片、资料为主的宣传提纲，并认真打印出来，在新闻发布会上提供给每一位外来的与会者。在宣传提纲上，通常应列出本单位名称及联络电话、传真号码，以供新闻界人士核实之用。有自己网站的商界单位，还可同时列出本单位的网址。

4. 辅助材料

假如条件允许，还可在新闻发布会的举办现场预备一些能够强化会议效果的形象化视听资料，例如，图表、照片、实物、模型、沙盘、录音、录像、影片、幻灯、投影、光碟、书刊等，以供与会者利用。在会前或会后，有时亦可安排与会者进行一些必要的现场参观或展览、陈列参观。但安排此类活动时应注意，切勿弄虚作假，切勿泄露商务秘密。

二 媒体的邀请

在新闻发布会上，主办单位的交往对象自然以新闻界人士为主。但在事先考虑邀请新闻界人士时，也必须有所选择、有所侧重，不然就难以确保新闻发布会真正取得成功。一般而言，在这一具体问题上对以下三个侧重点必须认真予以考虑。

（一）举办发布会的必要性

一家务实的商界单位，并非天天都要依靠炒卖新闻而自抬身价。举办新闻发布会，首先要看有无必要性。即使存在一定的必要性，也要多加论证，因为召开发布会同样讲究少而精。

众所周知，商界向社会各界主动传播信息的方式并非只有举行新闻发布会一种。除此之外，发送新闻稿、邀请参观现场，也可以发挥相同的功效。假如采用后两种方式即可发挥预期的作用，那么新闻发布会往往是可以不举办的。如果"新闻"不新，或新闻界人士毫无兴趣，而仍然一厢情愿地坚持召开新闻发布会，弄得无人到场，那洋相可就出大了。总之，不该邀请新闻界人士时就不要自讨没趣。而若没有必要邀请新闻界人士，也就无所谓召开新闻发布会的问题了。

（二）新闻界人士的邀请

一旦决定召开新闻发布会，邀请哪些方面的新闻界人士与会的问题就显得重要起来。实际上，这一问题又可分为下列两个方面。

1. 充分了解大众传媒的特点

目前，新闻媒介大体上可以分为电视、报纸、广播、杂志、网络五种。它们各有所长，也各有所短。电视的优点是：受众广泛，真实感强，传播迅速；其缺点是：受时空限制，不容易保存。报纸的优点是：信息容量大，易储存查阅，覆盖面广大；其缺点是：感染力差，不够精美。广播的优点是：传播速度快，鼓动性极强，受限制较少；其缺点是：稍纵即逝，选择性差。杂志的优点是：印刷精美，系统性强，形式多样；其缺点是：出版周期较长，读者相对较少。网络的优点是：资讯丰富，时效性强，涉及广泛；其缺点则是：良莠不齐，真伪难分。只有了解了上述各种新闻媒体的主要优缺点，并在对新闻界人士进行邀请时对其认真加以考虑，才不至于走弯路。

2. 邀请新闻界人士时有所侧重

在邀请新闻单位的具体数量上，新闻发布会自有讲究。其基本规则是，在宣布某一消息时，尤其是在为了扩大影响、提高本单位的知名度时，邀请的新闻单位通常多多益善。而在说明某一活动、解释某一事件时，特别是当本单位处于守势而这样做时，邀请新闻单位的面则不宜过于宽泛。但不论是邀请一家还是数家新闻单位参加新闻发布会，主办单位都要尽可能地优先邀请那些影响巨大、主持正义、报道公正、口碑良好或对待本单位向来较为友善的新闻单位派员到场。此外，还应根据新闻发布会的具体性质，确定是要邀请全国性新闻单位、地方性新闻单位、行业性新闻单位同时到场，还是只邀请其中的某一部分。如果打算邀请国外新闻单位到会，除要考虑有无实际需要外，还需遵守有关的外事纪律，并事先报批。

（三）协调与新闻界人士的关系

如前所述，新闻界人士是新闻发布会上的主宾。主办单位如欲使自己的新闻发布会开得成功，就必须求得对方的配合，并与之协调好相互关系。主办单位，特别是主办单位的主要负责人与公关人员在与新闻界人士打交道时，一定要注意以下五点：

第一，把新闻界人士当作真正的朋友对待。对对方既要尊重友好，更要坦诚相待。

第二，对所有与会的新闻界人士一视同仁。不要有亲有疏、厚此薄彼。

第三，尽量向新闻界人士提供对方所需要的信息。要注重信息的准确性、真实性与时效性，不要弄虚作假、爆炒旧闻。

第四，尊重新闻界人士的自我判断。不要指望拉拢、收买对方，更不要打算左右对方。

第五，与新闻界人士经常保持联络。要注意经常与对方互通信息、常来常往，争取建立双方的持久关系。

三 现场的应酬

在新闻发布会正式举行的过程中，往往会出现种种这样或那样的确定和不确定的问题。有时，甚至还会有难以预料到的情况或变故出现。要应对此类难题，确保新闻发布会的顺利进行，除要求主办单位的全体人员齐心协力、密切合作之外，最重要的是要求代表主办单位出面应对来宾的主持人、发言人善于沉着应变、把握全局。为此，特别要求主持人、发言人在新闻发布会举行之际牢记下述几个要点。

（一）维护形象

毫无疑问，在新闻发布会上，代表主办单位出场的主持人、发言人肯定会被新闻界人士视为主办单位的化身和代言人。而在新闻发布会召开之后，他们则更是有可能在不少新闻媒体上纷纷出镜亮相。在广大社会公众眼里，他们通常都会与其所在单位的整体形象画上等号，甚至决定了社会公众对主办单位的态度与评价如何。有鉴于此，主持人、发言人对自己的外表，尤其是仪容、服饰、举止，一定要事先进行认真的修饰。

按照惯例，主持人、发言人需要进行必要的化妆，并以化淡妆为主。其发型应当庄重而大方。男士宜穿深色西装套装、白色衬衫、黑袜黑鞋，并打领带。女士则宜穿单色套裙、肉色丝袜，着黑色高跟皮鞋。他们的服装必须干净、挺括，一般不宜佩戴首饰。

在面对新闻界人士时，主持人、发言人都要做到举止自然而大方。要面带微笑，目光炯炯，表情松弛，坐姿端正。一定要克服某些有损个人形象的不良举止，例如，抓搔头皮、紧咬嘴唇、眼皮上翻、东张西望、不看听众、以手捧头、双脚乱抖、反复起立、交头接耳、表情呆滞、不苟言笑等。

（二）相互配合

不论主持人还是发言人，在新闻发布会上都是一家人，因此二者之间的配合默契是必不可少的。而二者要真正做好相互配合，一是要分工明确；二是要彼此支持。

在新闻发布会上，主持人与发言人分工有所不同，因此必须各尽其职，才有配合可言。不允许越俎代庖、替人代劳。主持人所要做的，主要是主持会议、引导提问。发言人所要做的，则主要是主旨发言、答复提问。有时，在重要的新闻发布会上，为了慎重起见，主办单位往往会安排数名发言人同时出场。若发言人不止一人，事先必须进行好内部分工，并各管一段。否则人多了，话反而没有人说，或大家抢着说——出现那样的场面将会影响本单位的形象。一般来讲，发言人的现场发言应分为两个部分，首先进行主旨发言，接下来再回答疑问。当有数名发言人到场时，只需一人进行主旨发言即可。

主持人、发言人的彼此支持，在新闻发布会上通常极其重要。在新闻发布会进行期间，主持人与发言人必须保持一致的口径，不允许公开顶牛、相互拆台。当新闻界人士提出的某些问题过于尖锐或难于回答时，主持人要想方设法转移话题，不使发言人难堪。而当主持人邀请某位新闻记者提问之后，发言人一般也都要给予对方适当的机会。不然，不论对那位新闻记者还是对主持人来讲，都是非常失敬的。

（三）注意分寸

在新闻发布会上，主持人、发言人的一言一语都代表着主办单位。因此，主持人与发言人都必须对自己讲话的分寸予以重视。

1. 简明扼要

不论发言还是答问，都要条理清楚、重点集中，令人既一听就懂，又难以忘怀。必须牢记：要言不烦，烦言不要。在新闻发布会上有意卖弄口才、口若悬河，往往是不讨好的。

2. 提供新闻

举办新闻发布会，自然需要有新闻可供发布。实际上，新闻界人士正是特意为此而来的。在不违法、不泄密的前提下，要善于满足对方在这一方面的要求。至少，也要善于在讲话中表达自己的独到见解，并杜绝以旧闻、谎言搪塞媒体与公众。

3. 生动灵活

在新闻发布会上，有关人员的语言是否生动，话题是否灵活，往往会直接影响到现场的气氛。面对冷场或者冲突爆发在即，有关人员生动而灵活的话语往往可以化险为夷。因此，适当地采用一些幽默风趣的语言、巧妙的典故，也是必不可少的。

4. 温文尔雅

新闻记者大多见多识广，加之又是有备而来，所以他们在新闻发布会上经常会提出一些尖锐而棘手的问题。遇到此种情况时，发言人能答则答，不能回答则应巧妙地进行闪避，或直接告知以无可奉告，但无论如何都不要对对方恶语相加，甚至粗暴地打断对方的提问。当然，吞吞吐吐、张口结舌也不会给人以好的印象。唯有语言谦恭敬人、高雅脱俗，才会不辱使命。

四 善后的事宜

在新闻发布会举行完毕后，主办单位还需在一定的时间内对其进行一次认真的评估善后工作。一般而言，需要认真处理的具体事情有如下三项。

（一）了解新闻界的反应

新闻发布会结束后，应对照现场所使用的来宾签到簿与来宾邀请名单，核查新闻界人士的到会情况。据此，可大致推断出新闻界对本单位的重视程度。此外，还有两件事必做不可：

第一，了解与会者对此次新闻发布会的意见或建议，并尽快找出自己的缺陷与不足。

第二，了解与会的新闻界人士中有多少人为此次新闻发布会发表了新闻稿。

（二）整理保存会议资料

整理保存新闻发布会的有关资料，不仅有助于全面评估会议效果，而且还可为此后举行同一类型的会议提供借鉴。需要主办单位认真整理保存的新闻发布会的有关资料，大致上可以分为以下两类：

第一，会议自身的图文声像资料。它包括在会议进行过程中所使用的一切文件、图表、录音、录像等。

第二，媒体有关会议报道的资料。它主要包括在电视、报纸、广播、杂志、网络上所公开发表的涉及此次新闻发布会的消息、通讯、评论、图片等。此类资料，又可以细分为有利报道、不利报道、中性报道三类。

（三）酌情采取补救措施

在听取了与会者的意见、建议，总结了会议的举办经验，收集、研究了新闻界对会议的相关报道之后，对失误、过错或误导应主动采取一些必要的对策。对在新闻发布会之后所出现的不利报道，特别要注意具体分析、具体对待。

此类不利报道，大致可以分为三类：一是事实准确的批评性报道；二是因误解而出现的失实性报道；三是有意歪曲事实的敌视性报道。对批评性报道，主办单位应当闻过即改，虚心接受。对失实性报道，主办单位应通过适当途径加以解释、消除误解。对敌视性报道，主办单位则应在讲究策略、方式的前提下据理力争，尽量为本单位挽回声誉。

第三节　展览会

对商界而言，所谓展览会，特指有关方面为了介绍本单位的业绩，展示本单位的成果，推销本单位的产品、技术或专利，而以集中陈列实物、模型、文字、图表、影像资料供人参观了解的形式，所组织的宣传性聚会。有时，人们亦将其简称为展览，或称之为展会、展示、展示会。

在商务交往中，展览会往往发挥着重大的作用。它不仅具有极强的说服力、感染力，可以现身说法打动观众，为主办单位广交朋友，而且还可以借助于个体传播、群体传播、大众传播等各种传播形式，使有关主办单位的信息广为传播，提高其名气与声誉。正因为如此，几乎所有的商界单位都对展览会倍加重视，并踊跃参加。

展览会礼仪，通常是指商界单位在组织、参加展览会时所应当遵循的规范与惯例。在一般情况下，展览会礼仪主要涉及展览会的分类、展览会的组织与展览会的参加三个具体方面。

一　展览会的分类

严格地讲，展览会是一个覆盖面甚广的基本概念。如果细而言之，它又可以分作许许多多不尽相同的具体类型。因此若要举办好一次展览会，自然首先必须确定其具体类型，然后再进行相应的定位。否则，就很可能会出现不少的漏洞。

站在不同的角度上来看待展览会，往往可以对其进行不同标准的划分。按照商界目前所通行的会务礼仪规范，划分展览会不同类型的主要标准共有下列六条。

（一）展览会的目的

它是划分展览会类型的最基本的标准。依照这一标准，展览会可被分作宣传型展览会与销售型展览会等两种类型。

1. 宣传型展览会

宣传型展览会，显然意在向外界宣传、介绍参展单位的成就、实力、历史与理念，所以它又被叫作陈列会。

2. 销售型展览会

销售型展览会，则主要是为了通过展示参展单位的产品、技术和专利招徕顾客，促进其生产与销售。通常，人们又将销售型展览会直截了当地称为展销会或交易会。

（二）展览品的种类

在一次展览会上，展览品具体种类的多少，往往会直接导致展览会的性质有所不同。根据展览品具体种类的不同，可将展览会区分为单一型展览会与综合型展览会。

1. 单一型展览会

单一型展览会，往往只展示某一大的门类的产品、技术或专利，只不过其具体的品牌、型号、功能有所不同而已，例如化妆品、汽车等。因此，人们经常会以其具体展示的某一门类的产品、技术或专利的名称来对单一型展览会进行直接的冠名，如对上面所提到的两种产品的展示即可称为"化妆品展览会""汽车展览会"。在一般情况下，单一型展览会的参展单位大多是同一行业的竞争对手，因而此种类型的展览会不仅会使其竞争更为激烈，而且对所有参展单位而言都不啻为一场公平的市场考试。

2. 综合型展览会

综合型展览会，亦称混合型展览会。它是一种包罗万象的，同时展示多种门类产品、技术或专利的大型展览会。与前者相比，后者所侧重的主要是参展单位的综合实力。

（三）展览会的规模

根据具体规模的大小，展览会又有大型展览会、小型展览会与微型展览会之分。

1. 大型展览会

大型展览会，通常由社会上的专门机构出面承办，由于参展单位众多、参展项目广泛，因而其规模较大。举办此类展览会，要求具备一定的操作技巧。因其档次高、影响大，参展单位必须经过申报、审核、批准等一系列程序。有时，还需支付一定的费用。

2. 小型展览会

小型展览会，一般都由某一单位自行举办，其规模相对较小。在小型展览会上，展示的主要是代表主办单位最新成就的各种产品、技术和专利。

3. 微型展览会

微型展览会，则是小型展览会的进一步微缩。它提取了小型展览会的精华之处，一般不在社会上进行商业性展示，而只是将其安排陈列于本单位的展览室或荣誉室内，主要用以教育本单位的员工和供来宾参观之用。

（四）参展者的区域

根据参展单位所处地理区域的不同，可以将展览会划分为国际性展览会、洲际性展览会、全国性展览会、全省性展览会和本地性展览会。规模较大的国际性展览会、洲际性展览会和全国性展览会，往往被人们称为博览会。应当明言的是，组织展览会不一定非要贪大求全不可。它最忌讳虚张声势、名不副实，动辄以"世界""全球""全国"名之。此外，若根据参展单位所属行业的不同来进行划分，展览会亦可分为行业性展览会和跨行业展览会。

（五）展览会的场地

既然举办展览会，就免不了要占用一定面积的场地。若以所占场地的不同而论，展览会又有室内展览会与露天展览会之别。

1. 室内展览会

室内展览会，大多被安排在专门的展览馆或宾馆和本单位的展览厅、展览室内。此类展览会，大多设计考究、布置精美、陈列有序、安全防盗、不易受损，并可以不受时间与天气的制约，显得隆重而有档次，但其所需费用也往往偏高。在展示价值高昂、制作精美、忌晒忌雨、易于失盗的展品时，室内展览会自然是人们的首选。

2. 露天展览会

露天展览会，则是安排在室外露天之处进行。它可以提供较大的场地、花费较小，而且不必为设计、布置费力过多。展示大型展品或需要以自然界为其背景的展品时，此种选择最佳。通常，展示花卉、农产品、工程机械、大型设备时，人们大多这么做。但它受天气等自然条件影响较大，并极易使展品丢失或受损。

（六）展览会的时间

举办展览会所使用的具体时间的长短，亦被称为展期。根据展期的不同，可把展览会分作长期展览会、定期展览会与临时展览会。

1. 长期展览会

长期展览会，大多常年举行，其展览场所固定，展品变动不大。

2. 定期展览会

定期展览会的展期，一般固定为每隔一段时间之后，在某一特定时间内举行，例如，每三年举行一次，或每年春季举行一次，等等。其展览主题大多既定不变，但允许变动展览场所，或展品内容有所变动。一般而言，定期展览会往往呈现出连续性、系列性的特征。

3. 临时展览会

临时展览会，则随时都可根据需要与可能举办。它所选择的展览场所、展品内容乃至展览主题，往往不尽相同，但其展期大多不长。

二 展览会的组织

一般的展览会，既可由参展单位自行组织，也可由社会上的专门机构出面张罗。但不论组织者由谁来担任，都必须认真做好具体的工作，力求使展览会取得完美的效果。

根据惯例，展览会的组织者需要重点进行的具体工作主要包括参展单位的确定、展览内容的宣传、展示位置的分配、安全保卫的事项、辅助服务的项目等。

（一）参展单位的确定

一旦决定举办展览会，由什么单位来参加的问题通常就变得非常重要。在具体考虑参展单位的时候，必须注意两相情愿，不得勉强。按照商务礼仪的要求，主办单位事先应以适当的方式对拟参展的单位发出正式的邀请或召集。

邀请或召集参展单位的主要方式为：刊登广告，寄发邀请函，召开新闻发布会，发布网上公告等。不论采用其中哪种方式，均须同时将展览会的宗旨、展出的主要项目、参展单位的范围与条件、举办展览会的时间与地点、报名参展的具体时间与地点、咨询有关问题的联络方法、主办单位拟提供的辅助服务项目、参展单位所应负担的基本费用等，一并如实地告知参展单位，以便对方据此加以定夺。

对报名参展的单位，主办单位应根据展览会的主题与具体条件进行必要的审核，切勿良莠不分、来者不拒。

当参展单位的正式名单确定之后，主办单位应及时地以专函进行通知，令被批准的参展单位尽早有所准备。

（二）展览内容的宣传

为引起社会各界对展览会的重视，并尽量扩大其影响，主办单位有必要对其进行大力宣传。宣传的重点应是展览的内容，即展览会上的展示陈列之物，因为只有它才能真正吸引各界人士的注意和兴趣。

对展览会，尤其是对展览内容所进行的宣传，主要可以采用下述几种方式。

第一，举办新闻发布会。

第二，邀请新闻界人士到场进行采访。

第三，发表有关展览会的新闻稿。

第四，公开刊发广告。

第五，张贴有关展览会的宣传画。

第六，在展览会现场散发宣传性材料和纪念品。

第七，在举办地悬挂彩旗、彩带或横幅。

第八，利用升空的彩色气球和飞艇进行宣传。

以上八种方式，既可以只择其一，亦可多种同时并用。在具体进行选择时，一定要量力行事，并要严守法纪、注意安全。

为了搞好宣传工作，在举办大型展览会时，主办单位还应专门成立对外进行宣传的组织机构。其正式名称通常是新闻组，也可以是宣传办公室。

（三）展示位置的分配

对展览会的组织者而言，展览现场的规划与布置通常是其重要职责之一。布置展览现场的基本要求是：展示陈列的各种展品要围绕既定的主题，进行互为衬托的合理组合与搭配。要在整体上显得井然有序、浑然一体。

显然，所有参展单位都希望自己能够在展览会上拥有一个理想的位置。展品在展览会上进行展示陈列的具体位置，称为展位。大凡理想的展位，除收费合理之外，应面积适当、客流较多，处于展览会上较为醒目之处，设施齐备，采光、水电供给良好。

在一般情况下，展览会的组织者应想尽一切办法充分满足参展单位关于展位的合理要求。假如参展单位较多并对较为理想的展位竞争较为激烈，则展览会的组织者可依照展览会的惯例，采用下列方法之一对展位进行合理的分配。

1. 对展位进行竞拍

即由组织者根据展位的不同，制定不同的收费标准，然后组织一场拍卖会，由参展者在会上自由进行角逐，最后由出价高者拥有自己中意的展位。

2. 对展位进行投标

即由参展单位依照组织者所公告的招标标准和具体条件自行报价，并据此填具标单，然后由组织者按照"就高不就低"的常规将展位分配给报价高者。

3. 对展位进行抽签

即将展位编号，然后将号码写在纸签上，由参展单位的代表在公证人员的监督下，每人各取一个，以此来确定其各自的具体展位。

4. 按"先来后到"分配

所谓按照"先来后到"进行分配，即以参展单位正式报名的先后为序，谁先报名，谁便有权优先选择自己看中的展位。

不论采用上述何种方法，组织者均须事先就将其广而告之，以便参展单位早做准备，尽量让每个单位都能选择到称心如意的展位。

（四）安全保卫的事项

无论展览会举办地的社会治安环境如何，组织者对有关的安全保卫事项均应认真对待，以免由于事前考虑不周而麻烦丛生，或"大意失荆州"。

在举办展览会前，必须依法履行常规的报批手续。此外，组织者还须主动将展览会的举办详情向当地公安部门进行通报，求得其理解、支持与配合。

举办规模较大的展览会时，最好从合法的保安公司聘请一定数量的保安人员，将展览会的保安工作全权交予对方负责。

为预防天灾人祸等不测事件的发生，应向声誉良好的保险公司进行数额合理的投保，以便利用社会力量为自己分忧。

在展览会入口处或展览会的门券上，应将参观的具体注意事项正式成文列出，使观众做到心中有数，以减少纠葛。

展览会组织单位的全体工作人员，均应自觉树立良好的防灾、防盗、防火、防水、防破坏等安全意识，为展览会的平安进行竭尽一己之力。

按照常规，有关安全保卫事项，在必要时最好由有关各方正式签订合约或协议，并经公证处公证。那样一来，万一出了事情，大家也好"亲兄弟，明算账"。

（五）辅助的服务项目

主办单位作为展览会的组织者，有义务为参展单位提供一切必要的辅助性服务项目，否则不单会影响自己的声誉，而且还会授人以柄。

由展览会的组织者为参展单位提供的各项辅助性服务项目最好有言在先，并对有关费用的支付进行详尽的说明。

具体而言，为参展单位所提供的辅助性服务项目通常主要包括下述各项：

第一，展品的运输与安装。

第二，车票、船票、机票的订购。

第三，与海关、商检、防疫部门的协调。

第四，跨国参展时有关证件、证明的办理。

第五，电话、传真、电脑、复印机等现代化的通信联络设备的配备。

第六，举行洽谈会、发布会等商务会议或休息时所使用的适当场所。

第七，餐饮以及有关展览时使用的零配件的提供。

第八，供参展单位选用的礼仪、讲解、翻译、推销等方面的工作人员。

三 展览会的参加

参展单位在正式参加展览会时，必须要求自己的全部派出人员齐心协力、同心同德，为大获全胜而努力奋斗。在整体形象、礼貌待人、解说技巧三个主要方面，参展单位尤其要予以特别的重视。

（一）维护整体形象

在参与展览时，参展单位的整体形象直接映入观众的眼里，对参展成败影响极大。参展单位的整体形象，主要由展示之物的形象与工作人员的形象两个部分构成。对二者要给予同等的重视，不可偏废其一。

1. 展示之物的形象

展示之物的形象，主要由展品的外观、展品的质量、展品的陈列、展位的布置、发放的资料等构成。用以进行展览的展品，在外观上要力求完美无缺，在质量上要优中选优，在陈列上要既整齐美观又讲究主次，在布置上要兼顾主题的突出与观众的注意力。用以在展览会上向观众直接散发的有关资料，则要印刷精美、图文并茂、资讯丰富，并注有参展单位的主要联络方式，如公关部门与销售部门的电话、电报、电传、传真、电子邮箱号码等。

2. 工作人员的形象

工作人员的形象，主要是指在展览会上直接代表参展单位抛头露面的人员的穿着打扮。在一般情况下，在展位上工作的人员应当统一着装。最佳的选择是：身穿本单位的制服、特意为本次展览会统一制作的会务装，或深色的西装、套裙。在大型的展览会上，参展单位若安排专人迎送宾客时，则最好请其身穿色彩鲜艳的单色旗袍，并胸披写有参展单位或其主打展品名称的大红色绶带。为说明各自的身份，全体工作人员皆应在左胸佩戴标明本人单位、职务、姓名的胸卡，唯有礼仪小姐可以例外。按照惯例，工作人员不应佩戴首饰，但男士应剃须，女士则最好化淡妆。

（二）始终礼貌待人

不论是宣传型展览会还是销售型展览会，参展单位的工作人员都必须真正意识到观众是自己的上帝，为其热情而竭诚地服务则是自己的天职。为此，全体工作人员都要将礼貌待人放在心上，并将其落实在行动上。

展览会一旦正式开始，全体参展单位的工作人员即应各就各位，站立迎宾。不允许迟到、早退、无故脱岗、东游西逛，更不允许在观众到来之时坐、卧不起，怠慢对方。

当观众走近自己的展位时，不论对方是否向自己打了招呼，工作人员都要面含微笑，主动地向对方说："您好！欢迎光临！"必要时还应面向对方，稍许欠身，伸出右手，掌心向上，指尖直指展台，并告知对方"请您参观"。

当观众在本单位的展位上进行参观时，工作人员可随行其后，以备对方向自己进行咨询；也可以请其自便，不加干扰。假如观众较多，尤其是在接待组团而来的观众时，工作人员亦可在左前方引导对方进行参观。对观众所提出的问题，工作人员要认真作出回答。不允许置之不理，或以不礼貌的言行对待对方。

当观众离去时，工作人员应真诚地向对方欠身施礼，并道以"谢谢光临"或"再见！"

在任何情况下，工作人员均不得对观众恶语相加或讥讽嘲弄。对极个别不守展览会规则而乱摸乱动、乱拿展品的观众，仍须以礼相劝，必要时可请保安人员协助，但绝对不许可对对方擅自动粗，进行打骂、扣留或者非法搜身。

（三）运用解说技巧

此处所说的解说技巧，主要是指参展单位的工作人员在向观众介绍或说明展品时所应掌握的基本方法和技能。具体而言，在宣传型展览会与销售型展览会上，其解说技巧既有共性可循，又有各自的不同之处。

1. 共性的技巧

在宣传型展览会与销售型展览会上，解说技巧的共性在于：要善于因人而异，使解说具有针对性。与此同时，则要突出自己展品的特色。在实事求是的前提下，要注意对其扬长避短，强调其"人无我有""人有我优""人优我新"之处。在必要时，可邀请观众亲自动手操作，或由工作人员为其进行现场示范。此外，可安排观众观看与展品相关的影视片，并向其提供说明材料与单位名片。通常，说明材料与单位名片应常备于展台上，由观众自取。

2. 个性的技巧

进而言之，宣传型展览会与销售型展览会的解说技巧又各有一些不同之处。

第一，宣传型展览会的解说技巧。在宣传型展览会上，解说的重点应放在推广参展单位的形象上。要善于使解说围绕着参展单位与公众的双向沟通而进行，时时刻刻都应大力宣传本单位的成就和理念，以便使公众对参展单位给予认可。

第二，销售型展览会的解说技巧。在销售型展览会上，解说的重点则必须放在主要展品的介绍与推销上。按照国外的常规说法，解说时一定要注意"FABE"并重。这四个英文字母本是四个英文单词的第一个字母，其中，"F"（Feature）指展品特征，"A"（Advantage）指展品优点，"B"（Benefit）指客户利益，"E"（Evidence）则指可资证明的证据。要求工作人员在销售型展览会上向观众进行解说时注意"FABE"并重，就是要求其解说应以客户利益为重，要在提供有利证据的前提下，着重强调自己所介绍、推销展品的主要特征与主要优点，以使客户觉得自己言之有理，并乐于接受。不过，争抢观众、尾随观众兜售展品、弄虚作假或强行向观众推介展品，则都是绝对不可取的做法。

第四节　赞助会

所谓赞助，通常是指某一单位或某一个人拿出自己的钱财、物品，对其他单位或个人进行帮助和支持。在现代社会中，赞助乃是社会慈善事业的重要组成部分之一。它不仅可以扶危济贫，向社会奉献自己的爱心，体现出自己对于社会的高度责任感，以自己的实际行动报效于社会、报效于人民，而且还有助于获得社会对自己的好感，提高自己在社会上的知名度、美誉度，并为自己塑造良好的公众形象。对商界而言，积极地、力所能及地参与赞助活动本身，就是自己进行商务活动的一种常规形式，而且也是自己协调本单位与政府、社会各界公共关系的一种重要手段。所以，赞助一向颇受商界人士的重视。

为扩大影响，商界在公开进行赞助活动时，往往会专门为此而举行一次一定规模的正式会议。此种以赞助为主题的会议，即赞助会。欲使赞助会取得成功，遵守赞助会礼仪是十分必要的。赞助会礼仪，通常指的是在筹备、召开赞助会的整个过程中所应恪守的有关礼仪规范，其主要内容包括赞助的类型、操作的步骤、会务的安排、活动的评估等。

一　赞助的类型

赞助的类型，在此指的是赞助的具体形式。赞助的类型选择得当与否，通常会对赞助的效果产生直接的影响。

根据不同的标准，赞助的类型可以有各种不同的划分。其中最为常见的赞助类型，有如下两种。

（一）依据赞助的项目所划分的赞助

赞助的项目，在此主要是指接受赞助的对象。据此划分赞助的类型，往往可以对赞助单位的动机、品位进行直观而形象的了解。

目前，商界通常所积极赞助的项目大体上有以下十类：

1. 公益事业

它是指对社会的公共设施、公共活动所进行的赞助。它可以直接地造福于社会、造福于人民，并可赢得公众与舆论的赞赏。

2. 慈善事业

它是指对社会慈善福利组织或慈善福利活动的赞助。它既可以向社会表明本单位勇于承担自己的社会义务、社会责任，又有助于获得政府与社会的好感。

3. 教育事业

它是指对教育界的赞助。它可以给予教育界以有力的支持，并为本单位日后进一步的发展培养必不可少的广大后备人才。

4. 科研活动

它是指对科学研究与学术活动的赞助。此举不仅可以表明本单位对人才与科技进步的重视，而且还可以使自己得到专家、学者的肯定、支持或指导。

5. 专著出版

它是指对确有学术水平的学术专著出版所给予的赞助。它主要可以体现本单位对知识的无比重视和对学术研究的大力支持。

6. 医疗卫生

它是指对医疗、保健、卫生、康复事业的赞助。它体现了对全社会的关怀，同时也是对社会的一种奉献。

7. 文化活动

它是指对文化事业的赞助。它有助于促进我国的社会主义精神文明建设，可以用高尚的精神去鼓舞人民、教育人民，以提高其文化修养与精神境界。

8. 展览画廊

它是指对具有一定艺术品位的非营利性的展览、画廊的赞助。它体现了本单位的艺术品位以及对艺术界的支持和帮助。

9. 体育运动

它是指对各类体育比赛活动的赞助。体育比赛是当今的社会热点之一，对其进行赞助往往可以使本单位名利双收，一举两得。

10. 娱乐消闲

它是指对群众性娱乐休闲活动的赞助。它表达了本单位对广大群众的关怀与诚意，可以提高对方对本单位的认同感。

（二）依据赞助物品所划分的赞助

赞助物品，在此特指赞助单位或个人向受赞助者所提供的赞助物品。它往往取决于赞助单位或个人的实力与受赞助者的实际需求。通常，赞助物可以具体分为如下四类。

1. 现金

即赞助单位以现金或支票的形式向受赞助者所提供的赞助。它可使受赞助者根据自己的客观需要对其进行受一定限制的支配。

2. 实物

即赞助单位或个人以一种或数种具有实用性的物资的形式向受赞助者所提供的赞助。它不仅可以及时地满足受赞助者的需要，而且还不易为对方挪作他用。

3. 义卖

即赞助单位或个人将自己所拥有的某件物品进行拍卖，或划定某段时间将本单位与个人的商品向社会出售，然后将全部所得以现金的形式再捐赠给受赞助者。此种赞助的赞助额事先难以确定，但其影响较大，并易于赢得社会各界的支持。

4. 义工

即赞助单位或个人派出一定数量的员工前往受赞助者所在单位或其他场所进行义务劳动或有偿劳动，以劳务的形式或以劳务所得向受赞助者所提供的赞助。它可以使有关方面有钱出钱、有力出力，更好地调动其积极性，并获得更为广泛的参与。

除此之外，还可以根据赞助单位或个人向受赞助者所提供的对方所需金额的多少，将赞助的类型分为全额赞助或部分赞助，或根据赞助单位与个人的具体数量的多少将赞助的类型分为单方赞助与多方赞助。

二 操作的步骤

赞助操作的步骤，在此指的是赞助活动运作过程中的各个主要环节。任何一家商界单位意欲进行赞助活动时，均须按部就班地依照相应的步骤来进行认真的运作。

就一般情况而言，赞助活动中必须认真对待的重要操作步骤共有下列四项。

（一）前期的研究

在正式决定进行赞助前，赞助单位首先有必要进行前期的研究，对赞助活动的必要性与可能性进行详尽的论证。

1. 赞助的发端

在正常情况下，一次赞助活动往往发端于两种情景。

第一，某一商界单位主动向其他单位、组织或个人提供赞助。

第二，某一商界单位接到其他单位、组织或个人的赞助请求后，经过研究，酌情给予对方一定程度的赞助。在实际生活里，后一种情景往往更加多见。

通常，商界的单位在接到其他单位、组织或个人的赞助请求后，对是否应当进行赞助、在赞助时应当采取何种具体形式、具体赞助的财物的数量等，都应进行认真的研究。既没有必要来者不拒、大包大揽，也不应当一推了之、一毛不拔。

2. 赞助的论证

在就某次赞助活动进行研究、论证时，赞助单位必须充分明确下列四点：

第一，它必须符合我国的宪法和法律，绝对不允许从事违法乱纪活动。

第二，它必须与本单位的经营策略、公共关系目标相适应，而不是与其背道而驰。

第三，它必须真正地有利于受赞助者，同时也有利于整个社会。

第四，它必须是本单位力所能及之事，至少不应当半途而废，甚至劳而无功。

（二）赞助的计划

通过前期的研究、论证，商界单位一旦决定进行赞助活动后，即应着手制订详尽的赞助计划，以确保其成功。

细而言之，赞助的计划实际上是前期研究、论证成果的具体化。根据惯例，它应由专司其职的工作部门在进行前期研究、论证的基础上，根据本单位既定的赞助政策和赞助方向认真制定而成。一般来讲，商界单位中负责赞助计划的工作部门主要是指其公关部。在某些情况下，办公室、财务部亦可介入此事。

在制订赞助计划时，必须树立正确的指导思想。其核心点应为：赞助活动必须同本单位的经营策略、公共关系目标相一致，赞助活动的终极目标应当是赞助单位、受赞助者与社会三方同时受益。赞助政策的制定、赞助方向的选择，均应以此作为指南。

在一般情况下，赞助计划需要专人草拟，并经本单位决策机构批准。大致而言，赞助计划又可具体分为以下两类。

1. 年度性计划

上文业已指出，赞助是商务活动的主要形式之一，因此商界单位必须将其列入自己的议事日程，最好每年都能正式制定一次本单位的全年度赞助计划。此种做法的长处是，既可以使本单位的赞助活动做到规范有序、有的放矢，又可以从宏观上控制赞助活动的规模，避免使之超出自己所能承受的程度，甚至由此而产生毫无意义的浪费或损耗。

2. 临时性计划

它主要是针对临时性、突发性的事件所制定的赞助计划。制订此类计划，仍然必须坚持深入进行调查研究，并不得有悖于本单位的大政方针。从本质上讲，它只能算是对上一类计划的补充。

（三）项目的审核

在进行正式的赞助活动之前，对既定的赞助项目进行审核往往极其必要。赞助项目的审核，在此主要是指赞助单位事先对自己参与的赞助项目所进行的核定与审查。在正常情况下，它应由赞助单位专门负责赞助活动的工作部门具体执行。

在审核赞助项目时，有关人员必须抱着高度的责任心对赞助活动的各个具体环节逐一进行细致的分析研究，以防患于未然。

在具体对赞助项目进行审查核定时，重点应放在如下十个方面。

第一，要看赞助项目是否符合本单位的经营策略与公共关系目标。

第二，要看受赞助者的口碑如何。

第三，要看赞助能否真正取得成功。

第四，要看赞助的具体方式是否合适。

第五，要看赞助单位的承受能力如何。

第六，要看赞助的时机是否得当。

第七，要看赞助将会产生多大的社会作用。

第八，要看社会舆论与社会公众将会如何评价此次赞助活动。

第九，要看进行赞助后对本单位会有多大的积极作用。

第十，要看此次赞助会给本单位造成多大的负面影响。

在经过综合审核后，假定赞助项目得大于失，即可将其付诸实施。假如赞助项目失大于得，尤其是在其毫无任何社会效益可言时，则应坚决令其下马。

（四）承诺的兑现

赞助活动一经正式决定，即应择机将其付诸实施。在实施过程中，赞助单位应具体注意以下四点。

1. 有约在先

为了确保赞助活动取得成功，并防止其发生种种变故，一般而言，凡重大的赞助活动在其正式实施以前，赞助单位与受赞助者双方均应正式签订赞助合同或赞助协议，并应由公证机关进行公证。这样一来，双方所各自承担的权利与义务就被正式规定了下来。任何一方如有违反，便可依约追究其法律责任。

2. 审慎行事

在赞助的实施过程中，赞助单位必须处处审慎而行。既要认真履约，又要争取社会的理解与被赞助者的支持。对受赞助者一定要平等相待，不要因给予其赞助而以"救世主"自居，时时趾高气扬、处处讨价还价，从而令对方产生逆反心理。必须明确的是：赞助绝非一种单方面的赏赐。在赞助活动中，双方往往都是有利可图的。

3. 扩大影响

在可能的情况下，赞助单位在实施赞助计划的过程中不仅需要得到社会各界的理解与支持，而且还要善于巧借良机，利用各种传播媒介在法律、法规允许的前提下对自己进行适度的宣传，以求扩大本单位的社会影响力，提高自身的知名度与美誉度。但在宣传时必须讲究技巧，切勿自吹自擂、令人生厌。

4. 严守承诺

进行赞助时，赞助单位务必言而有信，在指定的时间内将自己拟赞助的财物如数全部到位。不论发生什么情况，都不允许赞助单位拖延时间、取消赞助。削减数额、以次充好、以假充真、以物抵款等，通常也是不许可的。赞助单位如果真的那么做，不但是一种单方面的毁约行为，而且还表明自己原先的承诺仅仅是为了沽名钓誉。

三 会务的安排

在赞助活动正式实施之际，往往需要正式举行一次聚会，将有关事宜公诸社会。此种以赞助为主题的聚会在赞助活动中，尤其是在大型的赞助中，大多必不可少。有时，人们亦称其为赞助仪式。它主要是为了向全社会公告赞助活动正式启动，是赞助活动中作用巨大的一项重要环节。

根据商务礼仪的规范，赞助会通常应由受赞助者出面承办，并由赞助单位给予其适当的支持。

（一）举办的地点

赞助会的举行地点，一般可选择受赞助者所在单位的会议厅，也可由受赞助者出面租用社会上的会议厅。用以举行赞助会的会议厅，除了其面积大小必须与出席者的人数成比例之外，还需打扫干净，并略加装饰。

举行赞助会的会议厅内的灯光，应亮度适宜。在主席台的正上方或是面对会议厅正门之处的墙壁上，还需悬挂一条大红横幅，在其上面应以金色或黑色的楷书书写上"某某单位赞助某某项目大会"或"某某项目赞助仪式"。前一种写法意在突出赞助单位，后一种写法则主要是为了强调接受赞助的具体项目。

一般而言，赞助会的会场不宜布置得美轮美奂、豪华张扬。否则，极有可能会使赞助单位产生不满，或由此产生受赞助单位华而不实的感觉。

（二）参加的人员

参加赞助会的人士，既要有充分的代表性，又不必在数量上过多。除了赞助单位、受赞助者双方的主要负责人及员工代表外，赞助会应重点邀请政府代表、社区代表、群众代表以及新闻界人士参加。在邀请新闻界人士时，特别要注意邀请那些在国内外或当地具有较大影响力的电视、报纸、杂志、广播、网络等媒体人员与会。

所有参与赞助会的各界人士，在与会时皆须身着正装、修饰仪表，并检点个人的举止动作。赞助会的整体风格必须庄严而神圣，因此任何与会者都不能与之唱反调。

（三）具体的程序

依照常规，一次赞助会的全部时间不应长于一个小时。因此，赞助会的具体会议议程必须既周密而又紧凑。赞助会的具体会议议程，大体上应包括如下六项。

第一，宣布开始。赞助会的主持人，一般应由受赞助单位的负责人或公关人员担任。在宣布正式开会前，主持人应恭请全体与会者各就各位、保持肃静，并邀请贵宾到主席台上就座。

第二，奏国歌。此前，全体与会者须一致起立。在奏过国歌之后，还可以演奏本单位标志性歌曲。有时，奏国歌、奏本单位标志性歌曲也可改为唱国歌、唱本单位标志性歌曲。

第三，赞助单位正式实施赞助。其具体做法，通常是赞助单位的代表首先出场，口头上宣布其赞助的具体方式或具体数额。随后，受赞助单位的代表上场，双方热情握手。接下来，由赞助单位的代表正式将标有一定金额的巨型支票或实物清单双手捧交给受赞助单位的代表。必要时，礼仪小姐应为双方提供帮助。若赞助的物资重量、体积不大时，亦可由双方在此刻当面交接。在此过程中，全体与会者应热情鼓掌。

第四，赞助单位代表发言。其发言内容，重在阐述赞助的目的与动机，同时也可对本单位的情况略作介绍。

第五，受赞助单位代表发言。此刻的发言者，一般应为受赞助单位的主要负责人或主要受赞助者，其发言中心应集中在对赞助单位的感谢方面。

第六，来宾代表发言。根据惯例，可以邀请政府有关部门的负责人讲话。其讲话主要是肯定赞助单位的义举，同时亦可呼吁全社会积极倡导此种互助友爱的美德。该项议程，有时亦可略去。至此，赞助会即可宣告结束。

在赞助会正式结束后，赞助单位、受赞助单位双方的主要代表以及会议的主要来宾，通常应合影留念。此后，宾主双方可以稍事晤谈，然后来宾即应一一告辞。一般情况下，在赞助会结束后，东道主大多不为来宾安排膳食。如果确有必要，则至多略备便餐，绝对不宜设宴待客。

在极个别情况下，赞助会亦可由赞助单位操办。由赞助单位所操办的赞助会，其会务工作与以上所述基本相仿。

四　活动的评估

经验来源于实践，但只有在经过总结后才能更好地指导后来的实践。因此在赞助会结束后，尤其是在整个赞助活动告一段落之后，赞助单位有必要对其进行一次认真而系统的评估。

（一）评估的目的

对赞助活动所进行的评估，实际上主要是指在对赞助活动进行综合分析和系统总结之后，对其社会效果所进行的科学评价与分析。对任何商界单位而言，一项赞助活动无论如何都是其所重点进行的公共关系活动之一，都需要为此而投入大量的人力、物力与财力，因此在赞助活动结束后对其进行一次全面的评估，以便总结经验、吸取教训、听取意见、调整对策，是十分有益的。

进行赞助活动的评估工作，一般应由赞助单位的公关部牵头负责。有时，亦可由专司此事的班子主持此事。在评估工作完成后，应形成书面报告，提交本单位的决策机构以及各位主要负责人，以供对方参考，并掌握具体情况。

根据要求，进行赞助活动的评估工作必须集思广益、广开言路、深入调查、反复研究、善于听取正反两方面的不同意见，善于去粗取精、去伪存真、由此及彼、由表及里。只有这样做，才能够真正地掌握实际情况。

（二）评估的重点

在进行赞助活动的评估工作时，基本上需要抓住如下四个方面的具体问题。

第一，将实施效果与先期计划相比照。应重点研究赞助单位是否真正地实现了自己的赞助意图，赞助活动的预定目标是否业已达到。

第二，掌握社会各界对赞助活动的认同程度。可通过各类调查来了解各类公众，包括受赞助单位、地方政府、新闻媒介对此次活动的真实评价与看法。

第三，及时发现赞助活动的所长与所短。要认真总结赞助活动因何而成功，或因何而受挫。不论问题出在己方或其他各方身上，都不应当讳疾忌医。

第四，了解赞助活动在实施过程中所出现的问题。不论此类问题是否已在意料之中或原因出自何方，均应认真对待，并引起重视。

第五节　茶话会

所谓茶话会，在商界特指意在联络老朋友、结交新朋友、具有对外联络和进行招待性质的社交性集会。因其以参加者不拘形式地自由发言为主，并备有茶点，故被称为茶话会。有时候，也有人将其简称为茶会。从表面上来看，茶话会主要是以茶待客、以茶会友，但实际上它却往往是重点不在"茶"，而在"话"，即意在借此机会与社会各界沟通信息、交流观点、听取批评、增进联络，为本单位实现"内求团结、外求发展"的公关目标创造一个良好的外部环境。从这个意义上来讲，茶话会在所有的商务性会议中并非无足轻重。

与洽谈会、发布会、赞助会、展览会等其他类型的商务性会议相比，茶话会恐怕是社交色彩最浓而商务色彩则最淡的一种类型。因此，有人将其称为"商界务虚会"。

茶话会礼仪，在商务礼仪中特指有关商界单位召开茶话会时所应遵守的礼仪规范。其具体内容，主要涉及会议的主题、来宾的确定、时空的选择、座次的安排、茶点的准备、会议的议程、现场的发言等几个方面。

一　会议的主题

茶话会的主题，在此特指茶话会的中心议题。在一般情况下，商界所召开的茶话会的主题大致可分为如下三类。

（一）联谊

以联谊为主题的茶话会，是人们平日里最为常见的茶话会，其主题通常是为了联络主办单位同应邀与会的社会各界人士的友谊。

在此类茶话会上，宾主通过叙旧与答谢，往往可以增进相互之间的进一步了解，密切彼此之间的关系。除此之外，它还为与会的社会各界人士提供了一个扩大其社交圈的良好契机。

（二）娱乐

以娱乐为主题的茶话会，主要是指在茶话会上安排了一些文娱节目或文娱活动，并以此作为茶话会的主要内容。此类主题的茶话会，主要是为了活跃现场，增加热烈而喜庆的气氛，调动与会者人人参与的积极性。

与联欢会有所不同的是，以娱乐为主题的茶话会所安排的文娱节目或文娱活动，往往不需要事前进行专门的安排与排练，而是以现场的自由参加与即兴表演为主。它所注重的不是刻意追求表演水平的一鸣惊人，而是强调重在参与、尽兴而已。

（三）专题

所谓以专题为主题的茶话会，是指在某一特定时刻或为了某些专门问题而召开的茶话会。其主要内容是主办单位就某一专门问题收集反映，听取某些专业人士的见解，或同某些与本单位存在特定关系的人士进行对话。

召开此类茶话会时，尽管主题既定，仍须倡导与会者畅所欲言，并不拘情面。为促使会议进行得轻松而活跃，有些时候此类茶话会的主题允许宽泛一些，并许可与会者的发言稍许有所脱题。

二　来宾的确定

茶话会的与会者，除主办单位的会务人员之外，即为来宾。邀请哪些方面的人士参加茶话会，往往与茶话会的主题存在着直接的因果关系。因此，主办单位在筹办茶话会时必须围绕其主题邀请来宾，尤其是要首先确定主要的与会者。

在一般情况下，茶话会的主要与会者大体上可被区分为下列五种情况。

（一）本单位的人士

具体来讲，以本单位人士为主要与会者的茶话会，主要是邀请本单位的各方面代表参加，意在沟通信息、通报情况、听取建议、嘉勉先进、总结工作。

此类茶话会，亦可邀请本单位的全体员工或某一部门、某一阶层的人士参加。有时，它也被叫作内部茶话会。

（二）本单位的顾问

以本单位的顾问为主要与会者的茶话会，意在表达对有助于本单位的各位专家、学者、教授的敬意。

这些人士受聘为本单位的顾问，自然对本单位贡献良多。同时，特意邀请他们与会，既表示了对他们的尊敬与重视，也可以进一步地直接向其咨询，并听取其宝贵的建议。

（三）社会上的贤达

所谓社会贤达，通常是指在社会上拥有一定才能、德行与声望的各界人士。作为知名人士，他们不仅在社会上具有一定的影响力、号召力与社会威望，而且还往往是某一方面的代言人。

以社会上的贤达为主要与会者的茶话会，可使本单位与社会贤达直接进行交流，加深对方对本单位的了解与好感，并倾听社会各界对本单位的直言不讳的意见或反应。

（四）合作中的伙伴

合作中的伙伴，在此特指在商务往来中与本单位存在着一定联系的单位或个人。除了单位自己的协作者之外，还应包括与本单位存在着供、产、销等其他关系者。

以合作中的伙伴为主要与会者的茶话会，重在向与会者表达谢意，加深彼此之间的理解与信任。此种茶话会，有时亦称联谊会。

（五）各方面的人士

有些茶话会，往往会邀请各行各业、各个方面的人士参加。此种茶话会，通常叫作综合茶话会。

以各方面的人士为主要与会者的茶话会，除可供主办单位传递必要的信息外，主要是为与会者创造一个扩大其个人交际面的社交机会。

茶话会的与会者名单一经确定，即应以请柬的形式向对方发出正式邀请。按照惯例，茶话会的请柬应提前半个月送达或寄达被邀请者之手，但对方对此可以不必答复。

三　时空的选择

一次茶话会要取得成功，对其时间与空间的具体选择都是主办单位必须认真对待的事情。

（一）举办的时间

举行茶话会的时间问题，进而言之又可以分成三个具体的、相互影响的小问题，即举行的时机、举行的时间、时间的长度。

1. 举行的时机

在举行茶话会的时间问题上，举行的时机是头等重要的。唯有时机选择得当，茶话会才会产生预期的效益。通常认为，辞旧迎新之时、周年庆典之际、重大决策前后、遭遇危难挫折之时等，都是商界单位召开茶话会的良机。

2. 举行的时间

举行的时间，是指茶话会具体应于何时举行。根据国际惯例，举行茶话会的最佳时间是下午四点钟左右。不过，亦可将其安排在上午十点钟左右。需要说明的是，在具体进行操作时没有必要墨守成规，主要应以与会者尤其是主要与会者的方便与否以及当地人的生活习惯为准。

3. 时间的长度

一次茶话会到底举行多久，可由主持人在会上随机应变、灵活掌握。也就是说，茶话会往往可长可短，关键是要看现场有多少人发言，发言是否踊跃。不过在一般情况下，一次成功的茶话会大多讲究适可而止。若能将其限定在一个小时至两个小时内，它的效果往往会更好一些。

（二）举办的空间

举行茶话会的空间问题，在此指的是茶话会举办地点、场所的选择。按照惯例，适宜举行茶话会的大致场地主要有：一是主办单位的会议厅；二是宾馆的多功能厅；三是主办单位负责人的私家客厅；四是主办单位负责人的私家庭院或露天花园；五是包场高档的营业性茶楼或茶室。至于餐厅、歌厅、舞厅、酒吧等处，则均不宜用来举办茶话会。

在选择举行茶话会的具体场地时，还需同时兼顾与会人数、支出费用、周边环境、交通安全、服务质量、档次名声等诸多问题。

四 座次的安排

同其他正式的工作会、报告会、纪念会、庆祝会、表彰会、代表会相比，茶话会的座次安排具有自身的鲜明特点。从总体上来讲，在安排茶话会与会者的具体座次时，必须使之与茶话会的主题相适应，而绝对不能令其相互抵触。

具体而言，根据约定俗成的惯例，目前在安排茶话会与会者的具体座次时，主要采取以下四种办法。

（一）环绕式

所谓环绕式排位，是指不设立主席台，而将座椅、沙发、茶几摆放在会场四周，不明确座次的具体尊卑，而由与会者在入场后自由就座。

此种安排座次的方式，与茶话会的主题最相符，因而在当前最为流行。

（二）散座式

散座式排位，多见于在室外所举行的茶话会。其座椅、沙发、茶几的摆放，貌似散乱无序，实则可以四处自由地组合，甚至可由与会者根据个人要求而自行调节、随意安置。

如此进行座次安排的目的，就是要特意创造出一种宽松、舒适、惬意的社交环境。

（三）圆桌式

圆桌式排位，是指在会场上摆放圆桌，而请与会者在其周围自由就座的一种安排座次的方式。

在茶话会上，圆桌式排位通常又分为下列两种具体的方式：

第一，仅在会场中央安放一张大型的椭圆形会议桌，而请全体与会者在其周围就座。

第二，在会场上安放数张圆桌，而请与会者自由组合，各自在其周围就座。

当与会者人数较少时，可以采用前者；当与会者人数较多时，则应采用后者。

（四）主席式

在茶话会上，主席式排位并不意味着要在会场上摆放出一目了然的主席台，而是指在会场上主持人、主人与主宾应被有意识地安排在一起就座，并应按照常规居于上座，例如，中央、前排、会标之下或是面对正门之处。

此种座次排列的方式，一般适用于参加者人数较多、规模较大的茶话会。

就总体而论，为使与会者能够畅所欲言，并便于大家进行交际，茶话会上的座次安排尊卑不宜过于明显。不排座次，允许自由活动，不摆放与会者的名签，乃是其常规做法。

五　茶点的准备

茶话会，顾名思义，自然有别于正式的宴会，因此它不上主食、热茶，不安排酒水，而是只向与会者提供一些茶点。不论主办单位还是与会者都应明白，茶话会是重"说"不重"吃"的，所以没有必要在吃的方面过多地下功夫。设想一下，若在茶话会上上了无数美酒佳肴，大家一味地沉浸于口腹之乐，哪里还有闲情逸致去发表高见呢？

商务礼仪规定，在茶话会上，为与会者所提供的茶点应当被定位为配角。但在具体进行准备时，亦需注意如下几点讲究。

用以待客的茶叶与茶具，务必要精心进行准备。选择茶叶时，在力所能及的情况下应尽力挑选上等品，切勿滥竽充数。与此同时，则要尽可能地注意照顾与会者的不同口味。例如，对中国人来说，绿茶老少咸宜。而对欧美人而言，红茶则更受欢迎。

在选择茶具时，最好选用陶瓷器皿，并讲究茶杯、茶碗、茶壶成套。千万不要采用玻璃杯、塑料杯、搪瓷杯、不锈钢杯，也不要采用热水瓶来代替茶壶。所有茶具，一定要清洗干净，并完整无损、没有污垢。

除主要供应茶水之外，在茶话会上还可为与会者略备点心、水果或地方风味小吃。需要注意的是，在茶话会上向与会者所供应的点心、水果或地方风味小吃，品种要对路、数量要充足，并要便于取食。为此，最好同时将擦手巾一并上桌。

按照惯例，在茶话会举行后，主办单位通常不再为与会者备餐。

六 会议的议程

相对而言，茶话会的会议议程在各类正式的商务性会议之中可称得上是最简单不过的了。

在正常情况下，商界所举办的茶话会的主要会议议程大体上只有如下四项。

第一，主持人宣布茶话会正式开始。在宣布会议正式开始之前，主持人应提请与会者各就各位，并保持安静。在会议正式宣布开始之后，主持人还可对主要的与会者略加介绍。

第二，主办单位的主要负责人讲话。其讲话应以阐明此次茶话会的主题为中心内容，除此之外，还可以代表主办单位对全体与会者的到来表示欢迎与感谢，并恳请大家今后一如既往地给予本单位以更多的理解、更大的支持。

第三，与会者进行发言。根据惯例，与会者的发言在任何情况下都是茶话会的重心所在。为确保与会者在发言中能够做到直言不讳、畅所欲言，通常主办单位事先均不对发言者进行指定与排序，也不限制发言的具体时间，而提倡与会者自由地进行即兴式的发言。有时，与会者在同一次茶话会上还可以数次进行发言，以不断补充、完善自己的见解、主张。

第四，主持人略作总结。在此之后，即可宣布茶话会结束。

七 现场的发言

业已指出，与会者的现场发言在茶话会上举足轻重。假如在一次茶话会上没有人踊跃发言，或与会者的发言严重脱题，都会导致茶话会的最终失败。

根据会务礼仪的规范，茶话会的现场发言要真正得到成功，主要有赖于主持人的引导得法和与会者的发言得体。

（一）主持人的引导

在茶话会上，主持人所起的作用往往不止于掌握、主持会议，更重要的是要求他能够在现场审时度势，因势利导地引导与会者的发言，并有力地控制会议的全局。在众人争相发言时，应由主持人决定孰先孰后。当无人发言时，应由主持人引出新的话题，就教于与会者；或由其恳请某位人士发言。当与会者之间发生争执时，应由主持人出面劝阻。在每位与会者发言之前，可由主持人对其略作介绍。在其发言前后，应由主持人带头鼓掌致意。万一有人发言严重跑题或言辞不当，则应由主持人出面转换话题。

（二）与会者的发言

与会者在茶话会上发言时，表现必须得体。在要求发言时，可以手示意，但同时要注意与其他人相互谦让，不要与人进行争抢。不论自己有何高见，打断他人的发言都是失当的行为。在发言的过程中，不论所谈何事，都要使自己语速适中、口齿清晰、神态自然、用语文明。肯定成绩时，一定要实事求是，力戒阿谀奉承。提出批评时，态度要友善，切勿夸大事实、讽刺挖苦。与其他发言者意见不合时，一定要注意"兼听则明"，并要保持风度，切勿当场对其表示出不满，或私下里对对方进行人身攻击。

本章小结

　　本章所讲授的是会务礼仪。它在此主要是指有关举办商务会议的行为规范。遵守会务礼仪，不仅有助于会议的成功，而且还将有助于本单位的对外沟通。

　　本章第一节讲授的是有关洽谈会的礼仪。它具体涉及洽谈的筹划、洽谈的方针等。

　　本章第二节讲授的是有关发布会的礼仪。它具体涉及会议的筹备、媒体的邀请、现场的应酬、善后的事宜等。

　　本章第三节讲授的是有关展览会的礼仪。它具体涉及展览会的分类、展览会的组织、展览会的参加等。

　　本章第四节讲授的是有关赞助会的礼仪。它具体涉及赞助的类型、操作的步骤、会务的安排、活动的评估等。

　　本章第五节讲授的是有关茶话会的礼仪。它具体涉及会议的主题、来宾的确定、时空的选择、座次的安排、茶点的准备、会议的议程、现场的发言等。

练 习 题

一　名词解释

1. 洽谈会
2. 发布会
3. 展览会
4. 赞助会
5. 茶话会

二　要点简答

1. 双边洽谈时怎样安排座次？
2. 多边洽谈时怎样安排座次？
3. 怎样协调商界与新闻媒体的关系？

4. 怎样分配展览会的展位?

5. 商界应大力赞助哪些项目?

6. 茶话会宜在什么地点举行?

第四章　仪式礼仪

内容简要

　　仪式礼仪，在此是指有关商界各类典礼的行为规范。遵守仪式礼仪与否，直接关系到商务人员的公众形象的好坏。本章所讲授的内容，包括有关签约、开业、剪彩、交换、庆典等方面的礼仪。

学习目标

1. 重视商务活动中的各种仪式。
2. 掌握基本的仪式礼仪。
3. 能够筹备常规的仪式。
4. 在各类仪式上表现自如。
5. 防止在仪式上失礼于人。

准确地讲，仪式通常是指在一些比较盛大、比较庄严、比较隆重、比较热烈的正式场合里，为激发出席者的某种情感，或为引起其重视，而郑重其事地参照某种程序所举行的某种活动的具体形式。在现实生活里，商界人士所接触到的仪式甚多。例如，签字仪式、开业仪式、剪彩仪式、交接仪式、庆典仪式等。

在商务交往中，仪式经常发挥着难以被替代的重要功能。它可以树立商界人士所在单位的良好形象，可以有助于提高商界人士所在单位的知名度与美誉度，可以培养商界人士所在单位全体成员的自信心、凝聚力、自豪感、归属感和集体荣誉感，可以表达商界人士对待自己的交往对象尤其是自己的合作对象的诚心与诚意，可以表达本单位与外单位进行商务合作的积极态度和关注之心，可以借此机会引起社会各界对本单位的重视，并可加深社会公众对本单位的了解。一句话，在商务活动中恰到好处地运用仪式，可从多方面使商界人士及其所在单位获益。

商务仪式的举行，往往又被称为典礼。仪式礼仪，一般指的是有关典礼的行为规范。遵守仪式礼仪与否，有时直接关系到商务人员公众形象的好坏。

第一节　签　约

签约，即合同的签署。在商务交往中，它被视为一项标志着有关各方的相互关系取得了更大的进展，以及为消除彼此之间的误会或抵触而达成了一致性见解的重大成果。因此，它备受商界人士的重视。

在商务交往的实践中，尽管口头承诺也能在一定程度上发挥作用，但能够更有效地取信于人、让交往对象心安理得的还是"口说无凭，立此为据"的文字性合同。

商务合同，通常是指有关各方之间在进行某种商务合作时，为确定各自的权利和义务而正式依法订立、经过公证、必须共同遵守的条文。在许多情况下，合同往往又都被叫作合约。在另外一些时候，人们所说的合约则是指条文比较简单的合同。在商务往来中，带有先决条件的合同，如等待律师审查、有待正式签字、需要落实许可证的合同，则又被叫作准合同。严格地说，准合同是合同的前身，也是最终达成合同的一个步骤。

在一般场合，商界人士往往将合同、合约与准合同合到一起统称为合同。这样做虽不甚精确，但也有助于大家"删繁就简"、减少麻烦。

根据仪式礼仪的规定：对签署合同这一类称得上是有关各方关系发展史上"里程碑"式的重大事件，应严格地依照规范来讲究礼仪、应用礼仪。为了郑重其事，在具体签署合同之际往往会依例举行一系列的程式化的活动，此即所谓签约的仪式。在具体操作时，它又分为草拟阶段与签署阶段两大部分。

一　草拟合同

在现实生活中，商界人士所接触到的商务合同的种类可谓异常繁多。其中，比较常见的有购销合同、借贷合同、租赁合同、协作合同、加工合同、基建合同、仓保合同、保险合同、货运合同、责任合同等。以下，将介绍合同草拟的正规做法。

从格式上讲，合同的写作有一定之规。它的首要要求是：目的要明确，内容要具体，用词要标准，数据要精确，项目要完整，书面要整洁。违犯了上述各项要求中的任何一点，都有可能给自己带来灭顶之灾。

从具体的写法上来说，合同大体上有条款式与表格式等两类。所谓条款式合同，指的是以条款形式所出现的合同。所谓表格式合同，则是指以表格形式所出现的合同。

条款式合同与表格式合同，在写法上都有各自的具体规范，对此在实践中只能够遵守，而不可以明知故犯。一般来说，标的、费用与期限等，被称为合同内容的三大要素。在任何一项合同中，都应当三者齐备、缺一不可。如果从具体的条款撰写上来讲，则一项合同至少需要具备标的数量、质量、价款或酬金、履约的期限与地点及其方式、违约责任五大基本内容。对此种规范，商界人士必须自觉地遵照执行。

在草拟合同时，除了在格式上要标准、规范外，还必须注意遵守法律、符合惯例、合乎常识、照顾对手四个方面的关键问题。

（一）遵守法律

在商务交往中，所有正式的合同都具有法律约束力。一旦合同订立，任何一方都不可对其擅自变更或解除。因此，商界人士必须熟悉国家的有关法律与法规，以便充分地运用法律来维护自身的正当权益。

从操作中的实际情况来看，商界人士在拟定合同时所必须遵守的有关法律、法规主要涉及商品生产、技术管理、外汇管制、税收政策以及商检科目五个方面。

在草拟涉外商务合同时，还必须遵循我国法律与国际条法。遵循我国法律，是国家主权原则的体现，也是为了不损害我国的社会公共利益。遵循国际条法，则是为了在对外交往中更好地与国际社会接轨，在国际经济合作中少走弯路。

（二）符合惯例

在草拟合同时，必须优先遵守法律、法规，尤其是必须优先遵守我国的法律、法规。遇到有关法律、法规尚未规定的，则可采用举世公认的国际惯例。

所谓商务交往中的国际惯例，是指那些为国际社会所普遍接受的、行之有效的、约定俗成的常规做法。例如，在商务交往中政治与经济应当分开，不允许借商务往来之便干涉他国的内部事务，或是伺机影响他方的内政。

又如，买方在签署合同后应按照合同规定的期限向银行开立信用证。开立信用证，应首先填写申请书。当银行同意接受后，将会依照交易金额向客户收取一定比例的开证费，并根据客户的资信收取一定数额的押金，然后按进口方的要求向出口方开出信用证。信用证一经开出，对方往往会要求进行某种程度的改动。此时只有确系开证时疏漏之处方可同意修改，反之则不宜贸然应允。

一般而言，国际惯例是维系商务交往正常化的一大基石，因此商界人士在草拟合同时应以它来协调自己的行动。对此不甚了了而贸然行事，到头来必定会吃大亏。

（三）合乎常识

在草拟合同时，商界人士有必要使合同的一切条款合乎常识，坚决不要犯常识性错误。

商界人士在草拟合同时应当具备的常识，是指与其业务有关的专业技术方面的基本知识，它们包括商品知识、金融知识、运输知识、保险知识和商业知识等。

商品知识，其实是一个整体性的概念，它包括有关产品的生产过程和管理方面的知识，以及产品本身的一切知识。金融知识，是指与货币的发行、流通、回笼有关的一切知识。具体来说，它主要是指货币、汇率、信贷等方面的知识。运输知识，包括运输具体方式的选择、运输中商品形态的具体要求、运输的特殊条件以及运输的责任方等方面的知识，它们与仓储一样都是必须考虑的。保险知识，包括险别、选择以及办理程序等方面的知识，它们对商务方面的交易是一种意义重大的保证。商业知识，则是指与商品流通各环节有关的知识，它对合同的草拟也有一定的帮助。

具备上述各方面的常识，有助于商界人士在工作中得心应手，并更好地为交往对象所敬重。在商务交往中，没有知识就等于没有实力，对此大家都心知肚明。

（四）照顾对手

正式合同的一大特征，是有关各方必须协商一致，出自心甘情愿。反之，如果一方恃强凌弱、仗势压人，把自己的意志强加于他方，强迫他人与自己订立"城下之盟"，那么合同即使勉强签署，事后亦必定会不断地发生纠纷，那样对有关各方都不会有好处。

因此，商界人士在草拟合同的具体条款时，既要"以我为中心"，优先考虑自己的切身利益，又要替他方多多着想，顾全对方的体面，并尽可能照顾他方的利益，这是促使合同为对方所接受的最佳途径。

在进行与合同有关的谈判时，商界人士在具体条款上不仅要讲究原则性，而且也要讲究灵活性。在坚持根本利益的前提下，灵活地变通、适当地让步，比"君子一言，驷马难追"，获益只会多，而不会少。

二 签署合同

在正常情况下，合同的成立生效都需要履行一定的手续。依照我国的有关法律规定：当事人就合同条款的书面形式达成协议并签字，即为合同成立。假如通过信函、邮件、电报、传真、电传达成了协议，一方当事人要求签订确认书的，则签订确认书时方为合同成立。

此项规定实际上具有双重含义：一方面，我国只承认书面的合同。另一方面，唯有经过有关当事人正式签字，合同才正式成立并生效。由此可见，签字好比胎儿出世时的出生证，是正式合同的一种不能缺少的"批准书"。

仪式礼仪规定，为使有关各方重视合同、遵守合同，在签署合同时通常应举行郑重其事的签字仪式。此即所谓签约。

（一）准备工作

在商务交往中，人们在签署合同之前，一般需要做好以下几个步骤的准备工作。

1. 布置签字厅

签字厅既有常设专用的，也有临时以会议厅、会客室来代替的。布置它的总原则是：庄重、整洁、清静。

一间标准的签字厅，应室内满铺地毯。除必要的签字用桌椅外，其他一切陈设都不需要。正规的签字桌应为长桌，其上最好铺设深绿色的台呢。

按照仪式礼仪的规范，签字桌应横放于室内。在其后，可摆放适量的座椅。签署双边性合同时，可放置两张座椅，供签字人就座。签署多边性合同时，可仅放一张座椅，供各方签字人签字时轮流就座；也可为每位签字人都各自提供一张座椅。签字人在就座时，一般应面对正门。

在签字桌上，按照惯例应事先安放好待签的合同文本，以及签字笔、吸墨器等签字时所用的文具。

与外商签署涉外商务合同时，还需在签字桌上插放有关各方的国旗。插放国旗时，在其位置与顺序上必须按照礼宾序列而行。例如，签署双边性涉外商务合同时，有关各方的国旗须插放在该方签字人座椅的正前方。

2. 安排签字时的座次

在正式签署合同时，各方代表对给予己方的礼遇均非常在意。因此，商界人士对在签字仪式上最能体现礼遇高低的座次问题应认真对待。

签字时各方代表的座次，都由主方代为先期排定。合乎礼仪的标准做法是：

第一，签署双边性合同。签署双边性合同时，应请客方签字人在签字桌右侧就座，主方签字人则应同时就座于签字桌左侧。双方各自的助签人应当分别站立于各自一方签字人的外侧，以便随时对己方签字人提供帮助。双方其他的随员，可按照一定的顺序在己方签字人的正对面就座，也可以依照职位的高低依次自左至右（客方）或自右至左（主方）地列成一行，站立于己方签字人的身后。当一行站不完时，可按照以上顺序并遵照"前高后低"的惯例，排成两行、三行或四行。原则上，双方随员人数应大体相近。

第二，签署多边性合同。签署多边性合同时，一般仅设一个签字椅，各方签字人签字时须依照有关各方事先同意的先后顺序依次上前签字。他们的助签人，则应随之一同行动。在助签时，依"右高左低"的规矩，助签人应站立于签字人的左侧。与此同时，有关各方的随员则应按照一定的序列，面对签字桌就座或站立。

3. 预备待签的合同文本

依照商界的习惯，在正式签署合同之前，应由举行签字仪式的主方负责准备待签合同的正式文本。

举行签字仪式是一桩严肃而庄重的大事，因此决不能将"了犹未了"的"半成品"交付使用；或临近签字时，有关各方还在为某些细节而纠缠不休。在决定正式签署合同时，就应拟定合同的最终文本。它应当是正式的、不再进行任何更改的标准文本。

负责为签字仪式提供待签的合同文本的主方，应会同有关各方一道指定专人共同负责合同的定稿、校对、印刷与装订。按照常规，应为在合同上正式签字的有关各方均提供一份待签的合同文本。必要时，还可再向各方提供一份副本。

在签署涉外商务合同时，比照国际惯例，待签的合同文本应同时使用有关各方法定的官方语言，或使用国际上通行的英文、法文。此外，亦可同时并用有关各方法定的官方语言与英文或法文。使用外文撰写合同时，应反复推敲、字斟句酌，不要望文生义、乱用词汇。

待签的合同文本，应以精美的白纸印制而成，按大八开的规格装订成册，并以高档质料，如真皮、金属、软木等，作为其封面。

4. 规范签字人员的服饰

按照规定，签字人、助签人以及随员在出席签字仪式时，应穿着具有礼服性质的深色西装套装、中山装套装或西装套裙，并配以白色衬衫与深色皮鞋。男士还必须系上单色领带以示正规。

在签字仪式上露面的礼仪人员、接待人员，可以穿自己的工作制服或是旗袍一类的礼仪性服装。

（二）签字程序

签字仪式，是签署合同的高潮。它虽然持续时间不长，但程序规范、庄重而热烈。签字仪式的正式程序通常分为下列四项：

1. 签字仪式宣布开始

此时，有关各方人员进入签字厅，在既定的位次上各就各位。

2. 正式签署合同文本

通常的做法是，首先签署己方保存的合同文本，再接着签署他方保存的合同文本。

商务礼仪规定：每一位签字人在由己方所保留的合同文本上签字时，按照惯例应当名列首位。因此，每一位签字人均应首先签署己方保存的合同文本，然后再交由他方签字人签字。此种做法，在礼仪上称为"轮换制"。它的含义是：在位次排列上，轮流使有关各方均有机会居于首位一次，以显示机会均等，各方平等。

3. 签字人交换已由有关各方正式签署的合同文本

此刻，各方签字人应热烈握手，互致祝贺，并相互交换各自一方刚才所使用过的签字笔，以志纪念。全场人员应鼓掌表示祝贺。

4. 共饮香槟酒道贺

交换已签的合同文本后，有关人员，尤其是签字人当场干上一杯香槟酒，是国际上所通行的用以增添喜庆色彩的做法。

一般情况下，商务合同在正式签署后还应提交有关方面进行公证，此后才算正式生效。

第二节　开　业

在商界，任何一个单位的创建、开业或本单位所经营的某个项目、工程的完工、落成，如公司建立、商店开张、分店开业、写字楼落成、新桥通车、新船下水等，都是一项来之不易、可喜可贺的成功，故此它们一向备受重视。按照成例，在此种情况下，当事者通常都要特意为此而专门举办一次开业仪式。

开业仪式，是指在单位创建、开业，项目完工、落成，某一建筑物正式启用，或是某项工程正式开始之际，为了表示庆贺或纪念，而按照一定的程序所隆重举行的专门仪式。有时，开业仪式亦称开业典礼。

开业仪式在商界一直颇受人们的青睐，究其原因，是因为通过它可以因势利导，对商家自身事业的发展裨益良多。一般认为，举行开业仪式至少可以发挥下述五个方面的作用。第一，有助于塑造出本单位的良好形象，提高自己的知名度与美誉度。第二，有助于扩大本单位的社会影响，吸引社会各界的重视与关心。第三，有助于将本单位的建立或成就"广而告之"，借以为自己招徕顾客。第四，有助于让支持过自己的社会各界与自己一同分享成功的喜悦，进而为日后的进一步合作奠定良好的基础。第五，有助于增强本单位全体员工的自豪感与责任心，从而为自己创造出一个良好的开端，或是开创一个新的起点。

开业的礼仪，一般是指在开业仪式筹备与运作的具体过程中所应当遵从的礼仪惯例。通常，它包括以下两项基本内容：第一，开业仪式的筹备。第二，开业仪式的运作。

一 仪式的筹备

开业仪式尽管进行的时间极其短暂，但要营造出现场的热烈气氛，并取得彻底的成功，却绝非一桩易事。由于它牵涉面甚广，影响面巨大，所以不能不对其进行认真的筹备。筹备工作做得认真、充分与否，往往决定着一次开业仪式能否真正取得成功。主办单位对于此点务必要给予高度重视。

（一）指导性方针

在筹备开业仪式时，首先在指导方针上要遵循"热烈""节俭"与"缜密"三原则。

1. 热烈

所谓"热烈"，是要求想方设法在开业仪式的进行过程中营造出一种欢快、喜庆、隆重而令人激动的氛围，而不应令其沉闷、冷清、乏味。有一位曾在商界叱咤风云多年的人士曾经说过："开业仪式理应删繁就简，但却不可以缺少热烈、隆重。与其平平淡淡、草草了事，或偃旗息鼓、灰溜溜地走上一个过场，反倒不如索性将其略去不搞。"

2. 节俭

所谓"节俭"，是要求主办单位勤俭持家，在举办开业仪式以及为其进行筹备工作的整个过程中，在经费的支出方面要量力而行，节制、俭省。反对铺张浪费，切勿暴殄天物。该花的钱要花，不该花的钱则千万不要白花。

3. 缜密

所谓"缜密"，则是要求主办单位在筹备开业仪式时，既要遵行礼仪惯例，又要具体情况具体分析，认真策划，注重细节，分工负责，一丝不苟。力求周密、细致，严防百密一疏、临场出错。

（二）具体的工作

具体而论，在筹备开业仪式时，对舆论宣传、约请来宾、场地布置、接待服务、礼品馈赠、拟定程序六个方面的工作，尤其需要事先做好安排。

1. 舆论宣传

既然举办开业仪式的主旨在于塑造本单位的良好形象，那么就要对其进行必不可少的舆论宣传，以吸引社会各界对自己的注意，争取社会公众对自己的认可或接受。为此所要做的常规工作有：其一，选择有效的大众传播媒介，进行集中性的广告宣传。其内容多为：开业仪式举行的日期、开业仪式举行的地点、开业之际对顾客的优惠、开业单位的经营特色等。其二，邀请有关的大众传播界人士在开业仪式举行之时到场进行采访、报道，以便对方对本单位进行进一步的正面宣传。

2. 约请来宾

开业仪式影响的大小，往往取决于来宾身份的高低与其数量的多少。在力所能及的条件下，要力争多邀请一些来宾参加开业仪式。地方领导、上级主管部门与地方职能管理部门的领导、合作单位与同行单位的领导、社会团体的负责人、社会贤达、媒体人员，都是邀请时应予优先考虑的重点。为慎重起见，用以邀请来宾的请柬应认真书写，并应装入印制精美的信封，由专人提前送达对方手中，以便对方早做安排。

3. 场地布置

开业仪式多在开业现场举行，其场地可以是正门外的广场，也可以是正门内的大厅。按照惯例，举行开业仪式时宾主应一律站立，故一般不布置主席台或座椅。为显示隆重与敬客，可在来宾尤其是贵宾站立之处铺设红色地毯，并在场地四周悬挂横幅、标语、气球、彩带、宫灯。此外，还应在醒目之处摆放来宾赠送的花篮、牌匾。来宾的签到簿、本单位的宣传材料、待客的饮料等，亦须提前备好。音响、照明设备以及开业仪式举行时所需使用的用具、设备，必须事先认真进行检查、调试，以防其在使用时出现差错。

4. 接待服务

在举行开业仪式的现场，一定要有专人负责来宾的接待服务工作。除要教育本单位的全体员工在来宾面前人人都要以主人翁的身份热情待客、有求必应、主动相助之外，更重要的是要分工负责、各尽其职。在接待贵宾时，需由本单位主要负责人亲自出面。在接待其他来宾时，则可由本单位的礼仪小姐负责此事。若来宾较多时，须为来宾准备好专用的停车场、休息室，并应为其安排饮食。

5. 礼品馈赠

举行开业仪式时赠予来宾的礼品，一般属于宣传性传播媒介的范畴。若其选择得当，必定会产生良好的效果。根据常规，向来宾赠送的礼品应该具有如下四大特征。

第一，宣传性。它既可选用本单位的产品，也可在礼品袋内装入本单位简介或其主打产品的介绍等。

第二，纪念性。要使之具有一定的纪念意义，并使拥有者对其珍惜、重视，或为之感到光荣和自豪。

第三，独特性。它应当与众不同，具有本单位的鲜明特色，使人一目了然，并可令人过目不忘。

第四，便携性。一般而言，此刻赠送于人的礼品应体积较小、不易破损，并且易于携带。

6. 拟定程序

从总体上来看，开业仪式大多由开场、过程、结局三大基本程序构成。开场，即奏乐，邀请来宾就位，宣布仪式正式开始，介绍主要来宾。过程，是开业仪式的核心内容，它通常包括本单位负责人讲话、来宾代表致词、启动某项开业标志等。结局，则包括开业仪式结束后宾主一道进行现场参观、联欢、座谈等，它是开业仪式必不可少的尾声。为使开业仪式得以顺利进行，在筹备时必须认真草拟具体的程序，并选好称职的仪式主持人。

二 仪式的运作

站在仪式礼仪的角度来看，开业仪式其实只是一个统称。实际上，在不同的适用场合，它往往会采用一些更为具体的名称，例如，开幕仪式、开工仪式、奠基仪式、破土仪式、竣工仪式、下水仪式、通车仪式、通航仪式等。它们的共性都是要以热烈而隆重的仪式来为本单位的发展创造一个良好的开端；它们的个性则表现为仪式的具体运作上存在一些差异，需要在具体操作时加以注意。

下面，从仪式运作方面来介绍各种常见的开业仪式的主要特征。

（一）开幕仪式

在各种开业仪式中，商界人士平日接触最多的大约要首推开幕仪式了。正是出于这种原因，在不少人的认识里，开业仪式与开幕仪式往往被画上了等号。

严格地讲，开幕仪式仅仅是开业仪式的具体形式之一。通常它是指在公司、企业、宾馆、商店、银行正式启用之前，或在各类商品的展示会、博览会、订货会正式开始之前所举行的相关仪式。每当开幕仪式举行后，公司、企业、宾馆、商店、银行将正式营业，有关商品的展示会、博览会、订货会将正式接待顾客与观众。

依照常规，举行开幕式需要较为宽敞的活动空间。门前广场、展厅门前、室内大厅等处，均可用作开幕仪式的举行地点。

开幕仪式的主要程序，共有以下六项。

第一项，仪式宣布开始。全体肃立，介绍来宾。

第二项，邀请专人揭幕或剪彩。揭幕的具体做法是：揭幕人行至彩幕前恭立，礼仪小姐双手将开启彩幕的彩索递交对方。揭幕人随之目视彩幕，双手拉启彩索，令其展开彩幕。全场目视彩幕，鼓掌并奏乐。

第三项，在主人的亲自引导下，全体到场者依次进入幕门。

第四项，主人致词答谢。

第五项，来宾代表发言祝贺。

第六项，主人陪同来宾进行参观。开始正式接待顾客或观众，对外营业或对外展览宣告开始。

（二）开工仪式

开工仪式，实际上是在工厂准备正式开始生产产品、矿山准备正式开采矿石时所专门举行的庆祝性、纪念性活动。

为使出席开工仪式的全体人员均能耳濡目染，身同其受，比照惯例，开工仪式大多讲究在生产现场举行，即以工厂的主要生产车间、矿山的主要矿井等处作为举行开工仪式的场所。

除司仪人员按惯例应着礼仪性服装之外，东道主一方的全体职工均应穿着干净而整洁的工作服出席仪式。

开工仪式的常规程序，主要有下述五项。

第一项，仪式宣布开始。全体起立，介绍各位来宾，奏乐。

第二项，在司仪的引导下，本单位的主要负责人陪同来宾行至开工现场，例如机器开关或电闸附近，全场肃立。

第三项，正式开工。届时，应请本单位职工代表或来宾代表来到机器开关或电闸旁，首先对其躬身施礼，然后再动手启动机器或合上电闸。全体人员此刻应鼓掌志贺，并奏乐。

第四项，全体职工各就各位，上岗进行操作。

第五项，在主人的带领下，全体来宾参观生产现场。

（三）奠基仪式

奠基仪式，通常是指一些重要的建筑物，例如，大厦、场馆、亭台、楼阁、园林、纪念碑等，在动工修建之初所正式举行的庆贺性活动。

奠基仪式现场的选择与布置，通常都有一些独特的规矩。奠基仪式举行的地点，一般应选择在动工修筑建筑物的施工现场。奠基的具体地点，按常规均应选择在建筑物正门的右侧。在一般情况下，用以奠基的奠基石应为一块完整无损、外观精美的长方形石料。在奠基石上，通常文字应当竖写，在其右上款应刻有建筑物的正式名称，在其正中央应刻有"奠基"两个大字，在其左下款则应刻有奠基单位的全称以及举行奠基仪式的具体年月日。奠基石上的字体，大多讲究以楷体字刻写，并最好是白底金字或黑字。

在奠基石的下方或一侧，还应安放一只密闭完好的铁盒，内装与该建筑物相关的各项资料以及奠基人的姓名。届时，它将同奠基石一道被奠基人等培土掩埋于地下，以志纪念。

通常，在奠基仪式的举行现场应设立彩棚，安放该建筑物的模型或设计图、效果图，并使各种建筑机械就位待命。

奠基仪式的程序，大体上可以分为以下五项。

第一项，仪式正式开始。介绍来宾，全体起立。

第二项，奏国歌。

第三项，主人对该建筑物的功能以及规划设计进行简介。

第四项，来宾致词道贺。

第五项，正式进行奠基。此时，应锣鼓喧天，或演奏喜庆乐曲。首先由奠基人双手持握系有红绸的新锹为奠基石培土。随后，再由主人与其他嘉宾依次为之培土，直至将其埋没为止。

（四）破土仪式

破土仪式，亦称破土动工。它是指在道路、河道、水库、桥梁、电站、厂房、机场、码头、车站等正式开工之际专门为此所举行的动工仪式。

破土仪式举行的地点，大多应当选择在工地的中央或其某一侧。举行仪式的现场，务必要事先进行认真的清扫、平整、装饰，最低限度也要防止其出现道路坎坷泥泞、飞沙走石或者蚊蝇扑面的状况。

倘若来宾较多，尤其是当高龄来宾较多时，则最好在现场附近临时搭建一些以供休息的帐篷或活动房屋，使来宾免受风吹、日晒、雨淋，并稍事休息。

破土仪式的具体程序，共有下述五项。

第一项，仪式宣布开始。介绍来宾，全体肃立。

第二项，奏国歌。

第三项，主人致词。以介绍和感谢为发言重点。

第四项，来宾致词祝贺。

第五项，正式破土动工。其常规做法是：首先由众人环绕于破土之处周围肃立，并目视破土者以示尊重。其次，破土者须双手执系有红绸的新锹垦土三次，以示良好的开端。最后，全体在场者一道鼓掌，并演奏喜庆音乐或燃放鞭炮。

一般而言，奠基仪式与破土仪式在具体程序方面大同小异，其适用范围亦大体相近。因此，这两种仪式不宜同时在一处举行。

（五）竣工仪式

竣工仪式，有时又称落成仪式或建成仪式，它是指本单位所属的某一建筑物或某项设施建设、安装工作完成之后，某一纪念性、标志性建筑物，诸如纪念碑、纪念塔、纪念堂、纪念像、纪念雕塑等，建成之后，或某种意义特别重大的产品生产成功之后，所专门举行的庆贺性活动。

举行竣工仪式的地点，一般应以现场为第一选择，例如，新建成的厂区内、新落成的建筑物外以及刚刚建成的纪念碑、纪念塔、纪念堂、纪念像、纪念雕塑的旁边。

应予重视的是，在竣工仪式举行时，全体出席者的情绪应与仪式的具体内容相适应。例如，在庆贺工厂、大厦落成或重要产品生产成功时，应表现得欢快而喜悦。在庆祝纪念碑、纪念塔、纪念堂、纪念像、纪念雕塑建成时，则须表现得庄严而肃穆。

竣工仪式的基本程序，通常有下列七项。

第一项，仪式宣布开始。介绍来宾，全体起立。

第二项，奏国歌。并演奏本单位标志性歌曲。

第三项，本单位负责人发言。以介绍、回顾、感谢为主要内容。

第四项，进行揭幕或剪彩。

第五项，全体人员向竣工仪式的"主角"——刚刚竣工或落成的建筑物——郑重其事地恭行注目礼。

第六项，来宾致词。

第七项，进行参观。

（六）下水仪式

所谓下水仪式，自然是指在新船建成下水时所专门举行的仪式。准确一些讲，下水仪式乃是造船厂在吨位较大的轮船建造完成、验收完毕、交付使用之际，为其正式下水起航所特意举行的庆祝性活动。

按照国际上目前通行的做法，下水仪式都是在新船码头上举行的。在举行仪式前，应对现场进行一定程度的美化。例如，在船坞门口与干道两侧，应饰有彩旗、彩带。在新船所在的码头附近，应设置专供来宾观礼或休息用的彩棚。

对下水仪式的主角——新船，亦须认真进行装扮。一般的讲究是要在船头扎上由红绸所结成的大红花，并在新船的两侧船舷上扎上彩旗，系上彩带。

下水仪式的主要程序，共有以下五项。

第一项，仪式宣布开始。介绍来宾，全体起立，乐队奏乐，或锣鼓齐奏。

第二项，奏国歌。

第三项，由主人简介新船的基本状况，例如，船名、吨位、马力、长度、高度、吃水、载重、用途、工价等。

第四项，由特邀掷瓶人行掷瓶礼。砍断缆绳，新船正式下水。

第五项，来宾代表致词祝贺。

行掷瓶礼，是下水仪式上所独具特色的一个节目。它在国外由来已久，并已传入我国。它的目的，是要渲染出喜庆的气氛。它的做法，则是由身着礼服的特邀嘉宾双手持握一瓶正宗的香槟酒，用力将瓶身向新船的船头投掷，使瓶破之后酒香四溢，酒沫飞溅。在嘉宾掷瓶以后，全体到场者须面向新船行注目礼，并随即热烈鼓掌。此时，还可在现场再度奏乐或敲打锣鼓，释放气球，放飞信鸽，并在新船上撒彩花、抛彩带。

（七）通车仪式

通车仪式，是指在重要的交通工程完工并验收合格之后所正式举行的启用仪式。例如，公路、铁路、地铁以及重要的桥梁、隧道等，在正式交付使用前均会举行一次以示庆祝的通车仪式。有时，通车仪式也叫开通仪式。

举行通车仪式的地点，通常均为公路、铁路、地铁新线路的某一端，新建桥梁的某一头，或新建隧道的某一侧。

　　在举行仪式的现场附近以及沿线两旁，应适量地插上彩旗、挂上彩带。必要时，还应设置彩色牌楼并悬挂横幅。在通车仪式上，被装饰的重点应是用以进行"处女航"的汽车、火车或地铁列车。在车头上一般应系上红花。在车身两侧则可酌情插上彩旗、系上彩带，并悬挂上醒目的大幅宣传性标语。

　　通车仪式的主要程序，一般有以下六项。

　　第一项，仪式宣布开始。介绍来宾，全体起立。

　　第二项，奏国歌。

　　第三项，主人致词。其主要内容是：介绍即将通车的新线路、新桥梁或新隧道的基本情况，并向有关方面谨致谢意。

　　第四项，来宾代表致词祝贺。

　　第五项，正式剪彩。

　　第六项，首次正式通行车辆。届时，宾主及群众代表应一起登车而行。有时，往往还须由主人所乘坐的车辆行进在最前方开路。

（八）通航仪式

　　通航仪式，又称首航仪式。它所指的是飞机或轮船在正式开通某一条新航线之际所正式举行的庆祝性活动。一般而言，通航仪式除去其主要的角色为飞机或轮船之外，在其他方面，尤其是在具体程序的操作上，往往与通车仪式大同小异。因此，这里就不再对其进行赘述。对其进行实际操作时，一般均可参照通车仪式的具体做法进行。

第三节　剪　彩

　　严格地讲，剪彩仪式是指商界的有关单位为庆贺公司设立、企业开工、宾馆落成、商店开张、银行开业、大型建筑物启用、道路或航线开通、展销会或博览会开幕等而隆重举行的一项礼仪性活动。因其主要活动内容是约请专人使用剪刀剪断被称为"彩"的红色缎带，故而被人们称为剪彩。

　　剪彩一直长盛不衰并仍然被业内人士所看好，主要基于如下三个方面的原因：第一，剪彩活动热热闹闹、轰轰烈烈，既能给主人带来喜悦，又能令人产生吉祥如意之感。第二，剪彩不仅是对主人既往成绩的肯定和庆贺，而且还可以对其进行鞭策与激励，促使其再接再厉，继续进取。第三，可借剪彩这一活动良机向社会各界通报自己的"问世"，引起各界人士对自己的关注。

　　在一般情况下，在各式各样的开业仪式中，剪彩都是一项极其重要的、不可或缺的程序。尽管往往可以被单独分离出来独立成项，但在更多的时候，它都是附属于开业仪式的。这是剪彩仪式的重要特征之一。

　　剪彩仪式上有众多的惯例、规则必须遵守，其具体程序亦有一定的要求。剪彩的礼仪就是对此所进行的基本规范。

从操作的具体层面来看，目前所通行的剪彩礼仪主要包括剪彩的准备、剪彩的人员、剪彩的程序、剪彩的做法四个方面的内容。

一　剪彩的准备

与举行其他仪式相同，剪彩仪式也有大量的准备工作需要做好。其中主要涉及场地的布置、环境的卫生、灯光与音响的准备、媒体的邀请、人员的培训等。在准备此类工作时，必须认真细致、精益求精。

除此之外，尤须对剪彩仪式上所需使用的某些特殊用具，诸如红色缎带、新的剪刀、白纱手套、大的托盘以及红色地毯等，仔细地进行选择与准备。

（一）红色缎带

红色缎带，即剪彩仪式中的"彩"。作为主角，它自然是万众瞩目之处。按照传统做法，它应由一整匹未曾使用过的红色绸缎，在中间结成数朵花团而成。目前，有些单位为了厉行节约，而代之以长度为两米左右的细窄的红色缎带，或以红布条、红线绳、红纸条作为其变通。

一般来说，红色缎带上所结的花团不仅要生动、硕大、醒目，而且其具体数目往往还同现场剪彩者的人数直接相关。

依照惯例，红色缎带上所结花团的具体数目有两类模式可依。其一，花团的数目较现场剪彩者的人数多上一个。其二，花团的数目较现场剪彩者的人数少上一个。前者可以使每位剪彩者总是处于两朵花团之间，尤显正式。后者则不同常规，亦有新意。

（二）新的剪刀

新的剪刀，是专供剪彩者在剪彩仪式上正式剪彩时所使用的。它必须是每位现场剪彩者人手一把，而且必须崭新、锋利而顺手。事先一定要逐把检查一下将被用以剪彩的剪刀是否已经开刃，好不好使用。务必要确保剪彩者在以之正式剪彩时可以"手起刀落"，一举成功，切勿令其到时候一再补刀。

在剪彩仪式结束后，主办方可以将每位剪彩者所使用过的剪刀经过包装后送给对方以资纪念。

（三）白纱手套

白纱手套，在此是专为剪彩者所准备的。在正式的剪彩仪式上，剪彩者在剪彩时最好每人戴上一副白色薄纱手套，以示郑重其事。

在准备白纱手套时，除要确保其数量充足外，还须使之大小适度、崭新平整、洁白无瑕。有时，亦可不准备白纱手套。

（四）大的托盘

大的托盘，在剪彩仪式上是托在礼仪小姐手中用作盛放红色缎带、剪刀、白色薄纱手套的。剪彩仪式上所使用的托盘，最好是崭新、洁净的。

它通常首选银色的不锈钢制品。为显示正规，可在使用时在它的上面铺上红色绒布或绸布。

就数量而论，在剪彩时，既可以用一只托盘依次向各位剪彩者提供剪刀与手套，并同时盛放红色缎带；也可以为每一位剪彩者配置一只专为其服务的托盘，并使红色缎带专由一只托盘盛放。后一种方法，往往要显得更加正式一些。

（五）红色地毯

红色地毯，在此主要用于铺设在剪彩者正式剪彩时的站立之处。其长度可视剪彩者人数的多寡而定，其宽度则不应少于一米。

在剪彩现场铺设红色地毯，主要是为了提升其档次，并营造出一种喜庆的气氛。有时，亦可不予铺设。

二　剪彩的人员

在剪彩仪式上，最为活跃的自然是人而不是物。因此，对剪彩人员必须认真进行选择并于事先进行必要的培训。

除主持人之外，剪彩人员主要由剪彩者与助剪者两类人员所构成。

（一）剪彩者

剪彩者，即在剪彩仪式上持剪刀剪彩之人。在剪彩仪式上担任剪彩者是一种很高的荣誉，而剪彩仪式档次的高低往往也同剪彩者的身份密切相关。因此，在选定剪彩人员时，最重要的就是要把剪彩者选择好。

根据惯例，剪彩者可以是一个人，也可以是几个人，但其一般不宜人数过多。通常，剪彩者多由上级领导、合作伙伴、社会名流、员工代表或客户代表来担任。

确定剪彩者名单，必须是在剪彩仪式正式举行之前。名单一经确定，即应尽早告知对方，使其有所准备。一般情况下，确定剪彩者时必须尊重对方个人的意见，切勿勉强对方。需要由数人同时担任剪彩者时，应分别告知每位剪彩者届时他将与何人同担此任。这样做，是对剪彩者的一种尊重。千万不要"临阵磨枪"，在剪彩开始前方才强拉硬拽，临时找人凑数。

必要时，可在剪彩仪式举行前将剪彩者集中在一起，告知对方有关的注意事项，并稍事排练。按照常规，剪彩者应着套装、套裙或制服，并将头发梳理整齐。不允许戴帽子、戴墨镜，也不允许穿便装、便鞋。

若剪彩者仅为一人，则其剪彩时居中而立即可。若剪彩者不止一人时，则对其同时上场剪彩时位次的尊卑就必须予以重视。一般的排列位次的方法是：中间高于两侧，右侧高于左侧，距离中间站立者愈远位次便愈低。其中最重要的要求是：主剪者应居于中央位置。需要说明的是，之所以规定剪彩者的位次"右侧高于左侧"，是因为它是一项国际惯例，剪彩仪式理当遵守。其实，若剪彩仪式并无外宾参加时，执行我国"左侧高于右侧"的传统做法也没有什么不可以的。

（二）助剪者

助剪者，在此是指在剪彩者剪彩的一系列过程中从旁为其提供帮助的人员。一般而言，助剪者多由东道主一方的女职员担任。现在，人们对她们的常规称呼是礼仪小姐。

具体而言，在剪彩仪式上服务的礼仪小姐又可以分为迎宾者、引导者、服务者、拉彩者、捧花者、托盘者等。迎宾者的任务，是在活动现场负责迎来送往。引导者的任务，是在进行剪彩时负责带领剪彩者登台或退场。服务者的任务，是为来宾尤其是剪彩者提供饮料，安排休息之处。拉彩者的任务，是在剪彩时展开、拉直红色缎带。捧花者的任务，是在剪彩时手托花团。托盘者的任务，则是为剪彩者提供剪刀、手套等剪彩用品。

在一般情况下，迎宾者与服务者应不止一人。引导者既可以是一名，也可以为每位剪彩者各配一名。拉彩者通常应为两人。捧花者的人数则需要视花团的具体数目而定，一般应为一花一人。托盘者可为一人，亦可为每位剪彩者各配一人。有时，礼仪小姐亦可身兼数职。

对礼仪小姐的基本要求是：相貌姣好、身材颀长、年轻健康、气质高雅、音色甜美、反应敏捷、机智灵活、善于交际。礼仪小姐的最佳装束应为：化淡妆，盘起头发，穿款式、面料、色彩统一的单色旗袍，配肉色连裤丝袜、黑色高跟皮鞋。除戒指、耳钉外，不宜再佩戴其他任何首饰。有时，礼仪小姐身穿深色或单色的套裙亦可。但是，她们的穿着打扮必须尽可能地整齐划一。必要时，也可向外单位临时聘请礼仪小姐。

三　剪彩的程序

在正常情况下，剪彩仪式应在行将启用的建筑、工程或者展销会、博览会的现场举行。正门外的广场、正门内的大厅，都是可予优先考虑的最佳地点。在活动现场，可以略作装饰。在剪彩之处悬挂写有剪彩仪式具体名称的大型横幅，更是必不可少。

一般来说，剪彩仪式宜紧凑，忌拖沓，在所耗时间上愈短愈好。短则一刻钟即可，长则至多不宜超过一小时。

按照惯例，剪彩既可以是开业仪式中的一项具体程序，也可以独立出来，由其自身的一系列程序所组成。独立而行的剪彩仪式，通常包括如下六项基本程序。

第一项，来宾就位。在剪彩仪式上，通常只为剪彩者、来宾和本单位的负责人安排座席。在剪彩仪式开始时，即应敬请大家在已排好顺序的座位上就座。在一般情况下，剪彩者应就座于前排。若其不止一人时，则应使之按照剪彩时的具体顺序就座。

第二项，宣布开始。在主持人宣布仪式开始后，乐队应演奏音乐，现场可以燃放鞭炮，全体到场者应热烈鼓掌。此后，主持人应向全体到场者介绍到场的重要来宾。

第三项，演奏国歌。此刻须全场起立。必要时，亦可随之演奏本单位标志性歌曲。

第四项，宾主发言。发言者依次应为：东道主单位的代表、上级主管部门的代表、地方政府的代表、合作单位的代表以及重要来宾的代表。其内容应言简意赅，每人不超过三分钟，重点分别应为介绍、道谢与致贺。

第五项，开始剪彩。此刻，全体应热烈鼓掌，必要时还可奏乐或燃放鞭炮。在剪彩前，须向全体到场者介绍剪彩者。

第六项，进行参观。剪完彩后，主人应陪同来宾参观被剪彩之物。仪式至此，即宣告结束。随后，东道主单位可向来宾赠送纪念性礼品，并以自助餐款待全体来宾。

四 剪彩的做法

进行正式剪彩时，剪彩者与助剪者的具体操作方法必须合乎规范，否则就会使其效果大受影响。

（一）上场

当主持人宣布进行剪彩之后，礼仪小姐即应率先登场。在上场时，礼仪小姐应排成一行行进。从两侧同时登台，或从右侧登台。登台之后，拉彩者与捧花者应站成一行。拉彩者应处于两端拉直红色缎带，捧花者则应各自双手捧好一朵花团。托盘者此刻须站立在拉彩者与捧花者身后一米左右，并自成一行。

当剪彩者登台时，引导者应在其左前方进行引导，使之各就各位。剪彩者登台时，宜从右侧出场。当剪彩者均已到达既定位置之后，托盘者应前行一步，到达前者的右后侧，以便为其递上剪刀、手套。

剪彩者若不止一人，在其登台时亦应列成一行，并使主剪者行进在前。在主持人向全体到场者介绍剪彩者时，后者应面含微笑向大家欠身或点头致意。

剪彩者行至既定位置之后，应向拉彩者、捧花者含笑致意。当托盘者递上剪刀、手套时，亦应微笑着向对方道谢。

（二）剪彩

在正式剪彩前，剪彩者应首先向拉彩者、捧花者示意，待其有所准备后再集中精力，右手持剪，表情庄重地将红色缎带一刀剪断。若多名剪彩者同时剪彩，其他剪彩者应注意主剪者的动作，并与其协调一致，力求大家同时将红色缎带剪断。

按照惯例，剪彩以后，红色花团应准确无误地落入托盘者手中的托盘里，而切勿使之坠地。为此，需要捧花者与托盘者相互合作。剪彩者在剪彩成功后可右手举起剪刀，面向全体到场者致意，然后将剪刀、手套置于托盘内并举手鼓掌。接下来，则可依次与主人握手道喜；并列队在引导者的引导下退场。退场时，一般宜从原先上台的方向下台。

（三）退场

待剪彩者退场后，其他礼仪小姐方可列队由右侧退场。

不论剪彩者还是助剪者，在上下场时都要注意井然有序、步履稳健、神态自然，在剪彩过程中更要表现得不卑不亢、落落大方。

第四节 交 接

在商界，交接仪式一般是指施工单位依照合同将已经建设、安装完成的工程项目或大型设备，例如，厂房、商厦、宾馆、办公楼、机场、港口、车站，或飞机、轮船、火车、机械、物资等，经验收合格后正式移交给使用单位之时所专门举行的庆祝典礼。

举行交接仪式的重要意义在于，它既是商务伙伴对此前所进行过的成功合作的庆贺，是对给予过自己关怀、支持、帮助和理解的社会各界的答谢，又是接收单位与施工、安装单位巧妙地利用时机为双方各自提高知名度、美誉度而进行的一种公关宣传活动。

交接礼仪，一般是指在举行交接仪式时所须遵守的有关礼仪规范。通常，它具体包括交接仪式的准备、交接仪式的程序、交接仪式的参加三个方面的具体内容。

一 交接仪式的准备

准备交接仪式时，主要应关注下列三件事：来宾的邀约、现场的布置、物品的预备。

（一）来宾的邀请

对来宾的邀请，一般应由交接仪式的东道主——施工、安装单位负责。在具体拟定来宾名单时，施工、安装单位亦应主动征求自己的合作伙伴——接收单位的意见。接收单位对施工、安装单位所草拟的名单不宜过于挑剔，但亦可对此酌情提出一些合理建议。

在一般情况下，参加交接仪式的人数自然越多越好。如果参加者太少，难免会使仪式显得冷冷清清。但是，在宏观上确定参加者的总人数时，必须兼顾场地条件与接待能力，切忌贪多勿得。

从原则上来讲，交接仪式的出席人员应包括：施工、安装单位的有关人员，接收单位的有关人员，上级主管部门的有关人员，当地政府的有关人员，行业组织、社会团体的有关人员，各界知名人士，新闻界人士，以及协作单位的有关人员等。

在上述人员中，除施工、安装单位与接收单位的有关人员外，对其他所有人员均应提前送达或寄达正式的书面邀请，以示尊重对方之意。

邀请上级主管部门、当地政府、行业组织的有关人员时，虽不必勉强对方，但却必须努力争取，并表现得心诚意切。利用举行交接仪式这一良机使施工安装单位、接收单位与上级主管部门、当地政府、行业组织进行多方接触，不仅可以宣传自己的工作成绩，而且也有助于有关各方之间进一步地实现相互理解和相互沟通。

若非涉密，或暂且不宜广而告之，在举行交接仪式时，东道主既要争取多邀请新闻界的人士参加，又要为其尽可能地提供一切便利。对不邀而至的新闻界人士，亦应尽量来者不拒。至于邀请海外的媒体人员参加交接仪式的问题，则必须认真遵守有关的外事规则与外事纪律，并事先履行必要的报批手续。

（二）现场的布置

举行交接仪式的现场，亦称交接仪式的会场。在对其进行具体选择时，通常应视交接仪式的重要程度、全体出席者的具体人数、交接仪式的具体程序与内容，以及是否要求对其进行保密等几个方面的因素而定。

根据常规，一般可将交接仪式的举行地点安排在已经建设、安装完成并已验收合格的工程项目或大型设备所在地的现场。有时，亦可将其酌情安排在东道主单位本部的会议厅，或由施工、安装单位与接收单位双方共同认可的其他场所。

将交接仪式安排在业已建设、安装完成并已验收合格的工程项目或大型设备所在地的现场举行，最大的长处是可以使全体出席仪式的人员身临其境、感同身受，对被交付使用的工程项目或大型设备获得直观而形象的了解，并掌握较为充分的第一手资料。倘若在交接仪式举行之后安排来宾进行参观，则更为方便可行。不过，若在现场举行交接仪式，往往进行准备的工作量较大。在此百废待兴之地忙里忙外，绝非轻而易举之事。此外，由于将被交付的工程项目或大型设备归接收单位所有，故此东道主事先要征得对方的首肯，事后还需取得对方的配合。

相比之下，将交接仪式安排在东道主单位本部的会议厅举行，则可免除大量的接待工作，会场的布置也较为便利。特别是在将被交付的工程项目、大型设备不宜为外人参观，或暂时不方便外人参观的情况下，以东道主单位本部的会议厅作为举行交接仪式的现场，亦不失为一种较好的选择。此种选择的主要缺陷是：东道主单位往往需要付出更多的人力、财力和物力，全体来宾对将被交付的工程项目或大型设备缺乏身临其境的直观感受。

如果将被交付的工程项目或大型设备的现场条件欠佳，或出于东道主单位的本部不在当地以及将要出席仪式的人员较多等其他原因，经施工、安装单位提议，并经接收单位同意之后，交接仪式亦可在其他场所举行。诸如宾馆的多功能厅、外单位出租的礼堂或大厅等处，均可用来举行交接仪式。在其他场所举行交接仪式，尽管开支较高，但却可因此而省去大量的安排、布置工作，并可提升仪式的档次。

（三）物品的预备

在交接仪式上，不少需要使用的物品都应由东道主一方提前进行准备。首先，必不可少的是作为交接象征之物的有关物品。它们主要有：验收文件、一览表、钥匙等。验收文件，是指已经公证的由交接双方正式签署的接收证明性文件。一览表，是指交付给接收单位的全部物资、设备或其他物品的名称、数量明细表。钥匙，则是指用来开启被交接的建筑物或机械设备的钥匙，在一般情况下，因其具有象征性意味，故预备一把即可。

除此之外，主办交接仪式的单位还需为交接仪式的现场准备用以烘托喜庆气氛的物品，并应为来宾略备一份薄礼。

在交接仪式的现场，可临时搭建一处主席台。必要时，还应在其上铺设一块红地毯。至少，也要预备足量的桌椅。在主席台上方，应悬挂一条红色巨型横幅，上书交接仪式的具体名称，如"某某工程交接仪式"，或"热烈庆祝某某工程正式交付使用"。

在举行交接仪式的现场四周，尤其是在正门入口处、干道两侧、交接物四周，可酌情悬挂一定数量的彩带、彩旗、彩球，并放置一些色泽艳丽、花朵硕大的盆花，用以美化环境。

若来宾所赠送的祝贺性花篮较多，可依照约定俗成的顺序，如"先来后到""不排名次"等，将其呈一列摆放在主席台正前方，或分成两行摆放在现场入口处门外的两侧。在此两处同时摆放，也是可以的。不过，若来宾所赠花篮甚少，则不必将其公开陈列在外。

在交接仪式上用以赠送给来宾的礼品，应突出其纪念性、宣传性。诸如被交接的工程项目、大型设备的微缩模型或是以其为主角的画册、明信片、纪念章、领带针、钥匙扣等，皆为上佳之选。

二　交接仪式的程序

交接仪式的程序，具体来说是指交接仪式进行时的各个步骤。不同内容的交接仪式，其具体程序往往会各有不同。主办单位在拟定交接仪式的具体程序时，必须注意下述两个方面的重要问题：其一，必须参照惯例执行，尽量不要标新立异，另搞一套。其二，必须实事求是、量力而行，在具体的细节方面不必事事贪大求全。从总体上来讲，几乎所有的交接仪式都少不了下述五项基本程序。

（一）宣布交接仪式开始

此刻，全体与会者应进行较长时间的鼓掌，以热烈的掌声来表达对东道主的祝贺之意。在此之前，主持人应邀请有关各方人士在主席台上就座，并以适当的方式暗示全体人员保持安静。

（二）奏国歌与奏东道主单位的标志性歌曲

此前，全体与会者必须肃立。该项程序有时亦可略去。但若能安排这一程序，则往往会使交接仪式显得更为庄严而隆重。

（三）正式进行交接

具体的做法是：由施工、安装单位的代表，将有关工程项目、大型设备的验收文件、一览表或者钥匙等象征性物品正式递交给接收单位的代表。此时，双方应面带微笑，双手递交、接收有关物品。在此之后，还应相互热烈握手。至此，标志着有关的工程项目或大型设备已经被正式地移交给了接收单位。

假如条件允许，在该项程序进行的过程中还可在现场演奏或播放节奏欢快的喜庆性歌曲。

在有些情况下，为了进一步营造出一种热烈而隆重的气氛，此项程序亦可由上级主管部门或地方政府的负责人为有关的工程项目、大型设备的启用进行剪彩所取代。

（四）各方代表发言

按照惯例，在交接仪式上，须由有关各方代表进行发言。他们依次应为：施工、安装单位的代表，接收单位的代表，来宾的代表等。这些发言一般均为礼节性的，并以喜气洋洋为主要特征。它们通常宜短忌长，只需要点到为止的寥寥数语即可。从原则上来讲，每个人的此类发言均应以三分钟为限。

（五）宣告仪式结束

随后，可安排全体来宾进行参观或观看文娱表演。此时此刻，全体与会者应再次进行较长时间的热烈鼓掌。

按照仪式礼仪的总体要求，交接仪式同其他仪式一样，在所耗费的时间上也是贵短不贵长的。在正常情况下，每一次交接仪式从头至尾所用的时间大体上不应当超过一小时。为做到这一点，要求交接仪式在其具体程序上少而精。正因为如此，一些原本应当列入正式程序的内容，例如，进行参观、观看文娱表演等，均被视为正式仪式结束后所进行的辅助性活动而被另行安排。

如果方便的话，正式仪式一结束，东道主与接收单位即应邀请各方来宾一道参观有关工程项目或大型设备。东道主一方应为此专门安排好富有经验的陪同、解说人员，使各方来宾通过现场参观进一步深化对有关工程项目或大型设备的认识。

若出于某种主客观原因不便邀请来宾进行现场参观，也可以通过组织其参观有关的图片展览，或向其发放宣传资料的方式来适当地满足来宾的好奇之心。但不论布置图片展览还是印制宣传资料，在不泄密的前提条件下，均应尽可能地使之内容翔实、资料充足、图文并茂。通常，它们应包括有关工程项目或大型设备的建设背景、主要功能、具体规格、基本数据、开工与竣工日期，施工、安装、设计、接收单位的概况，与国内外同类项目、设备的比较等。为了增强其说服力，不妨多采用准确的数据来进行讨论、说明。有时，还可安排来宾观看利用视频设备播放的介绍相关项目或设备的制作精良的影视片。

在仪式结束后，若不安排参观活动，还可为来宾安排一场综艺类的文娱表演，以助雅兴。表演者既可以是东道主单位的员工，也可以是特邀专业人士。表演的主要内容则应为轻松、欢快、娱乐性强的节目。

需要说明的是，有关的工程项目或大型设备的交接，自然是与其完工验收相互衔接的。对交付接收单位验收的工程项目、大型设备，施工、安装单位理当精心设计、精心施工、精心安装、保质保量地如期完成任务。而接收单位也应当公事公办，严把质量关，切不可为图一己之私利而手下留情，致使后患无穷。由于验收工作极其严肃复杂，而且颇耗时日，所以不应为了赶时间、走过场，而将其列为交接仪式上的一项正式程序。

换言之，验收工作与交接仪式由于性质不同，故应有所区分、分别而论。正式的验收工作，应安排在交接仪式举行之前进行，而交接仪式则必须安排在验收工作全部完成后举行。

三　交接仪式的参加

参加交接仪式时，不论东道主一方还是来宾一方，都存在一个表现是否得体的问题。假如有人在仪式上表现失当，往往就会使仪式黯然失色。有时，甚至还会因此而影响到有关各方的相互关系。

（一）东道主的表现

对东道主一方而言，参加交接仪式时需要注意的主要问题有：

1. 仪表整洁

东道主一方参加交接仪式的人员，不仅应当是对外重点进行推介的"精兵强将""有功之臣"，而且还应当使之能够代表本单位的形象。为此，必须要求其妆容规范、服饰得体、举止有方。

2. 保持风度

在交接仪式举行期间，不允许东道主一方的人员东游西逛、交头接耳、打打闹闹。在为发言者鼓掌时，不允许厚此薄彼。当来宾向自己道喜时，喜形于色无可厚非，但切勿嚣张放肆、得意忘形。

3. 待人友好

不论自己是否专门负责接待、陪同或解说工作，东道主一方的全体人员都应当自觉地树立起主人翁意识。一旦来宾提出问题或需要帮助时，都要鼎力相助。不允许一问三不知、借故推脱、拒绝帮忙，甚至胡言乱语。即使自己力不能及，也要向对方说明原因，并及时向有关方面进行反映。

（二）来宾的表现

对于来宾一方而言，在应邀出席交接仪式时主要应重视如下四个方面的具体问题。

1. 致以祝贺

接到正式邀请后，被邀请者即应尽早以单位或个人的名义发出贺电或贺信，向东道主表示热烈祝贺。有时，被邀请者在出席交接仪式时将贺电或贺信面交东道主，也是可行的。不仅如此，被邀请者在参加仪式时，还须郑重其事地与东道主一方的主要负责人一一握手，再次口头道贺。

2. 略备贺礼

为表示祝贺之意，可向东道主一方赠送一些贺礼，如花篮、牌匾、贺幢等。目前，以赠送花篮最为流行。它一般需要在花店订制，用各色鲜花插装而成；同时还应在其两侧悬挂特制的红色缎带，右书"恭贺某某交接仪式隆重举行"，左书本单位的正式全称。它既可由花店代为先期送达，亦可由来宾在抵达现场时面交主人。

3. 预备贺词

假若自己与东道主关系密切，则还须提前预备一份书面贺词，以备被邀请代表来宾发言时之用。其内容应当简明扼要，主要是向东道主一方道喜祝贺。

4. 准点到场

接到邀请后，务必牢记在心，并届时正点抵达。若不能出席则应尽早通知东道主，以防在仪式举行时来宾甚少，使主人因"门前冷落车马稀"而难堪。

第五节　庆　典

庆典，是各种庆祝仪式的统称。就内容而论，商界所举行的庆祝仪式大致可以分为以下四类。

第一，成立周年庆典。通常，它都是逢五、逢十进行的。即在本单位成立五周年、十周年以及它们的倍数时进行。

第二，荣获某项荣誉的庆典。当单位本身荣获了某项荣誉称号、单位的"拳头产品"在国内外重大展评中获奖之后，此类庆典基本上均会举行。

第三，取得重大业绩的庆典。例如，千日无生产事故、生产某种产品的数量突破 10 万台、经销某种商品的销售额达到 1 亿元等，对此类来之不易的成绩往往也都是要进行庆祝的。

第四，取得显著发展的庆典。当本单位建立集团、确定新的合作伙伴、兼并其他单位、分公司或连锁店不断发展时，自然值得庆祝一番。

就形式而论，商界各单位所举行的各类庆祝仪式都有一个最大的特色，即务实而不务虚。若能由此而增强本单位全体员工的凝聚力与荣誉感，并使社会各界对本单位重新认识、刮目相看，那么大张旗鼓地举行庆典，多进行一些人、财、物的投入，任何理智、精明的商家都会对此在所不惜。反之，若对于宣传本单位的新形象、增强本单位全体员工的自豪感无所作为，那么举行一次庆典即使花不了几个钱，也完全没有必要。

对商界人士来讲，在组织庆典与参加庆典时往往会有多方面的不同要求。庆典的礼仪，就是由组织庆典的规则与参加庆典的规则等两项基本内容所组成的。

一　庆典的组织

组织筹备一次庆典，如同进行生产和销售一样，首先要为它制订一个总体的计划。商界人士如果受命完成这一任务，则需要重视下述两大要点：其一，体现出庆典的主要特色。其二，安排好庆典的具体内容。

毋庸多言，庆典既然是庆祝活动的一种形式，那么它就应当以庆祝为中心，把每一项具体活动都尽可能组织得热烈、欢快而隆重。不论举行庆典的具体场合、庆典进行过程中的某个具体场面，还是全体出席者的情绪、表现，都要体现出红火、热闹、欢愉、喜悦的气氛。唯其如此，庆典的宗旨——塑造本单位的形象，显示本单位的实力，扩大本单位的影响——才能够真正地得以贯彻落实。

庆典所具有的热烈、欢快、隆重的特色，应在其具体内容的安排上得到全面的体现。

如果站在组织者的角度来考虑，庆典的内容安排至少要特别注意出席者的确定、来宾的接待、现场的布置以及庆典的程序四大问题。

（一）出席者的确定

首先，应精心确定好庆典的出席人员名单。庆典的出席者不应滥竽充数，或让对方勉为其难。在确定庆典的出席者名单时，始终应以庆典的宗旨为指导思想。一般来说，庆典的出席者应当包括如下人士：

1. 上级领导

地方党政领导、上级主管部门的领导，大多对单位的发展给予过支持、关心、指导。邀请他们参加，主要是为了表示感激之心。

2. 社会名流

根据公共关系学中的"名人效应"原理，社会各界的名人对公众最具有吸引力。能够请到他们，无疑有助于更好地提高本单位的知名度。

3. 大众传媒

在现代社会中，报纸、杂志、电视、广播、互联网等大众媒介被称为仅次于立法、行政、司法三权的社会"第四权力"。邀请它们并主动与其合作，将有助于对方公正地介绍本单位的成就，进而有助于加深社会对本单位的了解和认同。

4. 合作伙伴

在商务活动中，合作伙伴经常是彼此同呼吸、共命运的。请他们来与自己一起分享成功的喜悦，既是完全应该的，也是绝对必要的。

5. 社区关系

社区关系，在此是指那些与本单位共居于同一区域、对本单位具有种种制约作用的社会实体。例如，本单位周围的居民委员会、街道办事处、医院、学校、幼儿园、养老院、商店以及周边的其他单位等。请它们参加本单位的庆典，会使对方进一步了解本单位、尊重本单位、支持本单位，或给予本单位更多的方便。

6. 单位员工

员工是本单位的主人，本单位每一项成就的取得都离不开他们的兢兢业业与努力奋斗。在组织庆典时，是绝对不容许将他们完全"置之度外"的。

以上人员的具体名单一旦确定，就应尽早发出邀请或通知。鉴于庆典的出席人员甚多、牵涉面极广，故若非万不得已，不允许将庆典取消、改期或延期。

（二）来宾的接待

与一般商务交往中来宾的接待相比，对出席庆祝仪式的来宾的接待更应突出礼仪性的特点。不但应当热心细致地照顾好全体来宾，而且还应当通过主办方的接待工作使来宾感受到主人真挚的尊重与敬意，并想方设法使每位来宾都能心情舒畅。

庆典一经决定举行，即应成立对此全权负责的筹备组。筹备组成员通常应由各方面的有关人士组成，他们都应当是能办事、会办事、办实事的人员。

在庆典的筹备组内，应根据具体需要下设若干专项小组，在公关、礼宾、财务、会务、报道等各方面"分兵把守"、各管一段。其中负责礼宾工作的接待小组，大多不可缺少。

在原则上，庆典的接待小组应由年轻、精干、身材与形象较好、口头表达能力和应变能力较强的男女青年组成。

接待小组成员的具体工作，通常包括以下几项：

第一，来宾的迎送。即在举行庆祝仪式的现场迎接或送别来宾。

第二，来宾的引导。即由专人负责为来宾带路，将其送到既定的地点。

第三，来宾的陪同。对某些年事已高或非常重要的来宾，应安排专人陪同始终，以便关心与照顾。

第四，来宾的招待。即指派专人为来宾送饮料、上点心，以及提供其他方面的关照。

凡应邀出席庆典的来宾，绝大多数人对本单位都是关心和友好的。因此，当他们光临时，主人没有任何理由不让他们受到热烈而合乎礼仪的接待。将心比心，在来宾的接待上若得过且过、马马虎虎，必定会伤害来宾的自尊心。

（三）现场的布置

举行庆祝仪式的现场，是庆典活动的中心地点。对它的安排、布置是否恰如其分，往往直接关系到庆典留给全体出席者的印象的好坏。依据仪式礼仪的有关规范，在布置举行庆典的现场时需要思考的具体问题有：

1. 地点的选择

在选择具体地点时，应结合庆典的规模、影响力以及本单位的实际情况来决定。对本单位的礼堂、会议厅，本单位内部或门前的广场，以及外借的大厅等，均可相机予以选择。不过在室外举行庆典时，切勿因地点选择不慎而制造噪声，妨碍交通或治安。

2. 环境的美化

在反对铺张浪费的同时，应当量力而行，着力美化庆典举行现场的环境。为烘托出热烈、隆重、喜庆的气氛，可在现场张灯结彩，张贴宣传标语，并张挂标明庆典具体内容的大型横幅。如果有能力，还可以邀请本单位员工组成的乐队、锣鼓队届时演奏音乐或敲锣打鼓。但是此类活动应当适度，不要热闹过了头，成为"喧宾夺主"。

3. 场地的大小

在选择举行庆祝仪式的现场时，应牢记并非愈大愈好。从理论上说，现场的大小，应与出席者人数的多少成正比。也就是说，场地的大小应同出席者人数的多少相适应。人多地方小，必定拥挤不堪，让人心烦意乱。人少地方大，则会让来宾对本单位产生"门前冷落车马稀"的错觉。

4. 音响的调试

在举行庆典之前，务必要把音响调试好，尤其是供来宾们讲话时使用的麦克风和传声设备不允许出问题。在庆典举行前后播放一些喜庆、欢快的乐曲，只要不抢占"主角"的位置，通常都是可以的。但对于播放的乐曲应先期进行审查，切勿届时让工作人员自由选择随意播放背离庆典主题的乐曲，甚至是那些凄惨、哀怨、让人心酸和伤心落泪的乐曲，或是那些不够庄重的诙谐曲和爱情歌曲。

（四）庆典的程序

一次庆典举行得成功与否，与其具体的程序往往不无关系。仪式礼仪规定，在拟定庆典的程序时有以下两条原则必须坚持：第一，时间宜短不宜长。大体上讲，它应以一小时为其极限。如此规定，既是为了确保其效果良好，也是为了尊重全体出席者，尤其是为了尊重来宾。第二，程序宜少不宜多。程序过多不仅会加长时间，还会分散出席者的注意力，并给人以庆典内容过于凌乱之感。总之，不要使庆典成为内容乱七八糟的"马拉松"。

依照常规，一次庆典大致上应包括下述几项程序：

第一项，请来宾就座，出席者安静，介绍嘉宾。

第二项，宣布庆典正式开始，全体起立。

第三项，奏国歌，并奏、唱本单位歌曲。

第四项，本单位主要负责人致辞。其内容是对来宾表示感谢，或介绍此次庆典的缘由等。其重点，应是报捷以及庆典的可"庆"之处。

第五项，嘉宾讲话。大体上讲，出席庆典的上级主要领导、协作单位及社区关系单位均应有代表讲话或致贺词。不过应当提前约定好，不要当场当众推来推去。对外来的贺电、贺信不必一一宣读，但对其署名单位或个人应当公布。进行公布时，可以依照其"先来后到"为序，或按照其具体名称汉字笔画的多少进行排列。

第六项，文艺演出。此项程序可有可无。如果准备安排，则应慎选内容，注意不要使之有悖于庆典的主旨。

第七项，邀请来宾进行参观。如有可能，可安排来宾参观本单位的有关展览或车间等。当然，此项程序有时亦可省略。

在以上几项程序中，前五项必不可少，后两项则可酌情省去。

二　庆典的参加

参加庆典时，不论主办单位的人员还是外单位的人员，均应注意自己临场之际的表现。其中，主办单位人员的表现如何显得尤为重要。

（一）主办单位人员

在举行庆祝仪式之前，主办单位应对本单位的全体员工进行必要的礼仪教育。此外，对本单位出席庆典的人员，还须规定好有关的注意事项，并要求大家在临场之时务必要严格遵守。在此问题上，单位的负责人，尤其是出面迎送来宾和上主席台的人士，只能够"身先士卒"，而绝不允许有任何例外。道理非常简单，在庆祝仪式上，真正令人瞩目的就是东道主方面的出席人员。假如这些人在庆典中精神风貌不佳、穿着打扮散漫、举止行为失当，是很容易对本单位的形象进行"负面宣传"的。

按照仪式礼仪的规范，作为东道主的商界人士在出席庆典时，应严格注意的问题主要涉及以下七点：

1. 仪容整洁

所有出席本单位庆典的人员，事先都要洗澡、理发，男士还应剃去胡须。无论如何，届时都不允许本单位的人员蓬头垢面、胡子拉碴、浑身臭汗，有意无意地给本单位的形象"抹黑"。

2. 服饰规范

拥有制服的单位，应要求以制服作为本单位人士的庆典着装。无制服的单位，则应规定届时出席庆典的本单位人员必须穿着礼仪性服装，即男士应穿深色的中山装套装，或穿深色西装套装，配白衬衫、素色领带、黑色鞋袜；女士应穿深色西装套裙，配长筒肉色丝袜、黑色高跟鞋，或穿深色的套裤、花色素雅的连衣裙。绝不允许在服饰方面任其自然、自由放任，把一场庄严隆重的庆典搞得像一场万紫千红的时装或休闲装的"博览会"。倘若有可能，将本单位出席者的服饰统一起来，则是最好的。

3. 遵守时间

遵守时间，是最基本的商务礼仪之一。对本单位庆典的出席者而言，不允许小看这一问题。上到本单位的最高负责人，下到级别最低的员工，都不得姗姗来迟，更不得无故缺席或中途退场。如果庆典的起止时间已有规定，则应准时开始、准时结束。打算向社会证明本单位言而有信，此其时也。

4. 表情庄重

在庆典举行期间，不允许嬉皮笑脸、嘻嘻哈哈，或愁眉苦脸、一脸晦气、唉声叹气，否则就会使来宾产生很不好的想法。在举行庆典的整个过程中，都要表情庄重、全神贯注、聚精会神。假若庆典中安排了升国旗、奏国歌、唱"厂歌"的程序，一定要依礼行事：起立，脱帽，立正，面向国旗或主席台行注目礼，并认认真真、表情庄严肃穆地和大家一起唱国歌、唱"厂歌"。此刻，不许可不起立、不脱帽、东张西望、不唱或乱唱国歌与"厂歌"。在起立或坐下时把座椅搞得乱响，一边脱帽一边梳头，或在此期间走动、找人交头接耳，都应被视为危害本单位形象的极其严重的事件。

5. 态度友好

态度友好，在此所指的主要是对来宾态度要友善、亲切。遇到来宾，要主动热情地问好。对来宾提出的问题，要立即予以友善的答复。不要围观来宾、指点来宾，或对来宾持有敌意。当来宾在庆典上发表贺词时或随后进行参观时，要主动鼓掌表示欢迎或感谢。在鼓掌时，不要在对象上"挑三拣四"，不要"欺生"或是"杀熟"。即使个别来宾在庆典中表现得对主人不甚友善，也不应当当场"仗势欺人"，或是非要跟对方"讨一个说法"不成。不论来宾在台上台下说了什么话，主方人员都应当保持克制，不要吹口哨、"鼓倒掌"、敲打桌椅、胡乱起哄。不允许打断来宾的讲话，向其提出挑衅性质疑，与其进行大辩论，或对其进行人身攻击。

6. 行为自律

既然参加了本单位的庆典，主方人员就有义务以自己的实际行动来确保它的顺利与成功。至少，也不应当因为自己的举止失当而使来宾对庆典作出不好的评价。在出席庆典时，主方人员在举止行为方面应注意的问题有：不要"想来就来，想走就走"，或在庆典举行期间到处乱走、乱转。不要找周围的人说"悄悄话"、开玩笑，或朝自己的"邻居"甚至是主席台上的人挤眉弄眼、作出怪样子。不要有意无意地作出对庆典毫无兴趣的姿态，例如，看报纸、读小说、听音乐、拨手机、发短信、打扑克、做游戏、打瞌睡、织毛衣等。不要让人觉得自己心不在焉，例如，探头探脑，东张西望，一再看手表，或向别人打听时间。当本单位的会务人员对自己有所要求时，需要"有则改之，无则加勉"。

7. 发言简短

倘若有关人员有幸在本单位的庆典中进行发言，则务须谨记以下四个具体问题。

第一，沉着冷静。上下场时应不慌不忙，不要急奔过去，或慢吞吞地"起驾"。在开口讲话前，应平心静气，不要气喘吁吁、面红耳赤、满脸是汗、急得讲不出话来。

第二，讲究礼貌。在发言开始时，勿忘说一句"大家好"或"各位好"。在提及感谢对象时，应目视对方。在表示感谢时，应郑重地欠身施礼。对大家的鼓掌，则应以自己的掌声来回礼。在讲话结束时，应当说一声"谢谢大家"。

第三，限时结束。发言一定要在规定的时间内结束，而且宁短勿长，不要随意发挥、信口开河。

第四，少做手势。对含义不明的手势，尤其应当在发言时坚决忌用。

（二）外单位人员

外单位的人员在参加庆典时，同样有必要"既来之，则安之"，以自己最佳的临场表现来表达对主人的敬意与对庆典本身的重视。倘若此时此刻表现欠佳，绝对是对主人的一大伤害。所以宁肯坚辞不去，也绝不可去而失礼。

外单位的人员在参加庆典时，若以其所在单位代表的身份而来，而并非仅仅代表自己个人的话，则更应当注意自己的临场表现，丝毫不可对自己的所作所为自由放任、听之任之。

本章小结

本章所讲授的是仪式礼仪。它在此是指有关商界各类庆典的行为规范。遵守仪式礼仪与否，直接关系到商务人员的公众形象的好坏。

本章第一节讲授的是有关签约的礼仪。它具体涉及草拟合同、签署合同等。

本章第二节讲授的是有关开业的礼仪。它具体涉及仪式的筹备、开业的运作等。

本章第三节讲授的是有关剪彩的礼仪。它具体涉及剪彩的准备、剪彩的人员、剪彩的程序、剪彩的做法等。

本章第四节讲授的是有关交接的礼仪。它具体涉及仪式的准备、交接的程序、活动的参加等。

本章第五节讲授的是有关庆典的礼仪。它具体涉及庆典的组织、庆典的参加等。

练 习 题

一 名词解释

1. 仪式

2. 签约

3. 开业

4. 剪彩

5. 交接

6. 庆典

二 要点简答

1. 签字厅应如何布置？

2. 签约时应如何排列座次？

3. 常见的开业仪式有哪些具体形式？

4. 剪彩仪式应怎样具体操作？

5. 交接仪式有哪些主要程序？

6. 庆典有哪些主要程序？

第五章　交际礼仪

内容提要

　　交际礼仪，在此是指商务人员在其平时的交际应酬中所应遵守的行为规范。遵守交际礼仪，将有助于商务人员在其人际交往中取得成功。本章所讲授的内容，包括谈话、闲谈、通信、邀约、派对、运动、娱乐、工作餐、自助餐等方面的礼仪。

学习目标

1. 重视平时的人际交往。
2. 掌握基本的交际礼仪。
3. 在人际交往中以礼待人。
4. 避免在交际场合失礼于人。
5. 在交际场合成为受别人欢迎的人。

所谓交际礼仪，在此是指对商界人士在平时的交际应酬中所应遵守的行为规范，它具体涉及商界人士人际交往的各个方面。就其具体内容而论，交际礼仪重点是指商界人士以工作为基本目的，而以个人的身份与其他各界人士进行各种交际应酬时所需要遵守的行为规范。遵守交际礼仪，是商界人士使自己的人际交往取得成功的基本前提，同时也是其事业发展的基本要求。

但凡成功的商界人士都明白：在人际交往中，唯有有教养、讲品位、懂礼貌的人，才最容易赢得朋友、广结善缘。就本质而言，人际交往的成功者所具有的种种优良品质，大多与交际礼仪规范息息相关。

第一节 谈　话

在商务交往中，对商界人士的口才有着很高的要求。商界人士不一定需要伶牙俐齿、妙语连珠，但却必须具备良好的逻辑思维能力、清晰的语言表达能力；必须在克己敬人、"寸土必争"的前提下，在谈话中保持自己应有的风度，始终以礼待人。有道是"有礼走遍天下"，在谈话中同样如此。

谈话的技巧，不仅具有极强的可操作性，而且需要针对不同的人与事来加以灵活的运用。

例如，当一位朋友不邀而至贸然闯进自己的写字间，而自己又实在难用很长的时间与之周旋时，如直接告知对方"来的不是时候"，或对其爱答不理，都很可能得罪对方。其实，只要使用委婉的语言一样可以暗示对方应尽早离去，而且还不至于使其难堪。比方说，可在见面之初一面真诚地对其表示欢迎，一面则婉言相告："我本来要去参加公司的例会，可您这位稀客驾到，我岂敢怠慢。所以专门告假五分钟，特来跟您叙一叙。"这句话的"话外音"，就是在暗示对方"只能谈五分钟时间"，但因表达得不失敬意，在对方的耳中就要中听多了。

下面，就来介绍商界人士皆应运用自如的基本的谈话技巧。

一　寒暄与问候

寒暄者，应酬之语也。问候，则是人们相逢之际所打的招呼、所问的安好。在多数情况下，二者应用的情景比较相似，都是作为交谈的"开场白"来被使用的。从这个意义上来讲，二者之间的界限常常难以确定。

（一）寒暄

寒暄的主要用途是：在人际交往中打破僵局，缩短人际距离，向交谈对象表示自己的敬意，或借以向对方表示乐于与之结交之意。与他人见面时，若能选用适当的寒暄语，往往会为双方进一步的交谈做好铺垫。

反之，在本该与对方寒暄几句的时刻却一言不发，则是极其无礼的。

当被介绍给他人之后，应跟对方寒暄。若只向对方点点头，或只握一下手，通常会被理解为不想与之深谈，不愿与之结交。

碰上熟人，也应寒暄一两句。若对对方视若不见，不置一词，难免显得自己妄自尊大。

在不同的时候，适用的寒暄语往往各具其特点。

跟初次见面的人寒暄，最标准的说法是："您好""很高兴能认识您""见到您非常荣幸"。

如果想要显得比较文雅一些，可以说"久仰"，或者说"幸会"。

若想表现得自然而随便一些，也可以说"早听说过您的大名""某某人经常跟我谈起您"，或"我早就拜读过您的大作""我听过您作的报告"，等等。

跟熟人寒暄，用语则不妨显得亲切而具体。可以说"好久没见了""又见面了"，也可以讲："您气色不错""您的发型真棒""您的小孙女好可爱呀""今天的风真大""上班去吗？"

寒暄语不一定非要具有实质性内容，它可长可短，并应因人、因时、因地而异，但却不能不具备简洁、友好与尊重等特征。

寒暄语应删繁就简，不要过于程式化，像写八股文。例如，两人初次见面，一个说："久闻大名，如雷贯耳，今日得见，三生有幸。"另一个则道："岂敢，岂敢！"搞得像演出古装戏一样，实则大可不必。

寒暄语还应带有友好之意与敬重之心。既不容许敷衍了事，也不可用以戏弄对方。

（二）问候

问候，多见于熟人之间打招呼。西方人爱说："嗨！"中国人则爱问："去哪儿？""忙什么？""身体怎么样？""家人都好吧？"

在商务活动中，也有人为了节省时间而将寒暄与问候合二为一，以一句"您好！"来个一了百了。

问候语，通常具有非常鲜明的民俗性、地域性的特征。例如，老北京人爱问别人："吃过饭了吗？"其本意就是"您好！"若答以"还没吃"，意思就不大对劲了。若以之问候南方人或外国人，则有时会被理解为"要请我吃饭""讽刺我不具有自食其力的能力""多管闲事"，从而引起不必要的误会。

在某些国家里，也有一句与"吃过饭没有"异曲同工的问候语："牲口好吗？"它绝不是拿被问候者当牲口，而是关心对方的经济状况如何。

为避免误解，商界人士应以"您好"作为基本的问候语，其他的则最好不要乱说。

牵涉个人私生活、个人禁忌等方面的话语，最好别拿出来"献丑"。例如，一见面就问候人家"跟朋友吹了没有？"或"现在还吃不吃中药？"都会令对方反感至极。

二　称赞与感谢

什么样的人最令人喜欢？答案是：懂得赞美别人的人，最是令人喜欢。

什么样的人最有礼貌？答案是：得到他人帮助后，善于及时表示感谢的人最有礼貌。

其实，称赞与感谢都有一定的技巧可言。如果对其不加遵守而自行其是，不但可能会显得虚伪，而且还可能会因词不达意而招致误解。

（一）称赞

赞类别人，应有感而发、诚挚中肯。一方面要懂得向他人表示欣赏与肯定往往十分重要，另一方面则要明确它与拍马屁、阿谀奉承终究是有所区别的。

1. 实事求是

称赞别人时，一定要力戒虚情假意，切勿乱给别人戴高帽子。夸奖一位不到40岁的女士"显得真年轻"还算说得过去，但要用它去恭维一位气色不佳的80岁的老太太就实在是过于做作了。离开真诚二字，赞美将毫无意义。

有位西方学者说：面对一位真正美丽的姑娘，才能夸她"漂亮"。面对相貌平平的姑娘，称道她"气质甚佳"方为得体。而"很有教养"一类的赞语，则只能用来对长相实在无可称道的姑娘讲。

2. 因人而异

男士喜欢别人称道他幽默、风趣、颇有风度；女士渴望别人注意自己年轻、漂亮；老年人乐于别人欣赏自己知识丰富、身体保养好；孩子们则爱听别人表扬自己聪明、懂事。适当地道出他人内心中所渴望获得的赞赏，善莫大焉。此种"理解"，必然最受欢迎。

3. 自然而然

要力求赞美不露痕迹，不要听起来过于生硬，更不能"一视同仁"、千篇一律。

当着一位先生及其夫人之面，突然对后者来上一句"您很有教养"，必然会令人摸不着头脑。但若知道这位先生的领带是其夫人"钦定"的，此时夸上一句："某先生，您这条领带真棒！"那就会产生截然不同的"收益"。

个别人乐于赞美异性，轮到面对同性时却金口难开、"惜墨如金"。此种人，往往难有至交密友。

4. 适宜对外

应当指出的是：在人际交往中，不要"王婆卖瓜，自卖自夸"。应当少夸奖自己，多赞美别人。除必须进行的自我评价之外，猛夸自己，认定自己一贯正确、举世无双，实际上是极不理智的做法。

（二）感谢

"谢谢"这句话虽则只有两个字，但若运用得当，却会让人觉得意境深远，魅力无穷。

在必要时，对他人所给予自己的关心、照顾、支持、鼓励、帮助表示感谢，不仅是一名商界人士所应具备的教养，而且也是对对方为自己而"付出"的最直接的肯定。此种做法绝不是虚情假意、可有可无的，而是必需的。在此方面，"讷于言而敏于行"，弄不好就会导致交往对象的伤感、失望和深深的抱怨。

感谢，其实也是一种赞美！对它运用得当，可显得对他人的恩惠领情不忘、知恩图报，而非忘恩负义、过河拆桥之辈。在今后"下一轮"的双边交往中，商界人士必定会因为自己不吝惜这么简短的一句话而赢得更好的回报。

在人际交往中，需要商界人士认认真真地对他人说一声"谢谢"的机会其实非常之多：

受到他人夸奖的时，应说"谢谢"。这既是礼貌，也是一种自信。旁人称道自己的衣服很漂亮、英语讲得很流利时，说声"谢谢"最是得体。反之，要是答以"瞎说""不怎么地""哪里、哪里""谁说的""少来这一套"，便相形见绌了。

获赠礼品与受到款待时，别忘了郑重其事地道谢。这句短语既是肯定，也是对对方最高的评价。

得到领导、同事、朋友、邻居们明里暗里的关照后，一定要去当面对对方说一声"谢谢"。

在公共场合得到了陌生人的帮助，亦应当即致以谢意。

在具体操作中，感谢他人也有一些常规可以遵循。在方式方法上，有口头道谢、书面道谢、托人道谢、打电话道谢之分。一般地讲，当面口头道谢效果最佳。专门写信道谢，若获赠礼品、赴宴后这样做，也有很好的效果。打电话道谢，时效性较强，而且不易受到干扰。托人道谢，除非名家出面，否则效果就差一些了。

感谢他人还有对场合方面的考虑。有些应酬性的感谢可以当众表达，不过要是想显示认真而庄重的话，最好还是"专程而来"，并应于他人不在场之际表达此意。

表示感谢时，通常应加上被感谢者的称呼，例如，"王先生，我专门来跟您说一声'谢谢'""董事长，多谢了"。越是这样，显得越是正式。

表示感谢，有时还有必要顺便提及致谢的理由。例如："欧阳小姐，谢谢上次您在我们来访时的帮助"，免得对方感到空洞，或"茫茫然不知所措"。

表示感谢，最重要的莫过于需要真心实意。为使被感谢者体验到此点，务必要表现得认真、诚恳、大方。话要说清楚，要直截了当，不要连一个"谢"字都讲得含混不清。表情需要与之进行配合：应正视对方双目，并面带微笑。必要时，还须专门与对方握手致意。

表示感谢时，所谢的是一个人，自然不宜不予突出。所谢的若是多人，则可统而言之"谢谢大家"；也可一一具体到个人，并逐个言谢。

三　祝贺与慰问

祝贺与慰问，往往多见于关系密切者之间。

（一）祝贺

祝贺，简言之就是向他人道喜。每当亲朋好友在工作与生活上取得了进展，或恰逢节日喜庆之时，对其致以热烈且富有感情色彩的吉语佳言，必然会使对方的心情更为舒畅、双方的关系更为密切。

祝贺的方式，往往多种多样。例如，口头祝贺、电话祝贺、书信祝贺、电邮祝贺、传真祝贺、贺卡祝贺、贺电祝贺、点播祝贺、赠礼祝贺、设宴祝贺等，但它们通常都有其特定的适用范围。在多数情况下，几种方式可同时并用。

祝贺的时机，需要审慎地选择。对商界人士而言，适逢亲朋好友结婚、生育、乔迁、获奖、晋职、晋级、过生日、出国深造、事业上取得突出成就之时，应及时向其表示自己为对方而高兴。不然，就有疏远双方关系、心存不满或妒忌之嫌。碰上节日时，出于礼貌向亲朋好友们道贺，一般也是必要的。

对关系单位的开业、扩店、周年纪念、业务佳绩予以祝贺，亦为"义不容辞"。

一般说来，口头祝贺是商界人士用得最多的一种祝贺方式。口头祝贺的礼仪性要求是：要简洁、热情、友善、饱含感情色彩，要区分对象，并回避对方之所忌。

通常，口头上的祝贺都以一些约定俗成的表达方式进行。例如，"恭喜，恭喜""我真为您而高兴"就是国人常用的道贺之语。而诸如"事业成功""学习进步""工作顺利""一帆风顺""身体健康""心情愉快""生活幸福""阖家平安""心想事成""恭喜发财"之类的吉祥话，则人人耳熟能详，百听不厌。

对不同的对象，在不同的时刻，道贺之语的选择应有所不同。

祝贺同行开业时，"事业兴旺""大展宏图""日新月异""生意兴隆""财源茂盛"等，肯定是对方最爱听到的话。

祝贺生日时，除"生日快乐"可广泛使用外，诸如"寿比南山，福如东海"这种老寿星爱听的祝词就不宜对年轻人尤其是孩子们来讲。

对一对新婚夫妇，使用"天长地久""比翼齐飞""白头偕老""百年好合""互敬互爱""早生贵子"之类的祝贺语，能使对方更加陶醉在幸福与憧憬之中，故用得多多益善。

有些话本意不错，但可能会触犯一些人的忌讳，故宜加以回避。例如，香港人不爱听别人祝他"快乐"——爱讨"口彩"的他们往往把"快乐"听成了与之发音一样的"快落"，那样岂不是太不吉利了！

（二）慰问

如果说适时而得体的祝贺可在人与人之间密切感情、促进友谊的话，那么一句恰当的慰问语则可以把关心、体贴和爱护及时地传达给自己的交往对象，像"雪中送炭"一样温暖对方孤寂和伤感的心灵。

慰问，就是在他人遭遇重大变故，如患病、负伤、失恋、丧子、丧偶、离婚，或破产、关厂、失业、休学、研究受阻、市场开拓失败、遭受困难挫折之时，对其进行安慰与问候。意在使其少安毋躁、稳定情绪，并宽心放眼，去除或减轻哀伤。在适当的时机，还可同时给予对方一定的支持与鼓励。

1."患难与共"

慰问他人时，不论表情、神态还是动作、语言，都应当真诚地显示出慰问者的"同舟共济"之心、体贴关心之意。

例如，在慰问逝者的亲属、探视伤病员、安慰失恋者时，应表情凝重，语调深沉舒缓，语言饱含关心与同情之意。若嘻嘻哈哈、喜眉笑眼，语调尖锐、油滑，语言随意、放肆、轻浮，则会给人以"彼方悲伤之日即我方开心之时"的幸灾乐祸之感。

当然，也不宜矫枉过正、表现过分。若一见面就表现得"冷冷清清，凄凄惨惨戚戚"，"人未语，泪先流"，使被慰问者伤心落泪、情绪恶化，亦属不当之举。

2.疏导体贴

进行慰问时，对生活困难者，可询问其遇到的具体难题，并给予力所能及的援助。

对工作受挫者，应鼓励其"前途是光明的，道路是曲折的"，"自古英雄多磨难，从来纨绔少伟男"，支持其再接再厉、奋起直追。

对失恋者，可"王顾左右而言他"，免谈此事，尤其不宜评论对方原先的那个"他"或"她"，但可劝慰其"天涯何处无芳草"。

对颓废之人，则可以多一些激励，告知其"牢骚太盛防肠断，风物长宜放眼量"，或"人总是要有点精神的"。

3.言辞得当

在慰问中，不要嘲讽、指责对方。切勿说什么"当初我也碰上过这事，但我可不这样""瞧瞧，我原先说什么来着，'不听好人言，吃苦在眼前'"。

若一位小姐对某位先生的"暗恋"前程渺茫，就不应在对前者慰问之际，为之出谋划策，并鼓励其"成功就在于最后的坚持之中"。

慰问时，与被慰问者进行一些交流是必要的，但没有必要对对方的"伤心往事"刨根问底。对方若不愿深谈，就不该再三"咨询"，非要逼其"一吐为快"。

四　争执与论辩

在商务交往中，特别是在某些正式场合，为捍卫国家利益或单位利益，免不了要同交往对象针锋相对、寸土必争，争论某些问题，辨别谁是谁非。此即争执与论辩，通常它也被称为争辩。

即使势在必行，义不容情，在进行必要的争辩时，亦须先礼后兵，对他礼让三分。

（一）争辩的必要性

在进行争辩时，应考虑的头等大事是它有没有实际意义。

一般来说，为公事而进行争辩是必要的，为私事进行争辩则意义不大。为大事应当进行争辩，并且应当据理力争；对小事则宜求同存异，不必非"争"不可。

此外，还须静思如下三个细节性问题：

第一，争辩获胜后，对自己是利大还是弊大？不妨"两利相权取其重，两害相权取其轻"，先自我评估一番，谋定而后动。

第二，争辩的欲望是出自理智，抑或情感？若为情感而冲冠一怒，则毫无必要。

第三，对争辩对手有无敌意或成见？如果有，则务必克制、冷静，不要血气方刚、不能自已。

（二）争辩的基本点

在进行争辩时，应始终坚持的基本之点是：勿忘常存敬人之心。

"两国交兵，各为其主"。有道是"商场无父子"，在利益问题上发生争辩实属自然。因此，切勿"一不做，二不休"，翻脸不认人。"你对我不仁，休怪我无义"。一上场就与对手揭老底，算总账，口出恶言，只想置人于死地。

争辩不是争吵，更不是恶妇骂街，所以在争执辩论的过程中依旧要讲文明礼貌，要始终如一地尊重交往对象，维护其自尊心，要晓之以"礼"，动之以情。

在商界与他人交锋之际，勿忘"台上是对手，台下是朋友"。明白了这一道理，在争辩时就会对对方口下留情，常存理解与同情之心，常常设身处地地替对方想一想。有理不在言多，有礼嘴上留情。依靠揭发隐私而不是依靠真才实学而在争辩中暂居上风者，绝非英雄好汉。

（三）争辩的技巧

在争辩中，需要注意有备而来，慎重应战。简言之，就是要掌握一定的技巧，并做好充分的准备。

在争辩时可以先声夺人，也可以后发制人。但不论"出场"在先在后，都应在阐述自己的观点时注意如下三点。

1. 语气自然果断

争辩时语气自然果断，是维护自尊与自信的需要。有理不在声高，"发言"快慢相间、舒缓有致，便不怒而威。哪怕一时讲错了话，当时也不要马上急于改口。过上一会儿，再重复一遍正确的表述，也就等于"自我更正"了。

2. 说理简单明了

争辩时，没有必要东拉西扯、高谈阔论，或"下笔千言，离题万里"，那样往往会显得自己空虚和怯场。有一是一，有二是二，能用最简单的话语讲清楚最复杂的道理，才算高人。反之，把最简单的事讲得复杂得不得了，不是有意捣乱，就是没学问。

3. 善于以"例"服人

在争辩中，"摆事实，讲道理"常被联系到一起，实在是大有道理的。当对方指责我方商品一再涨价，表示不能接受的时候，捍卫自己切身利益的最好方法莫过于跟对方来一个"亲兄弟，明算账"，把原材料涨价、成本增加等使自己不堪重负的"账单"一一当面开列出来，让事实来支持自己的合理要求。

在具体争辩的操作中，处于上风的人，通常都是那些善于抓住对手要害，"一招制敌"的人。

要想在争辩中从对手的陈述里抓住"要害"，以静制动，后发制人，大体上可以采用四种争辩方法。一是证明对手的论据不真实、不准确，不能够支持其论点。二是证明对手的思路，即论证的过程有失偏颇，存在漏洞。三是证明对方的观点有百害而无一益，或至少是害大于益。四是通过对比，以事实说服对方。

五　规劝与批评

规劝，一般是指在交谈中对他人郑重其事地加以劝告，主要是为了劝说其改变立场、改正错误。批评，实际上则是对他人的缺点提出意见。由此可见，规劝与批评在本质上具有许多共同点。

一般来说，它们都是至交与诤友之所为。对"多一事不如少一事""不愿得罪人"的人来说，则绝不会如此。

它们都是就事论事的。善解人意的人都清楚，"人非圣贤，孰能无过？"遇事而进言，实乃友人之本分。

它们都是对"过失者"的一种关心与负责任的督促。指出他人的缺点与错误，找出其薄弱环节，意在使之今后扬长避短、更好地为人处世。此乃对"过失者"最大的关心、最大的爱护，也是对其最负责任的表现。

注重谈话技巧的商界人士，在规劝与批评他人时应具体注意以下几点。

（一）温言细语

有人笃信"良药苦口利于病，忠言逆耳利于行"之说，在批评规劝时，什么话难听就非跟人家说这些话不可。

例如，他们在批评别人时总爱无师自通地摆出一副"恨铁不成钢"的模样，张口闭口就是"瞧你这德行""叫我说你什么好""真不想再理你"之类的套话。经常是一开头就让被批评者心不服、气不顺，产生逆反心理，拒绝进行合作。到后来，还有可能使被批评者反唇相讥，结果双方势同水火，最终酿成一场大战，令双方反目为仇。

遇上此种情况，批评者可能会说被批评者"狗咬吕洞宾，不识好人心！"被批评者则可能会指责对方"你算老几？"事情倘若发展到那一步，关键就在于批评者下"狠药"、开"苦口"的具体方法不得当。

人需要尊重，在规劝与批评他人时不能忘了此一点。明智的话，在规劝与批评他人时完全可以把同一种意思表达得中听一些。别忘记，良药未必都要苦口，忠言也不一定非得逆耳不成。把规劝与批评别人的话讲得动听一些，利己又利人，何乐而不为呢？

（二）内外有别

一般而言，尽可能不要当众规劝或批评别人。俗话说，树有皮，人有脸。当众规劝与批评别人，尤其是以那些有地位、有身份的人士为对象，难免会让其自尊心备受伤害。当着部下的面规劝一名部门经理，当着孩子的面批评他的父亲，都会让后者长时间地"抬不起头来"，或许还会使其因此而对批评者心存怨恨。

不但在规劝或批评他人时不要讲粗话、怪话、难听的话，而且还尽量不要当众斥责他人。其原因都是为了尊重被批评者，而不使之难堪。

除非绝对必要，一般都不要在会议上、写字间内当众规劝或批评他人。如果有条件的话，可以找对方单独交谈。那时，哪怕就是规劝或批评的话语说得重一些，也易于为对方所接受。

还须说明的是，在外人面前规劝同事、批评下属，有时还会有"借题发挥""指桑骂槐"之嫌。

（三）一分为二

著名公关专家、美国人卡耐基曾说："当我们听到别人对我们的某些长处表示赞赏后，再听到他的批评，我们的心里时常会好受得多。"他这句话，讲得确实非常实在。

规劝与批评，同样需要一分为二。具体而言，就是要求商界人士不能将规劝或批评对象"一棍子打死"。规劝或批评别人时，要尽量先肯定、后否定，即在肯定的基础上局部地否定。这样做既顾全了被批评者的自尊心，又可以使之有台阶好下。

擅长此道者，在规劝或批评他人之前，往往还都爱进行一番自我批评：在批评下属前，自己先承担一定责任；在规劝年轻人时，表示自己当初也曾"年轻过"。凡此种种，比起标榜自己"一贯正确"来，通常更容易被人接受。

六　拒绝与道歉

拒绝与道歉，在人际交往中往往令人难以回避。

（一）拒绝

拒绝，就是不接受。具体而言，拒绝既可能是不接受他人的建议、意见或批评，也可能是不接受他人的恩惠或赠予的礼品。从本质上讲，拒绝亦即对他人意愿或行为的间接性否定。

在商务交往中，尽管拒绝他人会使双方一时有些尴尬难堪，但"长痛不如短痛"，"当断不断，自受其乱"，需要拒绝时就应将此意以适当的形式表达出来。

例如，他人邀请自己赴宴，能去可以答应下来，不能去就不要勉强。不要当面作"欢欣鼓舞"状地接受了下来，届时又不能出席。

既然拒绝是对他人意愿或行为的一种间接的否定，那么在有必要拒绝他人时，就应考虑到不要把话说绝，别让别人感到难为情。

通常，拒绝应果断，而不宜含含糊糊、态度暧昧。别人求助于自己，而这个忙又不能帮时，就该当场明说。当时拍了胸脯，过后却一拖再拖，东躲西藏，最后才说没办法——其结果是：既误事，又害人。

从语言技巧上说，拒绝可以分为直接拒绝、婉言拒绝、沉默拒绝、回避拒绝等四种。

1. 直接拒绝

直接拒绝，即将拒绝之意当场明讲。采取此法时，需要注意的一点是：应避免态度生硬，说话难听。在一般情况下，直接拒绝别人，需要把拒绝的原因讲明白。可能的话，还可向对方表达自己的谢意，表示自己对其好意心领神会，借以表明自己通情达理。有时，还可为之向对方致歉。

有人对拒绝的借口不屑一顾，未免有些不够理智。若外商在商务交往中送了现金，按规定不能接受，但总不能不近人情地质问对方"用心安在"。此时不妨采用婉转的语气来拒绝馈赠，例如，可以说："某先生，实在要感谢您的美意，但我公司规定，在商务活动中不能接受他人赠送的礼金。对不起了，您的钱我不能收。"

2. 婉言拒绝

婉言拒绝，即运用温和曲折的语言来表达拒绝的本意。与直接拒绝相比，它更容易被接受，因为它在更大程度上顾全了被拒绝者的尊严。

例如，一位男士送内衣给一位关系一般的小姐，这自然会有些非同寻常。但若对其反唇相讥："这是给你太太买的吧？"便会令自己好似泼妇了。此时不如婉言相拒，说"它很漂亮。只不过这种式样的内衣我男朋友给我买过好几件了，留着它送你女朋友吧"。这样说，既暗示了自己已经"名花有主"，又提醒对方注意分寸，同时还不算难听。

3. 沉默拒绝

沉默拒绝，即在面对难以回答的问题时暂时中止"发言"，一言不发。当他人的问题非常棘手，甚至具有挑衅、侮辱的意味时，"拔剑而起，挺身而斗"未必勇也。此时不妨以静制动，一言不发，静观其变。此种不说"不"字的拒绝所表达出的无可奉告之意，常常会产生极强的心理上的威慑力，令对方不得不在这一问题上"遁去"。

沉默拒绝法虽则效果明显，但若运用不当也难免"伤人"。因此商界人士还可以尝试避而不答，"王顾左右而言他"的方法，即用回避拒绝法来拒绝他人。

4. 回避拒绝

回避拒绝，即避实就虚，对对方不说"是"，也不说"否"，只是搁置此事，转而议论其他事情。遇上他人过分的要求或难答的问题时，均可相机一试此法。

（二）道歉

有道是"知错就改"。人不怕犯错误，却怕不承认过失，明知故犯。在人际交往中，倘若自己的言行有失礼不当之处，或打扰、麻烦、妨碍了别人，最聪明的方法就是要及时向对方道歉。

例如，因不了解实际情况而当众错怪了部下，就应胸襟坦荡，在确定自己错了之后绝不能文过饰非、将错就错、一错再错，而应马上以适当的方式向部下真心实意地道歉。这样才会被原谅，才称得上是智者。

道歉的好处在于，它既可以冰释前嫌，消除他人对自己的恶感，也可以防患于未然，为自己留住知己、赢得朋友。

在商务交往中，需要掌握的道歉技巧主要有下述几种。

1. 用语规范

有愧对他人之处，宜说"深感歉疚""非常惭愧"。渴望见谅时，需说"多多包涵""请您原谅"。有劳别人时，可说"打扰了""麻烦了"。一般场合，则可以讲"对不起""很抱歉""失礼了"。

2. 及时道歉

知道自己错了，就要及时说"对不起"，否则越拖得久，就越会让人家"窝火"，越容易使人误解。道歉及时，还有助于当事人"退一步海阔天空"，避免因小失大。

3. 落落大方

道歉绝非耻辱，故应大大方方、堂堂正正、完全彻底。不要遮遮掩掩，"欲说还休，却道天凉好个秋"。也不要过分贬低自己，说什么"我真笨""我真不是个东西"，那么做很可能会让人看不起，并有可能被人得寸进尺。

4. 巧借"物语"

有些道歉的话当面难以启齿，则写在信上寄去也可。对西方妇女而言，令其转怒为喜、既往不咎的最佳道歉方式莫过于送上一束鲜花，婉"言"示错。此类借物表意的道歉"物语"，往往会有极好的反馈。

5. 言行一致

不该向别人道歉的时候，就千万不要向对方道歉。否则对方肯定不会领我方的情，搞不好还会因此而得寸进尺，为难我方。即使有必要向他人道歉时，也要切记，更重要的是要使自己此后的所作所为有所改进。不要言行不一、依然故我，让道歉仅仅流于形式。

第二节　闲　谈

对每一位商界人士而言，每一天都少不了要因为自己的本职工作而同他人进行各式各样的正式交谈。除此之外，商界人士还免不了要同别人进行各种形式的非正式交谈。与正式交谈相比，在每一位商界人士的日常生活中，非正式交谈无论在次数上还是在因此而耗费的时间上都绝不会相形见绌。

非正式交谈，亦即闲谈，有人也把它叫作闲聊或聊天。它可以随时随地进行：可以在两人之间进行，也可以在多人之间进行；可以是有主题的，也可以是无主题的；可以是通宵达旦的，也可以只讲上三言两语；其特点全在一个"闲"字上。换言之，也就是说它自由度较大，任意性较强，相对而言比较轻松愉快。

尽管每个人都离不开闲谈，但却并非每个人都能重视闲谈。实际上，闲谈也是一门艺术。既然如此，就值得商界人士对它来进行一番学习与探讨。

要想使闲谈有益无害，闲谈的对象与闲谈的内容就特别需要引起商界人士的重视，因为它们直接关系到闲谈进行得顺利与否。

一　对象的区分

一般说来，不同性别、不同年纪、不同性格、不同民族、不同地域、不同学历、不同职业、不同志趣的人对待闲谈的态度往往大相径庭，难以一概而论。

就拿国内的大学生为例，他们多数求知欲强，待人接物没有城府，关心新事物，喜欢与人交际，爱好闲谈，不过就内容而论，男生和女生、老生和新生、文科大学生与理工科大学生，在闲谈时所关心的重点便有很多不同。

再举一例，虽说女性一般比男性更爱闲谈，但其具体主题随着年纪的变化往往相去甚远。无忧无虑的少女关心的是时装、美容与流行歌曲。热恋中的女孩则比较关心她的那个"他"，并且希望能够通过闲谈从同伴那里取经。新婚不久的少妇爱谈论的，除小家庭的浪漫温馨之外，还有持家理财、照顾丈夫、婆媳关系等。做了母亲的人，孩子永远是她们闲谈的核心。垂暮之年的老太太，则喜欢怀旧，喜欢谈论家人，喜欢谈谈工资与物价。

根据闲谈对象与商界人士相互之间关系的亲疏，可将其分为关系亲密型、关系普通型、关系疏远型、关系抵触型、关系敌对型五种类型。对不同类型的闲谈对象，商界人士在实践中务必要因人而异，具体情况具体对待。

（一）关系亲密型

关系亲密型的闲谈对象，大抵包括商界人士的家人、亲属、知己、挚友等。商界人士与他们之间大多相处甚久，相知甚深，相交甚厚，而且彼此关心，彼此支持，甚至可以说是肝胆相照，荣辱与共。

在这种相互之间理解与信任的基础上，大家所进行的闲谈往往更少拘谨，更容易推心置腹。小到昨天夜里自己的一个噩梦，大到而今自己工作中的艰难处境，都可以不加掩饰地拿出来当作闲谈时的谈资。如果不是这样的话，反倒会让对方感到"见外"，因为大家都是自己人，理当"有福同享，有难同当"。

（二）关系普通型

关系普通型的闲谈对象，主要包括关系一般的同乡、同学、同事、同行、客户、邻居等。与几乎可以在其面前无话不说、不需掩饰个人喜怒好恶的亲密型闲谈对象有所不同的是，普通型的闲谈对象仅仅是商界人士的熟人而已。

商界人士和他们或许刚刚认识，或许不大了解，或许缺少沟通，因此，在与之闲谈时，应当适当地对其保持恭敬之心，顾全其爱好与兴趣，尽可能多选择一些"中性"的话题。既不宜一开口就向对方披露个人生活中或情感上的"核心机密"，也不宜态度过于冷漠。前者有刻意讨好对方、"套近乎"之嫌，后者则会给人以"拒人于千里之外"之感。就算自己打算与对方加深了解，深交下去，也要循序渐进。俗话说，"路遥知马力，日久见人心"，这句话用在这里完全恰如其分。

（三）关系疏远型

关系疏远型的闲谈对象，通常是指那些跟商界人士仅有一面之缘的人，包括萍水相逢之人、才认识的同行或客户、刚被第三者引见者、在社交场合方才见到的人等。

一言以蔽之，他们均属于商界人士才见到、才认识不久的"生人"，对他们的种种基本状况商界人士可以说是知之甚少，或者一无所知。因此，商界人士在与之闲谈时，不要忘了此种闲谈主要是为了打破"僵局"、排遣寂寞、缩短人际关系方面的心理距离，决不可以过分"深刻"，切勿轻易拿"生人"当"熟人"。

例如，一位先生在火车上同一位小姐坐在一起。前者主动向后者打打招呼，作个自我介绍，问一下对方"此行何去"，谈一下沿途的人文地理，一般都会被后者所接受。但他要是一上来就向对方"查户口""忆往昔峥嵘岁月稠""痛说革命家史"，甚至对后者顶礼膜拜、无限度地恭维，则必定会让对方感觉其居心叵测，从而三缄其口。

（四）关系抵触型

关系抵触型的闲谈对象，在此泛指那些因与商界人士在某种程度上存在着一定利益冲突或是分歧、误解，从而导致双方关系正在恶化的人。此种类型的闲谈对象的构成比较复杂：既可能是亲友、同事、同行，也可能是客户、陌生人。

有人产生抵触心理，是因为的确跟他人存在实际的利益冲突；但也有一些人产生抵触心理却根本说不上是为什么，就是不喜欢对方，就是跟对方谈不拢，就是对对方没好感。

其实，只要这一类型的人对商界人士不是恶意中伤，出言不逊，胡搅蛮缠，没事找事，商界人士都不妨心平气和地同他们坦诚相见，以德报怨，借以消除误会、相互了解。说到底，争取使"潜在的敌人"变成"潜在的朋友"，始终都是商界人士的一大目标。

（五）关系敌对型

关系敌对型的闲谈对象，主要是泛指那些因为公事或私事而直接处于商界人士对立面的人士。"商场如战场"，"两国交兵，各为其主"，因而得罪一些人实在是在所难免。

依照常理，既然双方"道不同，不相为谋"，那么约会、互访、交际、闲谈的机会自然也就比较罕见。但也不能完全排除在某些公共场合或社交聚会上，双方狭路相逢。遇到此种情况，切勿怒发冲冠、拍案而起、拂袖而去。此时不妨主动上去问候对方，避重就轻地聊上几句。

如上所述，在闲谈中关注"对象化"的问题是极端必要的。在具体操作中，商界人士还需要考虑得再细致周全一些。

例如，跟老年人闲谈，要以对方为中心，以尊敬为先，多听他们谈，顺着他们谈。不要与之唱"对台戏"，不要介意他们因为忘性大而将某些内容重复再三。

跟年轻人闲谈，不要多讲"教条"，不要好为人师。要处在平等的地位，与之交朋友，多谈谈令人开心的事情。

跟职位高者闲谈，既要对其给予应有的尊重，又不必表现得过于谦恭，更不必对其曲意逢迎。但要记住：不要出难题"考"对方。

跟职位低者闲谈，勿忘谦虚、诚恳，勿忘心存仁厚。不要咬文嚼字，卖弄学问，或教训对方。

跟同行闲谈，应尽量多聊几句"题外话"，让对方放松放松。把业务问题带到闲谈中，在多数情况下都会"曲高和寡"。

跟异性闲谈，必须保持应有的"疆界"，不要热情过度让人非议。问一位先生："您太太勤快不勤快？"同一位小姐讲："今晚的月亮圆！"都有可能让对方不尴不尬，难生好感。

跟外商闲谈，别忘了"入国而问禁，入乡而随俗"。如果向以狗为朋友的西方人大谈特谈狗肉"味道好极了！"又怎能不让人家不敬而远之呢？

二　宜选的谈资

人们经常将"酒逢知己千杯少，话不投机半句多"这句话挂在嘴边。站在闲谈的角度上来看，不论"酒逢知己"也好，还是"话不投机"也好，都同人们在闲谈时所选用的"题材"有关。

人们在闲谈时所运用的"题材"，俗称谈资。比较规范的话，则可称之为话题。所谓话题，就是人们在谈天说地时为了引起闲谈对象的兴趣或配合而有目的地选择的主题。在相当大的程度上，闲谈的话题不仅仅是闲谈得以进行的线索，制约着闲谈的内容，而且还关系着闲谈的优与劣、成与败。例如，在闲谈时，爱谈论文学艺术的人，跟爱谈论家长里短的人比起来，其品位自是不可同日而语。

闲谈的话题其实并无大小之分、长短之别，大到下一个世纪初中国的国际地位，小到西洋参这种补品的用法和疗效，只要"棋逢对手"，就都可以展开来、深下去。相反，如果知音难觅，那么就是有再好谈的话题也可能会难以继续。

除要考虑对象外，闲谈还须考虑时间、地点、人数与形式。

在假日、周末、社交聚会上，大家时间都比较富裕，自然是谈得多多益善。但要是正在开会、用餐或休息，那就不便多谈了。

在室外行走或站立时，闲谈应简单一些。若坐在室内或乘车长途旅行时，只要不妨碍旁人，则往往可以多谈、深谈、长谈。

两个人之间的闲谈，大多比较容易。只要您照顾我、我跟您合作，闲谈即可进行下去。但如果是闲谈在多人之间进行，则应在各方面都避免亲疏之分。不要理一个人，不理另一个人；对一个人捧场，对另一个人不闻不问。应遵循交际中"等距离交际"的原则，同每位在场者都寒暄一下、都聊上几句。

闲谈虽然以"闲"为主要特点，但也存在有组织的与即兴式的区分。前者如沙龙、"派对"，相对而言正规一些，讲究一些；后者则较为随便。

以上四点，在一定程度上都同闲谈时话题的选择有所关联。通常，在闲谈中可以普遍应用的最好的话题包括以下几类。

（一）令人轻松愉快的话题

有教养的人都知道：应当把快乐拿出来和他人一起分享，而把自己的苦恼与忧伤则留给自己承担。在闲谈中披露自己的伤心往事，到处开"诉苦会"，有可能"麻烦"别人，影响其情绪，绝非强者之所为。

轻松愉快的话题，因其不伤神、不费劲、不需要过多的专业知识，而在闲谈中广受欢迎。此类话题有：文艺、体育、旅游、习俗、时尚、名人轶事、天气状况等。

第一，文艺。文艺，包括小说、电影、电视、演出、音乐、歌曲等。闲谈此类话题，既有实际内容，又使交谈者显得品位不俗。

第二，体育。体育，既是强身之道，又是人们过多精力宣泄渠道之一。大者足球，小者乒乓球，都能令闲谈者为之倾倒，为之"乐不思蜀"。

第三，旅游。旅游，如消闲度假、春日踏青、夏日避暑等，能使人在观赏名胜风光、风景胜地之余开阔视野，增长知识，此乃一种最佳的谈资。

第四，习俗。习俗，就是一种文化。人们的衣、食、住、行，各地的风土人情，它都无所不包。谈谈习俗，很容易给人以教益。

第五，时尚。时尚，亦即流行。人们大多对此十分关注，找到这一"焦点"，一定会谈得很生动。

第六，名人轶事。律己甚严的人，一般都不会在闲谈时议论不在场者。不过社会名流，像影星、歌星、体坛健将作为公众人物，永远万众瞩目，因而他们不在禁谈之列。

第七，天气状况。实在想不起适当的话题了，还可以拿天气来开个头。比较此地与彼地气候的异同是许多人都有的嗜好。

（二）共同感兴趣的话题

现代传播学中有一种被称为"相同的经验范围"的理论，其主要观点是：人与人之间的交往，可以被比作两个椭圆形在寻求重叠。在实际生活中，要想让人们泯灭个性，完全相同，即设法使那两个椭圆丝毫不差地完全重叠是根本没有可能的。最现实的做法是，人们在交际中要互谅互让，相互"投其所好"。也就是说，不仅要使那两个椭圆发生交叉，而且要想办法使交叉的部分逐渐扩大。长此以往，人与人之间的"共性"便会增多，"共识"也会日渐扩大。此处所谓的"共识"也就是"相同的经验"。

依据此种理论，人与人之间愈接近，愈会密切交往；愈密切交往，则会愈接近。这一理论，对商界人士具有一定的指导意义：在选择话题时，不能够自以为是，而应当优先考虑那些交谈对象感兴趣的内容，这样对方才会积极合作，并会对商界人士的友善给予反馈。因为"英雄所见略同"，彼此也就更好相处。

一位企业家，有一次想找一个不求上进的青年职员谈谈心。刚一开始，双方你严肃，我"怯场"，都拿不准该讲些什么才好。这时，那位企业家突然想起这个职员和自己是同乡，并且刚刚从家乡探亲归来，于是便热情地询问对方"君自故乡来，应知故乡事"。没想到这个话题一经"启用"，对方便马上予以合作，仔仔细细地谈开了。到后来，他们还发现自己居然还是毕业于同一所中学的校友。有了这一"相同的经验范围"，两个人之间的话就好讲多了。

永远不要忘记：只有使闲谈对象真正感兴趣的话题，才能使闲谈得以继续。因此最佳话题，应为"共感式"。

（三）闲谈对象所擅长的话题

心理学认为：每个人都有自我表现的潜在欲望。不论什么时候，人们常常都会为自己的"拿手好戏"而感到骄傲与自豪。"闻道有先后，术业有专攻"，人们所拥有的一技之长不仅是其立身之本，而且也是自己做人的精神支柱。所以当他人虚心向其求教之时，人们一般都会来者不拒，在闲谈时就更是如此了。

在闲谈之际甘当小学生，以向人请教来作开场白，通常都会使双方皆大欢喜。

有一名公司"老总"，曾对人讲过一则他"曲线救国"，请一位发誓"两耳不闻窗外事"的老专家再度"出山"的故事：经人介绍，他在友人家中与老专家见了面。可是不管多么殷勤，人家却总不买他的账。后来，这位"老总"见到那位老专家掏出一本古钱币图谱目不转睛地读了起来，便灵机一动找了一个机会凑上去讨教："人家送给了我几枚银圆，请教一下，怎样才能辨别它们的真假呢？"这么一来，老专家立刻就来了劲，认真地给这位"老总"上了一课。聪明的"老总"在老专家"授课"期间还不时就一两个细节再度讨教。……于是乎两人相见恨晚，成了莫逆之交；于是乎也就水到渠成，老专家自愿请缨出山。

三 忌谈的问题

在商界人士的交往中，多年以来人们已经约定俗成了一系列的条条框框，规定在闲谈之时有一些问题是不宜涉及、不当讲的。有教养的商界人士应当切记这一点，千万不要"明知山有虎，偏向虎山行"，在闲谈时信马由缰、汪洋恣肆、口无遮拦，由此而贬低自己，或冒犯、触怒了交往对象。

依照惯例，商界人士在闲谈中需要回避忌谈的问题有个人的隐私、对方的禁忌、低俗的问题、压抑的事情、商业性秘密五类。

（一）个人的隐私

个人隐私，就是那些纯属个人私生活，而不希望被他人所知晓、所议论、所干涉的问题。在人与人之间的交往中，它属于每个人都有权不对外开放的一块私人领地。对此予以尊重，是尊重人、理解人的前提。虽然在工作与生活上商界人士可以"关心他人比关心自己为重"，但是对他人的个人隐私则绝对不容许窥视，绝对不可以"关心"。

对商界人士而言，在闲谈时不可以涉及的个人隐私问题共有如下八个。

1. 财产多少

一个人收入的高低、资产的多少，甚至其服饰的品牌、化妆品的价格、轿车的规格、住房的大小，均与其能力和成就相关。对这一涉及个人"实力"的问题，应当免谈。

2. 年龄大小

商界人士都希望自己永远年轻，永远精力充沛。上了年纪的人和女士们，对年龄更是讳莫如深。

3. 结婚与否

向相交甚浅的异性打探这个问题，难免会让对方心存防范之意，故此不宜谈论。

4. 往昔经历

个人以往的经历，是每个人的底牌。因其饱含血泪与辛酸，轻易是不会与人"忆苦思甜"的，所以切记"英雄莫问出处"。

5. 现今住址

除非关系亲密无间，商界人士绝不会把自己的住处及其电话号码告知于人。这样做，是为了免受闲人俗事的打搅。

6. 工作进展

"现在忙什么""忙得怎么样""有什么难题"，都因事关重大而不应谈论。

7. 人际关系

商界人士与他人的亲疏远近，与其实力有关，且又涉及其业务，因此岂容"你知我知"。

8. 政治见解

商界人士自然要关心国内外大事，但在闲暇之际谈论此等重大问题，既不严肃，又使人难以放松。

以上八个问题，统称商界人士"八不谈"，它们都是商界人士所必须忌谈的"绝对隐私"。

（二）对方的禁忌

凡属闲谈对象个人的禁忌，亦应在选择话题时注意主动予以回避。

每个人都有所长，有所短，有所禁忌。常言说得好："打人不打脸，揭人不揭短"，若是在闲谈中"哪一壶水不开就拎哪一壶"，则极易"恶语伤人"。请牢记：别与他人直言其所短。

跟一位大龄女青年闲谈，总不能一见面就问"有对象了没有？"也不应奢谈自己家庭的甜蜜生活。

同一名刚受"重创"的"股迷"闲谈，一上来就说"又赔了不少吧？"实在不能不让人感到晦气。

问一对尚未生养的中年夫妇："怎么还不生孩子？"难道是指望人家答以"没能力"？

与病人、残障人士聊天，自己不能表现得太"青春"、太有活力，免得触及其缺陷、伤害其自尊心。

（三）低俗的问题

对那些格调不高的事情，闲谈时少提为好。

所谓格调不高的事情，在此是指那些有关他人的是非、家长里短、人际纠葛、绯闻与丑闻等。

言为心声。做人讲究"听其言，观其行"。一天到晚以关心、传播以上此类格调不高之事为己任的人，其内心世界是否极度空虚无聊，其品位、档次如何，明眼人当不问自明。

（四）压抑的事情

压抑的事情，主要是指那些谈论起来令人感到毛骨悚然、心灰意冷、精神颓废的内容，例如衰老、伤病、死亡、惨案等。

在社交聚会上，活灵活现地讲述刚才所遇见的一次车祸，绘声绘色地"戏说"某人伤得如何、死得如何，会让人大倒胃口，并会由于"以他人的苦难为自己的欢乐"而令人鄙视。

同一位丧偶的老人回忆起对方逝去的"那一位"，探视病人时耐心细致地再三"调查"病人的病情及其"发展前景"，也都会使对方情绪波动、喜去悲来。

（五）商业性秘密

商业秘密包括资产、收入、资金周转状况、原材料来源、商品销售现状、市场开发、应用技术与专利等，是商家的立足之本。在商言商，生意场上与生意场外的事情应当分得一清二楚，自然不可将人家的商业机密选作谈资。

若在原本轻松融洽的闲谈中忽然聊起了商业秘密，往往就会使气氛骤变，因为在这一大是大非的问题上商家都十分敏感。

在闲谈中别忘了察言观色，一旦所选取的自变量"触礁"，就应当马上适可而止，万万不可一如既往。

第三节　通　信

人所共知，现代社会是一个信息社会。对广大商界人士而言，信息就是资源，信息就是财富，信息就是生命。目前，多种多样的现代化通信工具层出不穷，而它们的出现也为商界人士获取信息、传递信息、利用信息提供了越来越多的选择。

通信一般具有其特定的含义，它是指人们利用一定的电信设备所进行的信息传递。被传递的信息既可以是文字、符号，也可以是表格、图像。在如今的日常生活里，商界人士接触最多的通信手段主要有电话、电报、电传、传真、电子邮件等。通信礼仪，通常即指在利用上述各种通信手段时所应遵守的行为规范。

考虑到商界人士的实际需求，以下将着重介绍目前应用最多、最广的电话、手机、传真以及电子邮件的基本礼仪。

一 电 话

在所有的电子通信手段中，电话出现得最早。迄今为止，它也是使用最广的一种。因此，电话礼仪是商界人士所要掌握的重点。对商界人士来讲，电话不仅仅是一种传递信息、获取信息、保持联络的寻常工具，而且也是商界人士所在单位或个人形象的一个载体。在商务交往中，看似普普通通的接打电话，实际上却是在为通话者所在单位、为通话者本人绘制一幅给人以深刻印象的电话形象。所谓电话形象，即人们在通电话的整个过程中的语言、声调、内容、表情、态度、时间感等的集合。它能够真实地体现出个人的素质、待人接物的态度以及通话者所在单位的整体水平。正因为电话形象在现代社会中无处不在，而商务交往又与电话"难解难分"，因此凡是重视维护自身形象的单位无不对电话的使用给予高度的关注。

与日常会话和书信联络相比，接打电话具有即时性、经常性、简捷性、双向性、礼仪性等较为突出的特点。所谓即时性、经常性、简捷性、双向性都不难理解，但是说到礼仪性就不能不在此为其进行"正名"。

电话的礼仪性特点，直接与前面所提到的"电话形象"密切相关。它是指：不论打电话还是接电话，都必须以礼待人，克己而敬人。假如不注意在使用电话的过程中讲究礼貌，先敬于人，无形中就会使自己的人际关系受到损害。

使用电话通信，有主动地拨打电话与被动地接听电话之别。从礼仪上来讲，拨打电话与接听电话时有着各自不同的标准做法。

（一）拨打电话

在商务交往中，需要商界人士首先打电话给别人的情况极多。

1. 准备性工作

商界人士在准备拨打电话时，应率先考虑的问题有下述三个。

第一，这个电话该不该打。需要通报信息、祝贺问候、联系约会、表示感谢等的时候，都有必要利用电话。而那些毫无意义、毫无内容的"没话找话"式的电话，则最好不要打。即使非常想打电话聊聊天，也要两相情愿，要先征得对方首肯，并选择适当的时间。不要在单位打私人电话。在公用电话亭"目空一切"地"煲电话粥"，也是做人极不自觉的表现。

第二，这个电话该何时打。有关公务的电话应公事公办，最好在上班时拨打。双方约定的通话时间，轻易不要更动。要想使通话效果好一些，使之不至于受到对方繁忙或疲劳的影响，则通话应选择在周一至周五，而不应是在周末。当然，也不要在对方刚上班、快下班、午休或快吃午饭时，不识时务地把电话打过去。因紧急事宜打电话到别人家里去，通话之初先要为此说声"对不起"，而且尽量不要在对方用餐、睡觉、过节、度周末时那样做。与外商通电话时，须顾及对方在作息时间上的特点。若要打电话去海外，还应考虑到此地与彼地的时差。

第三，这个电话该如何准备。电话被称为"无形造访的不速之客"，在很多情况下，它都有可能"出其不意"地打搅别人的正常工作或生活。因此，打电话的人务必要有一个明确的指导思想：除非万不得已，每次打电话的时间绝对不应超过三分钟。在国外，此种要求被称为"通话三分钟法则"，已为商界广泛遵守。有鉴于此，为节省时间，商界人士在打电话前，一定要"去粗取精"，条理清晰地预备好提纲。届时，应根据腹稿或文字稿来直截了当地通话。若拨通电话时对方正忙，则不应强人所难，非"一气呵成"不可。可以约一个时间，过一会儿再打。此外，在与不熟悉的单位或个人进行联络时，对对方的名字与电话号码应一清二楚，以便"胸有成竹"，免得因为搞错而浪费时间。

2. 语言与声调

打电话时，对一个人的电话形象影响最大的当首推其语言与声调。从总体上来讲，它应当简洁、明了、文明、礼貌。

在通话时，声音应当清晰而柔和，吐字应当准确，句子应当简短，语速应当适中，语气则应当亲切、和谐、自然。不要在打电话时为自己的情绪所左右，要么亢奋激动，一上来就"力拔山兮气盖世"，像一位草莽英雄一般地大声吼叫，震耳欲聋；要么情绪低沉，断断续续，小声小气地如同"耳语"或"哀怨"一样，让对方干着急也听不清楚。

有一点务请注意：打电话时最好双手持握话筒。讲话时，嘴部与话筒之间应保持三厘米左右的距离。这样做，就不会使对方在接听电话时因话音突高或过低而感到"难过"了。

打电话时，所使用的语言应礼貌而谦恭。应尽快地用三言两语将所要说的事情讲完，不要啰唆来啰唆去，连自己都不明白"刚才说到哪里了"，从而浪费别人的时间。若非事关重大的时间、数据，一般没有必要再三复述已经讲过的话。

打电话时，每个人开口所讲的第一句话都事关自己给对方的第一印象，所以应慎之又慎。如果电话接通后，自己所说的头一句话是"喂！喂！""西海公司吗？"或"小丁在不在？"则既不礼貌，也不规范。

打电话时，所必须正确使用的规范的"前言"有两种。第一种适用于正式的商务交往中，它要求将礼貌用语与双方的单位、职衔、姓名"一同道来"。

第二种则适用于一般性的人际交往，它要求在使用礼貌性问候以后应同时准确地报出通话双方完整的姓名。

3. 接转与代接

如果电话由总机接转或对方的秘书代接，在双方礼节性问候之后，应"礼尚往来"，使用"您好""劳驾""请"之类的礼貌用语与对方应对，而不要对对方粗声大气、出口无忌，或随随便便将对方呼来唤去。

得知自己所要找的人不在，可请代接电话者帮助叫一下，也可过后再打。无论如何，都不要忘了说话客客气气。

4. 掉线与错拨

在通话时，若电话中途中断，按礼节应由打电话者再拨一次。拨通以后，须稍作解释，以免对方生疑，以为是打电话者不高兴所挂断的。

一旦自己拨错了电话，切记要对无端被打扰的对方道歉。要老老实实地说声"对不起"，不要连个"回音"都不给就把电话挂了。

5. 通话的结束

当通话结束时，别忘了向对方道一声"再见"，或"早安""晚安"。按照惯例，电话应由通话双方之中地位较高的一方挂断。挂断电话时，应双手轻放，不要再给对方的听觉以"致命一击"。

（二）接听电话

接听电话时亦有许多具体要求，能否照此办理往往意味着接听电话者的个人修养与对待拨打电话者的态度如何。在通电话的过程中，接听电话的一方显然是被动者，尽管如此，商界人士在接听电话时亦须专心致志、彬彬有礼。

1. 态度与表情

虽说通电话是一种"未曾谋面"的交谈，表面上看，商界人士接电话时的态度与表情对方是看不到的，但实际上对这一切对方其实完全可以在通话过程中感受得到。

电话铃声一响就应立即跑过去接电话，并且越快越好。有人明明待在电话边上却偏偏要"沉住气""摆摆谱"，让电话铃声先响上一通再说。此种态度无疑是怠慢对方的。在国外，接电话有"铃响不过三遍法则"，即接听电话时不能让铃声响过三遍。它是人们在接听电话时不能不遵守的。

接电话时，态度应殷勤、谦恭。在办公室里接电话，尤其是有外来客人在场时，最好是走近电话，双手捧起话筒，以站立的姿势面含微笑地与对方友好通话。既不要坐着不动，一把把电话拽过来，抱在怀里，夹在脖子上通话；也不要拉着电话线走来走去地通话；更不要坐在桌角、趴在沙发上或把双腿高抬到桌面上大模大样地与对方通话。

凡事俱有分寸。接电话时，速度快、态度好、姿势雅，就是合乎分寸的表现。

2. 语言与语气

在这一方面，漫不经心、随随便便、过分放任自己都是极其有害的。

在正式的商务交往中，接电话时拿起话筒所讲的第一句话有其一定之规。它主要有以下三种形式。

第一，以问候语加上单位、部门的名称以及个人的姓名。它最为正式。

第二，以问候语加上单位、部门的名称，或以问候语加上部门名称。它适用于一般场合。

第三，以问候语直接加上本人姓名。它仅适用于普通的人际交往。

需要注意的是，在商务交往中，不允许接电话时以"喂，喂"或"你找谁呀"作为"见面礼"。特别是不允许一张嘴就毫不客气地查一查对方的"户口"，一个劲儿地追问人家"你找谁？""你是谁？"或"有什么事儿呀？"

万一对方拨错了电话或电话串了线，也要保持风度，切勿发脾气或"耍态度"。确认对方拨错了电话，应先自报一下"家门"，然后再告知对方电话拨错了。对方如果道了歉，不要忘了以"没关系"去应对，而不要教训人家。如有可能，不妨问一问对方，是否需要帮助他查找一下正确的电话号码。真的那样做了，非但不是"吃饱了撑的"，反而是借机宣传了本单位以礼待人的良好形象。

在通话途中，既不要对着话筒打哈欠或吃东西，也不要同时与其他人闲聊，不要让对方由此感到在受话人的心中无足轻重。

结束通话时，应认真地道别，并应恭候通话双方中地位较高者率先放下电话，此时地位较低的一方不宜"越位"抢先。

3. 同等的待遇

个别人接电话时极为庸俗地"因人而异"，其"对象化"的倾向十分明显。他们在接电话时一开始总是"拿架子""打官腔"，先是爱答不理地问上几句"谁呀""什么事呀"，然后能推的事情就推，能踢的皮球就踢、"事不关己，高高挂起"。不过他们的"天气"也不总是永远这般"阴沉"，一旦听出来对方是上司、是家人、是朋友或是自己正在求助的人，立即就会"雨过天晴云散尽"，低声下气，细语柔声，卑躬屈膝，有求必应，不怕旁人说自己是"势利"。此种不能平等待人的做法，既容易得罪人，也会让旁人看不起。

接听外来的电话时，理当一律给予同等的待遇，不卑不亢。只有保持这种公平的态度，才容易为自己赢得朋友。

在通话时，接电话的一方不宜率先提出中止通话的要求。万一自己正在开会、会客不宜长谈，或另有其他电话挂进来需要中止通话时，应说明原因，并告知对方："一有空闲，我马上挂电话给您"，免得让对方觉得我方厚此薄彼。

万一遇上不识相的人打起电话没个完，非得让其"适可而止"不可的话，话也应当说得委婉、含蓄，不要让对方难堪。例如，不宜说"你说完了没有？我还有别的事情呢"，而应当讲"好吧，我不再占用您的宝贵时间了"，"真不希望就此道别，以后希望再有机会与您联络"。

4. 代接的表现

有可能亲自接的电话就不要麻烦别人，尤其是不要让自己的孩子代替自己接听电话。虽然他们对此种实践非常热衷，但也不提倡在这方面培养他们。

商务往来比较多的人可以请秘书代为处理电话，也可以在本人不在时使用录音电话。但本人在场时，一般不宜使用录音电话。

万一需要采用录音装置时，则必须使自己预留的录音友好、谦恭。通常，预留的录音应为："您好！这里是某某公司某某部。本部门工作人员现在因公外出，请您在信号声音响过之后留言，或者留下您的姓名与电话号码。我们将尽快与您联络。谢谢！再见。"

代接电话时，讲话要有板有眼。被找的人如果就在身旁，应告诉打电话者"请稍候"，然后立即转交电话，不要抱着恶作剧或不信任的态度先对对方"调查研究"一番，尤其是不允许将此类通话扩音出来。

被找的人如果尚在别处，应迅速过去寻找。不要懒于行动，连这点"举手之劳"都不愿意做，蒙骗对方说"人不在"，或大喊大叫"某人找某某人"，闹得"世人皆知"，使他人的隐私"公开化"。

倘若被找的人不在，应在接电话之初便立即相告，并适当地表示出自己可以"代为转告"。但当时应当首先说明"某人不在"，然后再询问"您是谁"或"您有什么事情"，切勿"本末倒置"过来。省得让打电话者疑心：他所要找的人正在旁边，可就是不想搭理他。

表示自己可以"代为转告"的意思时，应当含蓄一些，例如，"需要我为您效劳的话，请吩咐"听上去就"可进可退"。不要一开口就"不由分说"，说什么"你有什么事情，都尽管可以告诉我，我一定不会'贪污'"云云。只有在比较熟的人之间才可以直接询问："您有留言吗？""要不要我告诉某某人，一回来就打电话给您？"

代接电话时，对方如有留言应当场笔录下来，之后还须再次复述一遍，以免有误。

二　手　机

在商界，人们往往风尘仆仆、来去匆匆。为适应商界人士工作繁忙、活动量大、时常"居无定所"而又急需"随时随地传信息"的特点，近年来移动通信业务已有长足发展。俗称手机的移动电话日益普及，已成为广大商界人士随身必备、使用最为频繁的一种电子通信工具。

商界人士在日常交往中使用手机时，大体上有如下五个具体方面的礼仪规范必须严守不怠。

（一）置放到位

商务礼仪规定：手机的使用者应将其放置在适当之处。大凡身处正式场合，切不可有意识地将其展示于人。

道理其实很简单，手机就是手机，它终究不过是一个通信工具罢了，绝对不能视之为可以炫耀的装饰品。把它们握在手中，别在衣服外面，放在自己身边，或有意当众对其进行摆弄，实属无聊之举，商界人士切切不可那样做。

按照惯例，外出之际随身携带手机的最佳位置有二。第一，公文包里。第二，上衣口袋内。穿套装、套裙时，切勿将其挂在衣内的腰带上。否则撩衣取用或查看时，即使不会使自己与身旁之人"赤诚相见"，也会因此举而惊吓对方。

（二）遵守公德

使用手机自然是为了方便自己，但此种方便却不能够建立在他人的不便之上。换言之，商界人士在有必要使用手机时一定要讲究社会公德，切勿使自己的行为骚扰到其他人士。

商务礼仪规定：在公共场所活动时，商界人士尽量不要使用手机。当其处于待机状态时，应使之静音或转为震动。需要与他人通话时，应寻找无人之处，而切勿当众自说自话。公共场所乃是公有共享之处，在那里最得体的做法，是人人都要自觉地保持肃静。显而易见，在公共场所里手机鸣叫不止，或在那里与公众进行当众通话，都是侵犯公众权利、不讲社会公德的表现。在参加宴会、舞会、音乐会，前往法院、图书馆，或参观各类展览时，尤须切记此点。

在工作岗位上，亦应注意不使自己手机的使用有碍于工作、有碍于别人。商界人士在写字间里办公时，尽量不要让手机"大呼小叫"。尤其是在开会、会客、上课、谈判、签约以及出席重要的仪式、活动时，更是必须自觉地提前采取措施，令自己的手机噤声不响。在必要时，可以暂时将其关机，或委托他人代为保管。那样做既可表明自己一心不二用，也是对有关交往对象的一种尊重和对有关活动的一种重视。

在使用手机发送短信时应以有用、有益、有效为标准，切勿乱发无聊短信去骚扰他人。拥有拍摄功能手机者，则不可四处随意偷拍或乱拍他人。

（三）确保畅通

使用手机的主要目的，是为了保证自己与外界的联络畅通无阻，商界人士对于此点不仅必须重视，而且还需要为此而采取一些行之有效的措施。

在把自己的手机号码告诉交往对象时，务必力求准确无误。如系口头相告，应重复一两次，以便对方进行验证。若自己的手机改动了号码，应及时通报给重要的交往对象，免得双方的联系一时中断。有必要时，除手机号码外，不妨同时再告诉自己的交往对象其他几种联系方式以有备无患。

接到他人打在手机上的电话后，一般都应及时与对方联络。没有极其特殊的原因，与对方进行联络的时间不应当在此后超过五分钟。拨打他人的手机之后，亦应保持耐心。在此期间，不宜再同其他人进行联络，以防电话频频占线。不及时回复他人电话，拨打他人手机后迅速关机，或转而接打他人的电话，都会被视作恶意的犯规。

万一因故暂时不方便使用手机时，可说明具体原因，告知交往对象自己方便的其他联系方式。有时，还可采用转移呼叫的方式与外界保持联系。

（四）重视私密

通信自由，受到法律保护。在通信自由中，私密性，即通信属于个人私事和个人秘密，是其重要内容之一。使用手机时，对此亦应予以重视。

一般而言，手机号码不宜随便告知于人。即便在名片上，也不宜包含此项内容。因此，不应当随便打探他人的手机号码，更不应当不负责任地将别人的手机号码转告他人，或对外界广而告之。

出于自我保护和防止他人盗机、盗码等多方面的考虑，通常不宜随意将本人的手机借与他人使用，或前往不正规的维修点对其进行检修。考虑到相同的原因，随意借用别人的手机也是不适当的。

一般而言，未经允许，切勿查看他人手机的通讯录、短信息或通话记录。

（五）注意安全

使用手机时，对于有关的安全事项绝对不可马虎大意。在任何地点使用手机时，都要注意不能有碍自己或他人的安全。

按照常规，在驾驶车辆时不宜忙里偷闲地使用手机通话，因为那样做可能会导致交通事故。

乘坐客机时，必须自觉地关闭本人随身携带的手机，因为它所发出的电子信号会干扰飞机的导航系统。

在加油站或医院里停留期间，也不准开启手机，否则就有可能酿成火灾，或影响医疗仪器设备的正常使用。此外，在一切标有文字或图示禁用手机的地方，均须遵守规定。

三　传　真

目前，在商务交往中经常需要将某些重要的文件、资料、图表即刻送达身在异地的交往对象手中。在传统的邮寄方式难于满足这一要求的背景下，传真便应运而生，并迅速走红于商界。

传真，又叫作传真电报。它是利用光电效应，通过安装在普通电话网络上的传真机对外发送或接收文件、书信、资料、图表、照片真迹的一种现代化的通信方式。现在，在国内商界各单位中，传真机早已普及，并已成为不可或缺的办公设备之一。

传真通信的主要优点是：操作简便，传送速度非常迅速，而且可以将包括一切复杂图案在内的真迹传送出去。它的缺点则主要是：发送的自动性能较差，需要专人在旁边进行操作。有时，它的清晰度也难以确保。

商界人士在利用传真对外联络时，必须注意下述三个方面的具体问题。

（一）合法使用

国家规定：任何单位或个人在使用自备的传真设备时，均须严格按照电信部门的有关要求，认真履行必要的使用手续。

具体而言，安装、使用传真设备前，须经电信部门许可，并办理相关的一切手续，不准私自安装、使用传真设备。

安装、使用的传真设备，必须配有电信部门正式颁发的批文和进网许可证。如欲安装、使用自国外直接带入的传真设备，必须首先前往国家指定部门进行登记和检测，然后方可到电信部门办理使用手续。

（二）规范使用

使用传真设备通信，必须在具体的操作上力求标准而规范，不然就也会令其效果受到一定程度的影响。

本人或本单位所使用的传真机号码，应被正确无误地告知自己重要的交往对象。一般而言，在商用名片上，传真号码是必不可少的一项重要内容。

对主要交往对象的传真号码，必须认真地记好。为保证万无一失，在有必要向对方发送传真前，最好先向对方通报一下。这样做，既提醒了对方，又不至于发错传真。

发送传真时，必须按规定操作，并以提高清晰度为要旨。与此同时，应注意使其内容简明扼要，以节省费用。

单位所使用的传真设备，应安排专人负责。无人在场而又有其必要时，应使之自动处于接收状态。为不影响工作，单位的传真机尽量不要同办公电话采用同一条线路。

（三）依礼使用

商界人士在使用传真时，必须注意维护个人和所在单位的形象，必须处处不失礼数。

在发送传真时，一般不可缺少必要的问候语与致谢语。发送文件、书信、资料时，更是要谨记这一条。

出差在外，有必要使用公众传真设备，即付费使用电信部门所设立在营业所内的传真机时，除了要办好手续、防止泄密之外，对有关的工作人员亦须以礼相待。

人们在使用传真设备时，最为看重的是它的时效性。因此，在收到他人的传真后，应在第一时间内即刻采用适当的方式告知对方，以免对方惦念不已。需要办理或转交、转送他人发来的传真时，则千万不可拖延时间，以免耽误对方的要事。

四　电子邮件

近年来，在各种电子通信手段中冒出来一匹"黑马"，它就是电子邮件。自打诞生以来，它的发展可谓突飞猛进、日新月异，令人刮目相看。目前，它正在商界得到越来越广泛的使用。

电子邮件，又称电子函件或电子信函，它是利用电子计算机所组成的互联网络向交往对象所发出的一种电子信件。使用电子邮件进行对外联络，不仅安全保密，节省时间，不受篇幅限制，清晰度极高，而且还可以大大地降低通信费用。

商界人士在使用电子邮件对外进行联络时，应遵守的礼仪规范主要包括以下四个具体的方面。

（一）认真撰写

向他人发送的电子邮件，一定要精心构思，认真撰写。若随想随写，则既不尊重对方，也不尊重自己。在撰写电子邮件时，必须注意下列三点。

1. 主题明确

一封电子邮件，大多只有一个主题，并往往需要在其前面注明。若将其归纳得当，收件人一见到它便可对整个电子邮件一目了然。

2. 语言流畅

电子邮件若要便于阅读，就要以语言流畅为要，尽量别写生僻字、异体字。引用数据、资料时，则最好标明出处，以便收件人核对。

3. 内容简洁

网上的时间极为宝贵，所以电子邮件的内容应当简明扼要，愈短愈好。

（二）避免滥用

在信息社会中，任何人的时间都是无比珍贵的。对商界人士来讲，这一点往往显得更为重要。有人曾说："在商务交往中，要真正尊重一个人，首先就要懂得替他节省时间。"

有鉴于此，若无必要，轻易不要向他人乱发电子信件。不要以之与他人谈天说地，更不要随意以此种方式在网上"征友"。

考虑到保守商业秘密的需要，重要的信息一般不宜使用电子邮件进行传递。

目前，不少网民时常会因为自己的电子信箱中堆满了无数无聊的电子邮件，甚至是陌生人的电子邮件而烦恼不堪。对其进行处理，不仅会浪费自己的时间与精力，而且还可能会耽搁自己的正事。对此类邮件，没必要予以理会。

一般而言，在收到他人的重要电子邮件后，即刻回复对方，往往还是必不可少的。

（三）注意编码

编码的问题，是每一位电子邮件的使用者均应予以注意的大事。由于中文文字自身的特点加上一些其他的原因，我国的内地、台湾省、港澳地区，以及世界上其他国家的华人，目前使用的中文编码系统互不相同。因此，当一位商界人士使用中国内地的编码系统向生活在除中国内地之外的其他一切国家和地区的中国人发出电子邮件时，由于双方所采用的中文编码系统有所不同，对方很有可能会收到一封由混乱字符所组成的天书。

商界人士在使用中文向除了中国内地之外的其他国家和地区的华人发出电子邮件时，必须同时用英文注明自己所使用的中文编码系统，以保证对方可以收到自己的电子邮件。

（四）慎选功能

目前，市场上所提供的先进的电子邮件软件往往都有多种字体备用，甚至还有各种信纸可供使用者选择。它固然可以强化电子邮件的个人特色，但是对此类功能商界人士还是慎用为好。

这是因为，一方面，对电子邮件修饰过多，难免会使其容量增大、收发时间增长，既浪费时间，又浪费金钱，而且往往还会给人以华而不实之感。另外一方面，电子邮件的收件人所拥有的软件不一定能够支持上述功能。如果是那样的话，他所收到的那封电子邮件就很可能会大大地背离了发件人的初衷，使之前功尽弃。

第四节　邀　约

在商务交往中，出于各种各样的实际需要，商界人士往往必须对一定的交往对象发出约请，邀请对方出席某项活动，或前来我方做客。此类性质的活动，在商务礼仪中被称为邀约。

在民间，邀约有时还被称为邀请或邀集。站在交际的角度来看邀约，它实质上乃是一种双向的约定行为。当一方邀请另一方或多方人士，前来自己的所在地或者其他某处地方，赴约或者出席某些活动时，他不能仅凭自己的一厢情愿行事，而是必须取得被邀请方的同意与合作。作为邀请者，不能不自量力、无事生非、自寻烦恼，既麻烦别人，又自讨没趣。作为被邀请者，则需要及早地作出合乎自身利益与意愿的反应。但不论邀请者还是被邀请者，都必须把邀约当作一种正规的商务约会来看待，而绝对不可以对其掉以轻心，大而化之。

一　发出邀请

对邀请者而言，发出邀请如同发出一项礼仪性很强的通知一样，不仅要力求合乎礼貌，取得被邀请者的良好回应，而且还必须使之符合双方各自的身份以及双方之间关系的现状。

在一般情况下，邀约有正式与非正式之分。正式的邀约既要讲究礼仪，又要设法使被邀请者备忘，故此它多采用书面形式。非正式的邀约通常是以口头形式来表现的，相对而言它要显得随便一些。

正式的邀约，有请柬邀约、书信邀约、传真邀约、电报邀约、便条邀约、电子邮件邀约等多种具体形式，它适用于正式的商务交往中。非正式的邀约，也有当面邀约、托人邀约以及打电话邀约等不同的形式，它多适用于商界人士非正式的接触之中。前者可以统称为书面邀约，后者则可称为口头邀约。

根据规定，在比较正规的商务往来中，必须以正式的邀约作为邀约的主要形式。在此，有必要对它进行较为详尽的介绍。

（一）请柬的邀约

在正式邀约的诸多形式中，档次最高也最为商界人士所常用的当属请柬邀约。凡精心安排、精心组织的大型活动与仪式，如宴会、舞会、纪念会、庆祝会、发布会、单位的开业仪式等，只有采用请柬邀请嘉宾才会被人视为与其档次相称。

请柬又称请帖，它一般由正文与封套等两部分组成。不论上街购买印刷好的成品，还是自行制作，它在格式与行文上都应当遵守成规。

请柬正文的用纸大多比较考究，并多用厚纸对折而成。以横式请柬为例，对折后的左面外侧多为封面，右面内侧则为正文的行文之处。封面通常采用红色，并标有"请柬"二字。请柬内侧可以同为红色，或采用其他颜色。但因民间忌讳使用黄色与黑色，故此对这两种颜色通常不宜采用。在请柬上亲笔书写正文时，应采用钢笔或毛笔，并选择黑色、蓝色的墨水或墨汁。至于红色、紫色、绿色、黄色以及其他鲜艳的墨水则均不宜采用。

目前，在商务交往中所采用的请柬基本上都是横式请柬。它的行文，通常是自左而右、自上而下地横写的。除此之外，还有一种竖式请柬。它的行文，则是自上而下、自右而左地竖写的。作为中国传统文化的一种形式，竖式请柬多用于民间的传统性交际应酬。因此，在此将其略去不提。

在请柬的行文中，通常必须包括活动形式、活动时间、活动地点、活动要求、联络方式以及邀请人等项内容。

附一　规范的请柬正文一则

　　谨订于 2005 年 10 月 18 日下午 6 时整于本市君悦大酒店西湖厅举行六合集团公司成立十周年庆祝酒会，敬请届时光临。

　　联络电话（010）6882266
　　备　忘

在请柬的左下方，通常注有"备忘"二字，意在提醒被邀请者届时毋忘。在国际上，这是一种习惯的做法。西方人在注明"备忘"时，通常使用的都是同一个意思的法文缩写"P. M. "。

在以上范文里，邀请者的名称在行文时没有在最后落款，而是处身于正文之间。其实，把它落在最后，并标明发出请柬的日期，在商务交往中也是允许的。

此外，被邀请者的"尊姓大名"没有在正文中出现，则是因为姓名一般已在封套上写明白了。若"不厌其烦"地在正文中再写一次，也是可以的。在正文中，"请柬"二字可有可无。

附二　被邀请者与邀请者名称单独分列的请柬正文一则

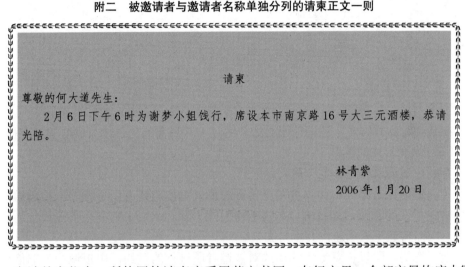

请柬

尊敬的何大道先生：

2月6日下午6时为谢梦小姐饯行，席设本市南京路16号大三元酒楼，恭请光陪。

林青紫
2006 年 1 月 20 日

在涉外交往中，所使用的请柬应采用英文书写。在行文里，全部字母均应大写；应不分段、不用标点符号，并采用第三人称。这是其习惯做法。

在请柬的封套上，要将被邀请者的姓名写清楚、写端正。这样做，既是为了对对方表示敬重，也是为了确保其能被准时送达。

（二）书信的邀约

以书信为形式对他人发出的邀请，叫作书信邀约。与请柬邀约相比，书信邀约显得要随便一些，故此它多用于熟人之间。

用来邀请他人的书信，其内容自当以邀约为主，但其措辞则不必过于拘束。对它的基本要求是：言简意赅。它既要说明问题，同时又要不失友好之意。可能的话，还应当将其打印出来，并由邀请人亲笔签名。比较正规一些的邀请信，有时也叫邀请书或邀请函。

附三　邀请信范文一则

尊敬的五环公司负责人：

　　"2006·上海电子新产品新技术展销会"定于6月18日至28日在上海国际展览中心举行，欢迎贵公司报名参展。

　　报名时间　2006年4月1日至20日
　　报名地点　上海市天目路甲20号
　　联系电话　（021）2531188

组委会敬邀
2006年2月28日

在装帧与款式方面，邀请信不必过于考究。其封套的写作，与书信基本上相同。

（三）其他形式的邀约

有时，邀约还存在其他一些具体形式。

传真邀约，是指利用传真机发出传真的形式对被邀请者所进行的一种邀约。在具体格式、文字方面，其做法与书信邀约大同小异。但由于它利用了现代化的通信设备，因而传递更为迅速，并不易丢失。

电报邀约，即以拍发专电的形式对被邀者所进行的邀约。电报邀约与书信邀约在文字上都要求热情、友好、恳切、得体，除此之外，电报邀约在准确、精练方面则要求得更高一些，它是由电报这一形式的自身特点所决定的。电报邀约速度快，准确率高，因此多用于邀请异地的客人。

在某些时候，商界人士在进行个人接触时还会采用便条邀约。便条邀约，即将邀约写在便条纸上，然后留交或请人带交给被邀请者。在书面邀约形式中，便条邀约显得最为随便。正因其如此，它反而往往会使被邀请者感到亲切、自然。

便条邀请的内容，应当是有什么事写什么事，直到写清楚为止。它所选用的纸张，应干净、整洁。依照常规，用以邀约他人的便条，不论留交还是带交对方，均应装入信封中一同送交。若让邀请条"赤条条"地来来去去，则是很不适宜的。

附四 便条邀约的示范一则

彭晓先生：

　　兹与总督集团公司林风董事长约定，下周五中午 12 时半在顺峰酒家东阳厅共进午餐。敬请光临。

　　　　　　　　　　　　　　　　　万千　留上　2006 年 5 月 20 日

电子邮件邀约，是指以电子邮件的方式借助于互联网络所发出的邀约。对它的最基本要求有二：一是被邀请者的网址必须正确无误；二是必须予以确认。

在一般情况下，不论以何种书面形式邀约他人，均须做得越早越好。通常，它应至少在一周之前到达对方手中，以便对方有所准备。

任何书面形式的邀约，都只有在邀请者经过慎重考虑之后才会发出。因此，在商务交往中，商界人士不论接到来自任何单位、任何个人的书面邀约，都必须及时地、正确地进行处理。自己不论能不能接受对方的邀约，均须按照礼仪规范对邀请者待之以礼，给予对方明确、合"礼"的回答：或者应邀，或者婉拒。对别人的邀约置之不理，厚此薄彼，草率从事，都有可能自找麻烦。

二　回复邀约

商界人士在接到正式邀请后必须认定：邀请者是真心实意地希望自己能够接受邀请的。对方所看重的，或许是我方单位的名气和地位，或许是被邀请者本人的身份和影响，或许是对方单位与我方单位、对方本人与被邀请者本人之间的良好关系，或许是希望能够借此机会增进、发展双方单位或个人之间的关系……不论怎么说，对方邀请我方，尤其是以书面形式正式地邀约我方，实际上都是对我方尊重与友好的一种表示。"来而不往非礼也"，所以我方在接到邀约后，理当作出积极的反应。

积极反应的第一步，就是要尽快答复邀请者自己能否接受其邀请。

鉴于同时受到邀请的往往不止一方，为了使邀请者做到对他所发起的有关约会胸有成竹、避免失败，任何被邀请者在接到书面邀请之后，出于礼貌都应尽早将自己的决定通知邀请者。

事实上，为了解被邀请者对邀约有何反应，邀请者在发出书面邀约时往往就会对被邀请者有所要求，请求对方不论能否到场均必须作出答复。

通常，类似的要求往往会在书面邀约的行文中出现，例如，要求被邀请者"如蒙光临，请予函告""能否出席，敬请答复"，以及"盼赐惠复"等。

有时，为确保被邀请者准确无误地将有关信息反馈给邀请者，在书面邀约正文的左下方，循例要将与邀请者联络的具体方式一一详尽地提供给被邀请者。它们通常包括：联络电话号码、传真号码、电传号码、电子邮箱号码（网址）、邮政编码、电报挂号、联络地点以及通信地址等。以上这些内容，不必一一全部列出，可根据具体情况从中选择，但联络或咨询的电话号码原则上是不能缺少的。

某些商务往来中所使用的正式邀约，尤其是请柬邀约，依照国际惯例，在正文中行文时，对被邀请者所作的要求答复的请求，通常采用英文或法文的专用词组和缩写来表示。

例如："P. M."或"To remind"，其意均为"备忘"。将它用在书面邀约中，带有提醒被邀请者务必注意勿忘之意。

"R. S. V. P."，意即"不论出席与否，均望答复"。

"Regrets only"，意即"不能出席时，请予以答复"。

上述这些外文词组与缩写，在行文时一般都应当书写在正文的左下方。

有些善解人意的商界人士为了体谅被邀请者，往往会在发出书面邀约的同时附上一份专用的"答复卡"。它的上面除了"接受邀请""不能接受"两项内容外，再没有其他任何东西。这样，被邀请者在答复时只需稍费"举手之劳"，在以上两项中做一回"选择题"，在二者之一上画一个勾，或是涂去其一，然后再寄回给邀请者就行了。

没有在接到书面邀约的同时接到"答复卡"，并不意味着就不必答复。答复肯定是必要的，只不过需要自己亲自动手罢了。

对书面邀约所进行的答复，通常宜采用书信的形式。在商务礼仪中，它被称为回函。回函基本上都需要亲笔书写，以示重视。如果是打印回函，则至少应当亲笔签名。

所有的回函，不论接受函还是拒绝函，均须在接到书面邀约后三日内回复，并且回复得越早越好。

在回函的行文中，应当对邀请者尊重、友好，并且应当对能否接受邀约这一关键性问题作出明确的答复。切勿避实就虚，让人觉得"难解其中个味"。如果拒绝，则只要说明具体理由就可以了。

回函的具体格式，可以参照邀请者所发来的书面邀约。在人称、语气、措辞、称呼等方面，只要与之不相上下就算不上失礼。

附五 接受邀约的回函一则

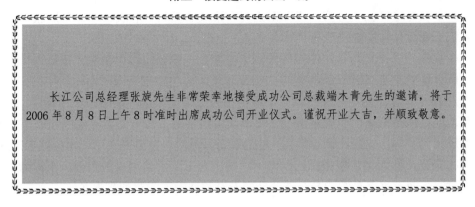

　　长江公司总经理张旋先生非常荣幸地接受成功公司总裁端木青先生的邀请，将于2006年8月8日上午8时准时出席成功公司开业仪式。谨祝开业大吉，并顺致敬意。

　　在写接受函时，应将有关的时间与地点重复一下，以便与邀请者"核实"无误。在写拒绝函时，则不必那样做。

　　一旦回函通知邀请者自己决定接受邀请后，就不能届时失约了。临时的"变卦"往往会给邀请者增添许多麻烦。

　　拒绝邀约的理由应当充分，例如，卧病、出差、有约在先等，均可采用。在回绝邀约时，万勿忘记向邀约者表示谢意，或预祝其组织的活动圆满成功。

附六 拒绝邀约的回函一则

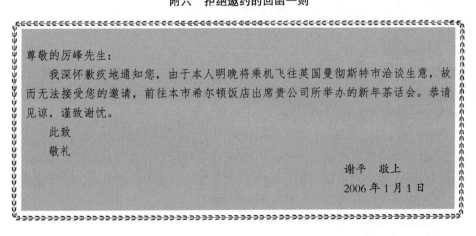

尊敬的厉峰先生：

　　我深怀歉疚地通知您，由于本人明晚将乘机飞往英国曼彻斯特市洽谈生意，故而无法接受您的邀请，前往本市希尔顿饭店出席贵公司所举办的新年茶话会。恭请见谅，谨致谢忱。

　　此致

　　敬礼

　　　　　　　　　　　　　　　　　　　　　　　　谢平　敬上

　　　　　　　　　　　　　　　　　　　　　　　　2006年1月1日

　　对邀约上所书面规定的赴约要求，被邀请者在原则上都应接受，并应"照章办事"。

第五节　派　对

　　派对，本是英语中"Party"一词的音译。一般而言，它是指私人性聚会，尤其是小型的私人聚会。目前，派对在我国，尤其是在商界中非常流行。商界人士之所以会看中派对这种社交形式，主要是因为它形式自然、内容灵活、品位高雅，可以使人们正规而又轻松愉快地与其他人士进行交往。

在我国，以社交为目的的专门性的室内聚会一般都被称为派对。按照人们在聚会中所讨论的中心话题或所从事的主要活动来区别，派对又可分为许多种类。具体而言，内容丰富、包罗万象的聚会，通常称为综合型派对。亲朋好友、同事、同学相互之间以保持联络为目的的聚会，称为交际型派对。主要是为了接待来访者，意在促进相互了解、加深认识的聚会，称为联谊型派对。主要由文学艺术爱好者发起、参加的聚会，称为文艺型派对。以休闲、娱乐为主要活动形式的聚会，则称为休闲型派对。下面，重点介绍的是有关交际型派对和休闲型派对的基本礼仪。

一　交际型派对

一般而言，交际型派对是商界人士平常接触最多的一种派对。举办交际型派对的主要目的，是为了使参加者相互之间保持接触、进行交流，因此它的具体活动形式灵活多样。商界人士经常有机会参加的座谈会、校友会、聚餐会、庆祝会、联欢会、生日晚会、节日晚会、家庭舞会等，实际上都属于交际型派对。

（一）派对的组织

在通常情况下，交际型派对举办的地点、时间、形式以及主人和参加者，均需事先议定。它可以由一人发起、提议，也可以由全体参与者共同讨论决定。

1. 举办的地点

举办交际型派对的地点，应选择条件较好的私家客厅、庭院，或宾馆、饭店、写字楼内的某一专用的房间。所选定的地方一般应当具备面积大、通风好、温度适中、照明正常、环境幽雅、没有噪声、不受外界其他干扰等特点。

2. 持续的时间

交际型派对通常可持续 2~4 小时，但在具体执行上不必过分地拘泥于此。只要大家意犹未尽，那么将其适当地延长一些也是完全必要的。通常，为了不影响正常工作，交际型派对以在周末下午或晚间举行为好。

3. 具体的形式

交际型派对的具体形式，应根据具体目的而加以选择。如果大家只是想"见一见"或"聚一聚"，那么可选择较为轻松随便的同乡会、聚餐会、联欢会、节日晚会或家庭舞会。若打算好好地"谈一谈""聊一聊"，则不妨选择不宜分神的咖啡会、座谈会、讨论会等形式。当然，在具体操作上，这几种形式也可以彼此交叉或同时来用。有时，不确定交际型派对的具体程序或具体"议题"，而听凭其参与者届时任意发挥也是可行的。

4. 现场的主人

如果交际型派对在某家私宅内举行，其主人自然就是此次派对的主人。如果派对是在租用场地举行的，则一般应由其发起者或组织者担任主人。必须注意的是，若派对的组织者或发起者独身未婚或配偶不在本地，则应由其父母、子女、同事或秘书中的某位异性来临时充任男主人或女主人。按照惯例，派对的主人应有男有女，以便各自分别照顾男宾、女宾。

5. 派对的参加

交际型派对的参加者，应当事先大体上确定好。在某些较为正式的交际型派对上，参加者彼此之间应以相识者居多，这样才有助于大家多交流、少拘束。当然，它也不绝对地排斥"新人"加入，只不过"新人"的加入应提前征得主人的首肯，并以不会同有前嫌的人在派对上"狭路相逢"为前提。

派对的既定参加者，按规定可以携带家人或秘书出席。但应注意，临时邀请其他人同往则是不适宜的。若无明确的要求，最好不要带着未成年的家人，尤其是幼童、婴儿去"见世面"。派对上的"议题"与他们距离太远不说，若其不听管教，还会有碍于举行派对的初衷，影响参加者的相互沟通。

在前去参加交际型派对之前，参加者应对自己的仪表、服饰进行必要的修饰。男士通常应理发、剃须，穿西装套装或休闲型西装；女士则需要做发型、化淡妆，并选择旗袍、时装、连衣裙等适于社交场合穿着的服装。若夫妇或情侣二人一同赴约，则其穿着打扮应彼此保持和谐一致，例如，穿"情侣装"、戴"情侣表"、配相似款式的鞋子、服饰的色彩相互呼应等。如果两个人之间的打扮相去甚远，一个人身着礼服、浓妆艳抹，另一个人却穿着随便、不修边幅，好像前者的一名"跟班"，对配偶以及本人的形象都有损害。

作为东道主，男女主人的穿戴应尽可能地向自己的身份靠拢。应当指出的是：要求主人讲究着装，并不是要他们力求"高、大、全"，非要超过参加派对的其他宾客。

（二）派对的规则

在交际型派对上，有几条基本的礼仪规则是商界人士不可不知的。

1. 恪守约定

所谓恪守约定，就是要求商界人士在参加派对时遵守时间、按时赴约，不得无故迟到、早退或是失约。

即便在社交场合，仍要强调商界人士具有严格的时间概念。无故迟到、早退或失约，不仅浪费他人的时间，也会失敬于人。商界人士惜时如金，守时守约是其立身之本。在这一点上，商界人士决不能无原则地宽容自己。

参加交际型派对通常不宜早到。准时到场或迟到三五分钟，是比较合乎规范的做法。万一临时有事难以准点到达或不能前往，应提前通知主人并向大家表示歉意。迟到时间太久，一定要向主人和大家说"对不起"，绝对不能以任何借口为自己的行为开脱。

2. 尊重妇女与长者

商界人士在包括交际型派对在内的一切社交场合，都要主动自觉地尊重、照顾、体谅、帮助、保护妇女和长者，并积极地为其排忧解难。所谓绅士风度和高尚修养，在现实生活中是与尊重妇女、尊重长者紧密联系在一起的。

既然要尊重妇女与长者，就不允许在他们面前胡言乱语，行为嚣张。不应当在妇女、长者面前口吐脏字，开过分无聊的玩笑，不准把"小妞""美眉""漂亮姐儿""老头儿""老爷子""老太太"之类显得轻浮或失敬于人的称呼挂在嘴上。不允许对妇女、长者动手动脚、打打闹闹。在亲切与放肆、平等与辈分等之间，商界人士一定要时刻把握好具体的分寸。

尊重妇女与长者，需要商界人士在与他们相处时多留心，尽可能地体谅、帮助、照顾他们：行走时，应请其优先；就座时，应以其为尊；携带物品时，应为其代劳；安排具体活动时，则应首先考虑他们的状况。

3. 体谅主人

所谓体谅主人，就是要求商界人士在参加派对活动时，应设身处地地时时处处替主人着想，并尽可能地在其需要时施以援手。至少，也应该做到不为主人忙中添乱。

参加派对之初，不要忘了去问候主人。在派对举办期间，可以找机会向主人询问一下"我能帮你做一些什么"。派对结束时，向主人道别之后方可告辞。

在派对举办期间，即使有些事情未必尽如人意，也要保持克制，千万别说怪话。不要对主人所做的安排品头论足、说三道四。不要当着他人的面，大谈让主人难堪的一些往事，或是指责、非议、侮辱主人。

在主人家中参加派对时，不要自以为与主人过从甚密便可以不讲公德。例如，不论主人有无要求都不允许吸烟、随地吐痰或乱扔东西；不允许擅自闯入非活动区域，如书房、卧室、阳台、储藏室等处"参观访问"；更不允许翻箱倒柜，随意取用主人的物品。

4. 表现有别

在非专题性的交际型派对上，人们的表现相对而言可以自由一些。然而，如果不与任何人交谈，有意显得与众不同也未必合适。

参加这种派对，同样需要自己主动与他人进行交流。既可以主动地同身边的人进行攀谈，也可以旁听他人的交谈，还可以加入他人的交谈。在同他人交谈时，应当表现得诚恳虚心。同时，有可能的话还应当扩大一下自己的交际范围，除了与老朋友交谈之外，还应尽量借此良机去认识更多的新朋友。与他人接触时，不要"执著"地使自己的交往对象"一成不变"，特别是不要奉行"排他主义"——一味盯住熟人、上司、嘉宾等不放，而又不准其他人介入。在介入异性的交际圈时，一般不应不邀而至。

参加专题性（即有着既定的中心或主题）的交际型派对时，既要真实地发表自己的见解与主张，又要宽容大度，善于向他人学习和请教。在商界，专题性的交际型派对最受欢迎。人们热衷于参加它，不仅是为了就某一问题进行座谈、讨论，以期明辨是非，更重要的则是为了集思广益、取长补短、开阔视野、增长知识。

商界人士在参加此种派对时，应当记住以下两条规则：

第一，以学习为主要目的。在此种派对上，应该多听，多记，多向别人请教。有不明之处能够提出来供大家讨论一番，也称得上是自己的一种贡献。

第二，努力避免争强好胜。在与他人交谈、交流、发言时应当三思而行，出口谨慎。不要在发言时条理不清、词不达意，更不要在发言讨论时为了获胜而胡搅蛮缠、强词夺理。

二　休闲型派对

对商界人士而言，除了八小时之内的兢兢业业、努力工作之外，其在日常生活中的人际交往、待人接物、往往也会在无形之中对商界人士的本职工作助上一臂之力。因此，不少商界人士对休闲型派对亦颇为重视。

休闲型派对，其实只是相对于交际型派对等其他类型的派对而言的。从本质上来说，作为一种社交方式，各种类型的派对都具有一定的交际目的，只不过在不同类型的派对中交际、休闲、娱乐所占的比重有所不同而已。

休闲型派对，有多种多样的具体形式，其中为人们所常见的有：游园联欢会、远足交游会、家庭音乐会、小型运动会、俱乐部聚会等。与交际型派对相比，它们同样具有社交功能，只不过其休闲性、娱乐性相对来说较为突出罢了。假如称其为寓交际于休闲娱乐，可能更为贴切一些。有一位颇有成就的西方企业家曾经说过："我的成功，多半不是来自谈判桌上，而是来自乡间别墅里同对手的友好接触。"他这句话，对休闲型派对的功能做出了最通俗的正确表述。

事实上，邀请友人、同行或合作伙伴利用闲暇时间来到自己的家里或乡间别墅中，从事打桥牌、欣赏音乐、合作演奏乐曲、卡拉 OK、游泳、钓鱼等多种休闲娱乐活动，可以达到放松身心、融洽关系、促进合作等多重效果。

由此可见，对商界人士来讲，休闲型派对里的应酬与正式场合中的社交在实质上并无二致，然而既然休闲型派对不与交际型派对"合并"，而能够保持其自身的独立地位，它自身特色自然十分鲜明。因此，商界人士在参加休闲型派对时的表现，必须与参加交际型派对时的表现有所区别。总的来讲，在参加休闲型派对时的表现，应当生动、随意、自然。具体而言，则可分为以下三点。

（一）表现得"像玩"

所谓"像玩"，就是要求休闲型派对的参加者轻装上阵，脱下西装套装、西装套裙、时装、礼服和皮鞋，卸下表明地位与身份的首饰，洗去脸上厚重的铅华，换上与休闲型派对具体环境相适应的牛仔装、运动装、休闲装、运动鞋或休闲鞋，实实在在地进入自己此时此地的角色中。

反之，如果在休闲型派对上露面时依然一本正经，男的穿西装、打领带，女的着套裙、蹬高跟皮鞋，未免会让人觉得矫揉造作，并影响大家愉悦的心情。

（二）表现得"会玩"

所谓"会玩"，在此具有两重含义：一方面是指掌握了玩的技巧；另一方面则是指对玩的内容选择有方。不会玩，只要肯去学，又有人教，一般不难对付。然而若对玩的内容选择时误入歧途，那可就因小失大、害己害人了。在休闲型派对里所玩的内容，应当既高雅脱俗，又能使人感觉轻松、愉快。一般来讲，打桥牌、下象棋、打网球或是举办小型音乐演奏会，都是休闲型派对宜于优先选择的内容。

商界人士参加休闲派对，当然意在使自己和一同前去的伙伴们开心、放松，但有一条界线是不容逾越的，那就是大家在玩的同时必须严守国家法律、严守社会公德，绝对不可以为图一时的快感而贸然犯规。

在参加休闲型派对时，商界人士决不能与"黄、赌、毒"三个字沾边。绝对不可以与人聚赌，也不可以动不动就一掷千金地去寻欢作乐，更不可以吸毒、贩毒，甚至组织吸毒、贩毒。

（三）以玩为主

休闲型派对，自然应当以玩为主、以交际为辅。既然是休闲娱乐，在休闲型派对上就要以玩为主要活动内容。在此种场合，绝对不能表现得急功近利，那边请来的客人刚刚玩得渐入佳境，心情甚好，这里的主人就立即原形毕露，摊牌叫价了。那样做，往往会大煞风景，并会给客人留下不好的印象。

该办的事自然要办，该说的话当然要说，只不过一定要选择好最佳的时机。在活动结束之后，或是派对之后过上一两天再谈正事，往往会比在玩的时候"转移话题"更易于奏效。

有经验的商界人士都深知"不懂得休息，就不懂得工作"这句话的含义，因此在参加休闲型派对时，切勿忘记坚持以"休闲"为主，以"交际"为辅，切勿随意将此二者本末倒置。

第六节 运 动

目前，不论在社交应酬中还是在工作之余，不少商界人士经常会参加各种形式的运动。人们已经认识到：运动不仅是一种休闲活动，同时还可以被用来进行社交应酬，从而促进自己的人际关系。

运动，一般是指参加体育活动。与常人所参加的运动有所不同的是，商界人士所参加的运动多半出自社交的目的。此类运动不但档次较高，而且对具体场地也多有要求。下面，对商界人士有可能经常接触的健身、游泳、滑雪、网球、保龄球、高尔夫球等运动项目的礼仪规范略加介绍。

一　健　身

在日常生活中，许多商界人士都喜欢在自己方便的时候前往健身房进行健身活动。

到健身房健身时，主要应当遵守下列六条具体的礼仪规则。

（一）有所约定

绝大多数正规的健身房都设在高档的宾馆、俱乐部之内。前往此类健身房健身，可以购买会员证、年卡、月卡，也可以临时购票。但无论如何都必须缴付费用并凭证入内。

为了确保自己有规律地定期健身，一定要提前约定，以便使自己的健身时间有所保证。

（二）注意衣着

在健身房里健身，通常都要求身着正式的健身服。穿着健身服，不仅有利于健身运动，而且还与周围的环境相协调。在一般情况下，每一位健身者在健身时都应身着健身服。

前往健身房健身时，切忌乱穿其他类型的服装，更不允许赤膊上阵。需要注意的是，商界人士若在除健身房以外的其他场所身着专门的健身服，往往会令人啼笑皆非。

（三）目标明确

健身时，每一位健身者均应拥有一定的目标：要么是瘦身，要么是塑形，要么是美体，要么是放松。为实现既定的目标，往往需要制定专门的方案，并一定要坚持循序渐进。

若目标不明确，或不按照预订的计划进行，面对五花八门的健身项目或健身器械眼花缭乱、胡练一通，不但起不到任何作用，而且还有可能伤害自己的身体。

（四）服从管理

一般的健身房不仅场地开阔，器材繁多，而且健身者众多。因此，它都会实行严格的管理：进门时，健身者要出示凭证；活动时，要注意限时；运动前后，要更换服装；占用场地时，要预先约定；使用器械时，要讲究先来后到；集体锻炼时，则要听从口令、统一行动。

对上述合乎情理的要求，健身者必须认真遵守。对有关方面的管理，亦应认真服从。

（五）自练为主

进行健身活动，一般讲究自得其乐。因此，在具体锻炼时应以自练为主。若非集体活动或参加集体项目，通常不必在健身时与他人保持一致。

按照常规，在健身房不宜洽谈有关公务或生意上的事情。在健身时，不要随意围观、评价别人，同时也不要任意打断别人的健身，或者动辄向别人讨教健身之道。

（六）尊重教练

一些高档健身房，往往会为初学者安排某一项目或全方位锻炼的教练。对健身者而言，必须对教练加以尊重。在健身时尊重自己的教练，一是要虚心请教，不懂不要装懂；二是要保持耐心，不要指望一蹴而就；三是要听从点拨，认真服从教练的合理化建议与要求。

不允许对教练不搭不理、吹毛求疵、呼来喝去，更不允许训斥、责骂、侮辱对方。

二　游　泳

在各种运动项目中，游泳可以说是最普及、最受欢迎的项目之一，许多商界人士往往乐此不疲。在游泳时，下列六条礼仪规则是每一名游泳者皆应自觉遵守的。

（一）注意安全

外出游泳时，不论在室内还是在室外，都要选择正规的游泳池或浴场。凡不熟悉具体情况的河流、湖泊、海域，尤其是明文禁止下水的地方，切勿擅自下水游泳。

在游泳池或浴场游泳时，亦应量力而行，选择自己所适应的深度与长度。没有外人在场相助时，切勿冒险。

（二）讲究卫生

在公用的游泳池或浴场游泳时，务必要注意个人卫生与环境卫生。患有皮肤病、红眼病以及其他传染病时，不应外出游泳。在游泳时，不应在水中洗浴，不应向水中随口吐痰，更不能在水中大小便。

游泳之后，再到水边洗手、洗脚亦不应当。在水畔休息或者在更衣室、淋浴房活动时，不应乱扔废弃物，不应大吃大喝或者吸烟、酗酒。

（三）衣着得体

进入公用的游泳池或浴场之前，应当换上较为正规的泳装。按规定，还必须戴上游泳帽。不穿正规的泳装或者裸体游泳，通常都是不被接受的。

应当强调的是，泳装一定要大小合身、松紧合理，面料与色彩应符合要求。若泳装过于肥大、宽松，其面料过于单薄、色彩为白色或者其他浅色，那么一下水就可能会使自己的身体袒露、曝光。

（四）活动适度

游泳既然是一种运动，就应当注意活动适度。在游泳时，既不要距离陌生人过近，也不要随意追逐、赶超别人。在水中万一不小心碰到了别人的身体，一定要立刻向对方道歉。

在水边休息时，不要围观、盯视别人。在外人面前，不要跟自己的恋人表现得过分亲热。在游泳池或浴场之外，不要身穿三角裤或"三点式"招摇过市。

（五）礼让他人

在游泳时，一定要始终坚持以礼待人。使用更衣室、淋浴房时，应自觉排队，并依次而行。下水之后，尽量不要进入他人活动的水域。当他人进入自己正在活动的水域时，通常应以点头或微笑对对方表示欢迎。

在水畔小憩时，切莫画地为牢，占据过多的位置或过大的地盘。凡公用的设施或区域，都应欢迎别人与自己一同使用。

（六）尊重异性

在游泳时，一定要有意识地尊重异性。对陌生的异性，更要表现得尊重有加。入水之后，与异性务必要保持适当的距离。对任何异性尤其是陌生的异性，都不要主动上前攀谈，更不要尾随其后。未经要求，切勿对异性施以援手。但若万一异性要求自己提供正当的帮助，则自应尽力相助。

得到异性的帮助之后，应主动向对方道谢。在异性面前，不论与对方是否相识，都应检点自己的言行。

三　滑　雪

与游泳一样，滑雪也是目前在国内最时尚、最受商界人士欢迎的运动项目之一，许多年轻的商界人士对它更是情有独钟。

一般而言，参加滑雪运动均须前往正规的滑雪场。在滑雪场进行滑雪时，下述四条具体的礼仪规则必须遵守。

（一）着装正规

滑雪运动的参加者必须注意：自己在滑雪时所穿的服装，一定要符合有关规定。它既要外观醒目、紧身合体、适合运动，又要保暖、防风、防水，不要为了展示自己的个性而执意选择不适宜滑雪的服装。

滑雪时，应戴上滑雪帽、护目镜，并要选择颜色易于辨识的服装，白色、浅色服装最好不要穿。

（二）器械专用

在正规的滑雪场滑雪时，通常应使用专用的滑橇、滑雪杖与滑雪鞋。使用自制或替代之物，往往不安全，而且也是不允许的。必要时，应向滑雪场租用此类器械。

倘若自己是滑雪初学者，不会使用此类器械，则最好求助于专业教练或其他人士，切勿不懂装懂。在滑雪时，使用专用器械一定要审慎从事，切勿伤己或伤人。

（三）善待他人

在公共滑雪场上滑雪，难免会与他人有所接触。此刻，滑雪者不论对同行者、工作人员还是其他滑雪者，都应以礼相待。

在滑雪时，如果与亲朋好友同往，务必要相互照应。对初学者，尤应重点予以关照。不要对同伴不闻不问，更不允许将其孤身一人扔在滑道上。

对滑雪场上的全体工作人员，滑雪者一方面要服从其管理，另一方面还应对其服务表示尊重与感谢。

滑雪时，应与其他滑雪者友善相处。使用滑道与运送车时，应当排队。滑雪的具体过程中，要注意与他人保持一定的间距。万一碰着了其他人，务须道歉。遇到求助者或需要帮助之人，则应立即援助。

（四）重视安全

在各类运动项目里，滑雪属于一项危险性较高的项目。作为非职业人士，商界人士在滑雪时尤须时刻重视安全。

滑雪者尽量不要前往不正规的滑雪场，尤其不要在荒山野岭中滑雪。当自己对滑雪技术几乎一窍不通时，那样做无疑是在拿自己的生命开玩笑。

在正常情况下，不论自己实际水准如何，都尽量不要一人独自滑雪。万一出现问题时无人相助，后果往往不堪设想。

滑雪时，一定要选择适宜自己的滑道，不要在关闭的滑道或禁止滑雪之处滑雪。

滑雪时，位居自己前面的滑雪者自然拥有优先权，不要刻意催促、追逐对方。如果打算超越对方时，则应以"走右边"或"走左边"来提前进行通报。

四 打网球

与保龄球、高尔夫球一道并称为"绅士运动三大球"之一的网球，近年来已在中国十分普及。人们发现，打网球不仅可以适度地运动健身，而且还可以借机开展适当的社交活动。在商界人士中，打网球正在广为流行。

作为一项绅士运动，打网球时的礼仪规则甚多。以下五条，都是网球运动爱好者在打网球时必须自觉遵守的。

（一）预约场地

到正规的网球场打球前，都需要预约场地。在预约场地时，往往需要说明自己打球的具体时间。如果邀请他人与自己同去打网球而又没有提前订好场地，到时再去东找西寻，是很没有面子的。

按预定时间到达场地后，若前边打球的人尚未结束，应稍等片刻，让对方打完手头这一局，而不要催促对方或者出言不逊。若自己预定的时间已用完，后边打球的人已到，则应尽快退场、不宜拖延。

（二）着装正规

打网球时，对着装要求很高，通常都要求打球者穿着专门的网球装、网球鞋。此外，有人还喜欢使用特制的护腕与发箍。一些专门的网球俱乐部，往往还会要求会员在前往俱乐部打球时身着统一的俱乐部网球装。男式的网球装多为白色的 T 恤、短裤，女式的网球装则一般都是白色的连衣裙。

打网球时身着正规的网球装，是网球场上一种最基本的礼仪。身着正规的网球装，不仅使打球者显得英姿飒爽，而且有助于打球与人身安全。此外，在网球场上还有一些有关着装的戒律，例如，赤膊、赤足打网球，都是不被允许的。

（三）场上谦恭

在网球场上运动时，一定要保持自身的风度，时时刻刻都应以下述谦恭的态度要求自己。

第一，遵守规则。认真遵守比赛规则，不能为一个球的得失而与比赛对手大呼小叫。

第二，球具专用。不要任意自取或借用他人的球拍，因为人们往往只有使用自己的球拍打球才顺手。

第三，交换场地。如果在比赛时条件于己有利，比如风向或者阳光"照顾"自己等，那么遇上奇数的赛局就要主动与对手交换场地。

第四，尊重对手。当比赛开始与结束时，要以微笑或握手等方式向比赛对手致意，但是没有必要在场上四处奔走、欢呼雀跃、脱衣乱舞，甚至跨越球网。

（四）以礼待人

在打网球的整个过程中，都要自始至终地以礼待人。由裁判裁定比赛时，不允许对裁判的裁决当众质疑。请教练或陪练帮助自己打球时，一定要尊重对方的劳动。如果有专门的工作人员在场上替自己捡球，不要忘记向对方道谢。

打球时，如果不小心使球滚到别人的场地内，一定要等对方打完一分时再去捡球。不论是自己要求对方帮自己捡球，还是对方主动帮忙，都要当即感谢对方。

当别人的球滚到自己的场地内时，切莫责备对方。方便的话，应尽快将球投回去。

请别人与自己一起打网球，务必要提前几天预约，并且不要勉强对方。在网球场上，最好不要邀请陌生人帮助自己或与自己赛球。

（五）观看比赛

观看正规的网球比赛，是不少商界人士的个人嗜好。网球比赛既热烈又刺激，观赏网球比赛是一种很好的业余消遣方式。大凡正规的网球比赛，都要求观赛者身着正式的礼服，不允许其衣着过于随便。在观赛时，观赛者必须提前购票，凭票入场，并在指定的座位上就座。在比赛进行期间，不允许观赛者乱动、乱走。

只有当一分结束或一场比赛告终时，观赛者方可鼓掌。观赛者需要暂时离座，一定要等到比赛者交换场地之时。随意离座、随便鼓掌，往往都会有碍比赛者的情绪，并打扰比赛的连贯性。此外，坐在看台上大吃大喝、高谈阔论，都是不允许的。

五　打保龄球

作为一项老少皆宜的运动项目，打保龄球已经成为商界人士目前社交、休闲的时髦选择之一。

人们普遍青睐打保龄球的主要原因，不仅在于其形式文明高雅，而且还在于打保龄球时能够自主控制消费额度。此外，它对体能的要求也并不很高。

打保龄球时，一般有如下四条具体的礼仪规则必须认真遵守。

（一）先来后到

任何一家保龄球馆，都拥有固定数量的球道。自己在准备前去打球时，尤其是当自己邀请别人一道前去打球时，最好先向球馆预定好球道，以避免在现场排队等候之苦。自己按规定时间到达预定的球道后，倘若前面打球的人尚未结束，千万不要打断、驱赶对方，而是应当适当地宽让对方片刻。

当自己后面有人等候球道时，打球者则最好适可而止、尽早相让，而不要指望对方在时间上宽让自己。在任何时候，抢占别人球道或打完球后赖着不走，都会让别人看不起。

（二）更换鞋袜

打保龄球时，必须提前更换自己的鞋袜。打球者要事先换上一双干净整洁、无异味、无污迹、无残破的袜子。上场打球前，为维护球道寿命，球馆按常规均会要求打球者换上专用的保龄球鞋，以其他类型的运动鞋充当代用品是不允许的。

一般而言，打保龄球时，除了鞋袜，在其他方面对打球者的衣着并无任何要求，但打球者一定要穿得整齐、端庄、利索。所带的衣物与其他随身之物，切勿过多。打球前，最好是将大衣、外套、雨伞、提包、笔记本电脑等物品存入衣帽间或更衣柜。

切勿在现场随处乱放私人物品，那样既容易丢失，又有可能会妨碍别人。打完球后，应将租用的球鞋与球具交回原处。

（三）保持安静

作为一项室内运动项目，在保龄球馆里，每一个人都有义务自觉地保持绝对安静。在球馆内，千万不要让自己随身携带的手机大声鸣叫。最好不要在别人打球时与其搭话，或在一旁高谈阔论。

需要与别人交流技艺或相互鼓励时，一定要压低讲话的音量。为他人的优异成绩欢呼鼓掌时，亦应点到为止，不要高声喧哗、乱喊乱叫，不要吹口哨或发出嘘声。

（四）掌握技巧

打保龄球时，非常讲究具体技巧，在此方面，必须遵守一些基本的礼节。

在每次掷球时，都应使用自己所选定的同一个球，不要错拿、错用别人所选定的球。

掷球前要拿好拿稳，以免失手伤人。在任何时候，都不应在助走道之外掷球，更不允许故意摔球或胡乱掷球。

掷球时，切莫超过犯规线。当自己的右侧已有他人准备掷球，或自己前面已有先上球道者，应当礼让对方。切莫在左右两侧球道上的人士掷球的同时，自己也去掷球，那样大家都可能会走神。

在掷球时，切勿嬉皮笑脸、乱出怪样，更不要乱蹦乱跳或全身倒地。无论在什么情况下，都不要侵入别人正在使用的球道。

掷球之后，即应转身返回球员席。既不要在球道或助走道上停留过长时间，也不要倒行。

六　打高尔夫球

目前，打高尔夫球在商界已被公认为是一项颇有情调、很上档次的运动。与此同时，随着社会的进步，它也日益变得普及化、平民化、年轻化。许多商界人士都已有过在高尔夫球场上一试身手的经历。

在正规的高尔夫球俱乐部里打球时，以下五条具体的礼仪规则被公认为人人都要遵守。

（一）目的明确

在商界，以往曾经有过一种很时髦的讲法：打高尔夫球时，是大人物敲定生意的最佳时机。实际上，这种讲法，只是某些人的主观愿望而已。

作为一项目前费用颇高的运动项目，人们邀请他人与自己去打高尔夫球自然不会无的放矢。但是，打高尔夫球其实只是为人们建立较为密切的私人关系创造了一种机会，此外不可能再指望过多，不要试图立竿见影地在球场上与别人达成交易。

应强调的一点是，邀请他人与自己一道去打高尔夫球必须以本人精通此道为前提。若自己缺乏自知之明，仅仅是为了附庸风雅而在高人面前班门弄斧，到头来很有可能会弄巧成拙。反之，倘若别人不擅此道并且无此要求，最好也不要强邀对方。

（二）装备齐全

打高尔夫球时的重要开支之一，就是专门使用的各项装备。打球时，对球员的衣着并无过多的苛求。不过为了运动方便，人们都会自觉地放弃面料厚重、款式复杂、透气性差的服装。绝大多数人打球时，都爱戴帽子，爱穿棉质的 T 恤衫和长裤。无领、无袖、过于暴露的服装，则切勿穿着。

为防止损害场地，上场打球的球员一定要穿专用的高尔夫球鞋。打球时使用的高尔夫球、球杆、球装、旗杆、球车，通常都是特制的。需要使用时，可以向俱乐部借用，但应认真爱护，并不可损坏或带走。

（三）保护场地

凡是行家都清楚，要打好高尔夫球，场地的好坏至关重要。在打球时，每一名球员都有自觉维护场地的义务。在球场内驾驶球车时，只能在专用的车道上行驶，不得四处乱开。每车一般只宜坐两人，并放置两个球袋。在一些区域，球车不宜乱停。

不论行进、击球还是休息时，都要爱惜场地上的草皮。在什么情况下，都要对球道、球洞倍加爱护。对自己行进或击球时所留下的痕迹，可能的话，应在离去前补平或者填平。

（四）注意安全

如同参加其他运动一样，打高尔夫球时也应以保障安全作为基本前提。在试杆或击球前，一定要提前检查周边地带。地面上若有石块、树枝等硬物都要捡走，不然就可能在挥杆击球时被顺势带起来伤人。与此同时，还应确信挥杆所及之处与落球之处无人活动，以防对方遭到球杆或球的击打。

打高尔夫球时的最大乐趣并不在于成绩如何，而在于陶冶心灵。因此，球员需要控制好个人情绪，不要因为击球时令球飞出界外或掉入沙坑、水池，而抱怨场地、怨天尤人，甚至拂袖而去。

（五）遵守顺序

打高尔夫球时，在优先权方面有着一定的规定。若无特殊约定，单独一人的球员没有优先权，应让其他比赛的球员优先通过。两人一组的比赛，一般较三人一组或四人一组的比赛有优先权。打 18 洞完整的比赛者优先。凡赢得前一洞者，对下一洞有先打的权利。

成绩相同时，可以选择赢得某一洞者先打。如果某一组在球场上不能正常行进，并落后前一组超过一洞以上，通常应让后一组先打。

拥有发球优先权者，可在对手或同组球员之前发球。当自己打完一洞后，应立即离去，以让位于人。

第七节　娱　乐

工作之余，商界人士往往有机会参加各种形式的娱乐活动。不少时候，商界人士参加娱乐活动并非出自其个人偏好，而往往是为了交际应酬的需要。

所谓娱乐，通常是指人们在业余时间里所从事的轻松、愉快、有趣的活动。对现代人而言，参加娱乐活动的主要目的有三个：自我放松；闲暇消费；交际应酬。

从总体上来讲，每一名商界人士在参加娱乐活动时，都要自觉遵守下列三条基本规则：第一，遵守社会公德；第二，遵守游戏规则；第三，无碍本人正业。

具体而言，不同类型的娱乐活动往往拥有各自不同的礼仪规范。它们都是参加活动的商界人士必须自觉予以遵守的。下面，主要简介一下商界人士在歌厅、剧院、网吧、公园、游乐场、游戏厅参加娱乐活动时所应遵守的基本礼仪规范。

一　歌　厅

前往歌厅一展歌喉，是许多人都热衷的一项娱乐活动。去歌厅唱歌娱乐时，商界人士必须认真遵守以下五条礼仪规范。

（一）挑选正规歌厅

前往歌厅唱歌时，歌厅的正规与否通常非常关键。大凡正规的歌厅，不但设备完善、环境幽雅、服务到位，而且收费也比较合理。

倘若在选择歌厅时道听途说、随意挑选，一旦选择失误，不仅可能令自己破财，而且还会破坏大家的雅兴。

（二）点歌礼让有序

不论在公共大厅里点歌，还是在单独的包间里点歌，都要遵守"先来后到"的顺序，并注意礼让他人。在点歌时，一般应当请客人先点、女士先点、长辈先点或者上司先点，有时也可由大家依次点歌，或点上一首人人皆会的歌曲进行合唱。

点歌时争先恐后或者争夺话筒，都是很容易让人耻笑的。

（三）听歌聚精会神

当别人唱歌时，不论自己认识对方与否，都一定要洗耳恭听。当对方表现出色时，应以掌声进行鼓励。即使对方演唱并不在行，也不要发出嘘声嘲弄对方。

在他人唱歌时，交头接耳、走来走去甚或公然退场，都是没有教养的表现。

（四）唱歌保持风度

当自己上台唱歌时，一定要注意保持个人的风度。唱歌之前，要首先问候大家。得到了在场者的掌声鼓励，要在下台前表达谢意。每次限唱一首歌。

在唱歌的过程中，切莫忘乎所以、手舞足蹈或胡言乱语。唱歌时，有意改动歌词、曲调都是不合适的。

（五）交往尊重异性

在歌厅进行娱乐活动时，必须自始至终对在场的异性表示尊重。与熟悉的异性相处时，不应动手动脚，乱开过火的玩笑。对现场不熟悉的异性，切莫上前打扰、纠缠。

不论在什么时候，都不应当要求非法的"三陪"服务。接受别人安排的"三陪"服务或替别人安排"三陪"服务，同样属于违法行为。

二　剧　院

对许多商界人士来说，自己一人或者偕家人、三五知己一同前往剧院观看电影、戏剧或其他演出，乃是人生一大乐趣。前往剧院观看电影、戏剧或其他演出时，以下五条基本的礼仪必须遵守。

（一）预先购票

为保证观众的观看效果与人身安全，凡正规的剧院均会以发售定额入场券的方式来控制观众入场的具体人数。因此，在观看正式演出之前一定要提前购票。

在请人观看演出时，尤须注意此点。无票入场、混入剧院或制作、购买假票，都是不允许的。

（二）提前入场

许多影剧院都规定：开演之后立即禁止观众入场。此后只有在中场休息时，迟到者方可入内。

为不影响自己和别人观看演出，提前入场绝对是必要的。此处所说的提前入场，并非指正点进入剧院，而是要求观众最好在演出正式开始前几分钟进场。

（三）对号入座

绝大多数演出都要求观众完全对号入座，每一名观看演出者都要自觉遵守此项规定。与此同时还应注意：在与别人一同观看演出时，应将较好的位置让给对方。

有人占据了自己的座位，应有礼貌地请求对方相让。不论在什么情况下，都不要随意占据他人的位置，也不要与别人挤占同一个座位。

（四）保持安静

不论观看电影、戏剧，还是欣赏歌曲、演出，在其进行过程中，每一名观众都要自觉地保持安静。

不允许自言自语或与身边的人交头接耳，不允许使用手机与外界进行联络。此外，即使自己悄悄地享用食物也是不允许的。

（五）遵守规定

前往正规的剧院观看演出，通常会有一些比较特殊的规定必须遵守，它们主要包括下列内容：

1. 穿着正装

观赏歌舞剧、音乐会时，往往要求观众衣着正规，有时还会要求观众穿着礼服。

2. 禁止拍摄

出于版权等方面的考虑，一般的商业性演出都不允许观众拍照、录像或录音。

3. 不准吸烟

为维护观众健康，净化现场环境，几乎所有的剧院都禁止在场内吸烟。

4. 限制走动

如果没有十分特殊的原因，观众在演出进行期间是不准随意自由走动的。

5. 保持克制

不论演出的实际水准如何，观众都应保持克制。只有没有教养的人，才会随便起哄、闹事。

6. 最后退场

观看现场演出时，宜在演员谢幕后退场。如果陪同他人观看演出，则通常不应独自退场或先行退场。

三 网 吧

在工作之余，有不少人都喜欢去网吧"上网冲浪"。商界人士在到网吧娱乐时，对以下四条礼仪规范均应自觉地加以遵守。

（一）时间有限

在网吧里娱乐，不论玩游戏、查信息、发邮件，还是参加网上讨论或网上交友，均应适可而止。

一定要对自己在网吧里娱乐的时间有所控制，不要让自己沉溺其中、难以自拔，尤其是不要因此而妨碍自己的正常工作与生活。

（二）活动有方

前往网吧娱乐，对如下一些基本活动规则务必要有所了解。

1. 不宜前往非法网吧

假如网吧自身不合法，那么消费者的权利与人身安全往往难以得到保障。

2. 不宜访问非法网站

凡散布反动、不健康信息的非法网站，均不宜擅自进行访问。

3. 不宜从事非法活动

在网上活动时，凡涉及危害国家安全、破坏企业形象、损害他人名誉、传播他人隐私、进行违法营利等内容，均应主动回避。

（三）交友有道

结交网友，是不少人上网活动的初衷之一，也是时下社会上的一大时尚。一般而言，对此应注意下列三点。

1. 你情我愿

结交任何网友，都需要当事者双方同意。任何时候，都不应当勉强对方，或对其软磨硬泡，那样做必定使对方厌烦自己。

2. 重在沟通

人们都清楚网络世界的虚拟性，所以结交网友重在网上沟通，不要随便将现实生活中觅友或择偶的希望寄托在网上世界。对此，一定要保持清醒的认识。

3. 经常联系

结交网友，宜精不宜滥。与他人结为网友后，应经常进行联系。收到对方信息，宜在 24 小时内作出答复。出门远行前应给对方留言相告，不应不告而别。

（四）话题有度

人所共知，互联网本是一个虚拟世界。在网上畅游时，人们的姓名、性别、职业往往都可能是虚拟的。即便如此，对网上交流的话题也必须有所限制。

一般而言，商界人士应注意对以下几种话题不宜涉及：第一，不宜以反动内容作为话题。第二，不宜以下流内容作为话题。第三，不宜以是非内容作为话题。第四，不宜以虚假内容作为话题。第五，不宜以涉密内容作为话题。

四 公 园

闲暇之时，人们大多喜欢前往公园休闲或小憩。有时，人们还会与亲朋好友前往公园进行集体娱乐。在公园里活动，俗称游园。商界人士在游园时应当遵守的具体礼仪规范，主要有以下四条。

（一）轻装上阵

与上班赴宴有所不同，商界人士游园时的着装应以简单、轻便、舒适为基本特征。

若非集体活动的需要，通常不要选择过分正式的套装或过于招摇的礼服、时装。此外，睡衣、背心之类过于随便的服装，也不宜在众目睽睽之下曝光。

（二）保护环境

公园乃公共场所，每一个人在其中活动时都要有意识地保护环境。对下述几点，尤须注意：

1. 不乱扔废物

凡废弃之物，均应自觉地投入垃圾桶，或随身带走，而不应信手乱丢。

2. 不损害公物

对公园里的一山一水、一草一木，都应自觉爱护。

3. 不盗窃公物

未经许可，公园之内的任何物品都不得擅自取用或带走。

（三）自娱有法

一般来说，人们游园主要属于自娱活动。游园时的自我娱乐，一般应注意下列两点：

1. 自得其乐

在游园时，不论散步、健身、小憩、静坐、阅读，还是寻访名胜、观赏景致，都讲究自得其乐。

2. 切勿扰人

在自得其乐的同时，游园者还须注意不要因此而骚扰他人。诸如在公园里高声喧哗、载歌载舞、袒胸露腹、当众酣睡，或者大吃大喝，不但有损个人形象，而且还有可能破坏别人游园的兴致。

（四）注意安全

在公园里活动，尤其是独自一人游园时，一定要注意"安全第一"。对下列四点，特别应予注意：

1. 切莫擅闯禁区

凡禁止游人前往的地区、水域，都不要冒险前去。

2. 切莫冒险运动

在游园时，不要擅自从事攀岩、滑翔、蹦极、跳水、跳岩等危险运动。

3. 切莫随便野炊

万一野炊时"星火燎原"，便会铸成大错。

4. 切莫结交生人

在公园里，与陌生人随意往来，有时是极不安全的。

五 游乐场

在现代化的大型游乐场内，各类游乐项目往往令人应接不暇，能够满足不同类型人们的娱乐需求。商界人士在游乐场内进行娱乐时，需要认真遵守以下五条礼仪规范。

（一）排队活动

在游乐场里，凡新颖、刺激的项目必定拥有众多的爱好者。为了保证大家人人都有机会进行体验，后来者自觉排队、依次而上，是完全必要的。

参加任何游乐项目时，都不允许商界人士不排队或者乱插队。

（二）掌握规则

参加尚未尝试过的游乐项目之前，务必要耐心、认真地了解有关的活动规则。这样做既是为了更好地享受此项活动所能带来的乐趣，更是为了保证自己的人身安全。

（三）服从管理

在许多大型游乐场内，往往都有一些专业人士负责对游客进行管理、提供服务，或给予技术指导。对那些专业人士的工作，一定要予以应有的尊重和支持。

（四）爱惜设施

游乐场里的许多设施，不仅科技含量较高，而且价格昂贵。因此，使用游乐设施时，一定要对它们加倍爱惜，切莫对它们乱摸、乱碰、乱动、乱用，更不应有意对其进行毁坏。

（五）与人合作

在游乐场里，一些游乐设施往往要求多人合作使用。遇到此种情况时，应当表现得积极主动。在寻找合作对象时，既可以自行选择，也可以听从管理人员的分配。但其组合一旦形成，就不宜再去要求变动。

与他人合作游乐时，态度上要热情、友善，行动上要彼此配合、协调。合作之初应问候对方，合作结束时则应向对方告别或致谢。

六 游戏厅

在一些营业性游戏厅里，通常有各种各样的游戏机可供人们选择。其游戏内容之美、形式之新、科技含量之高，往往出乎人们的想象。正因为如此，游戏厅才吸引了包括商界人士在内的广大游戏爱好者。

前往游戏厅娱乐时，既要讲究个人爱好，又要遵守下述三条礼仪规范。

（一）内容健康

尽管在游戏厅内进行娱乐时拥有多种多样的选择，完全可以自作主张，但此时此刻商界人士仍须保持理智，要选择既饶有趣味又内容健康的游戏。

在任何情况下，不论是否有人进行监督检查，都不允许选择那些格调不高、内容不健康的游戏。至于那些违法犯禁、内容反动、格调下流或者有辱国格、有碍国家交往、有损民族关系、有违宗教政策内容的游戏，则更是不能选择或推荐于人。

（二）礼待他人

在游戏厅娱乐时，商界人士还应当对其他在场的一切人士以礼相待。与同伴一起游戏时，要相互合作并礼让对方。假定大家一起选择游戏项目时，应优先考虑同伴的爱好、能力，或由对方优先选择。

若自己单独前往游戏厅娱乐，在人多的游戏机前参加活动时，一定要按顺序排队。其他人进行游戏时，则最好不要在旁边围观，更不要起哄、滋事。

（三）控制情绪

在游戏厅内活动时，务必要善于控制自身的情绪。不论自己是赢是输，参加游戏主要都是为了使自己开心。

因此，一定不要让自己情绪失控，更不应为赌输赢而在游戏厅内流连忘返。在游戏厅里参与或组织违法的赌博活动，则更是不允许的。

第八节 工作餐

工作餐，在商界有时亦称商务聚餐或餐会。它是指在商务交往中，拥有业务关系的合作伙伴为了进行接触、保持联系、交换信息或洽谈生意，而假借用餐的形式所进行的一种商务聚会。站在商务礼仪的角度来看，正规的工作餐既不同于正式的宴会，也不同于亲友们的会餐。在一般情况下，工作餐通常具有下述六个方面的显著特点。

第一，重在创造一种氛围。同正式的宴会相比，工作餐所强调的不是形式与档次，而是意在以餐会友，重在创造出一种有利于商界人士进一步进行接触的轻松、愉快、和睦、融洽、友好的氛围。

第二，具有某种实际目的。商界人士讲究的是务实，工作餐自然也不例外。同亲友之间的会餐相比，工作餐并非无所事事，单纯为了让大家碰碰头、谈谈心、联络联络感情而已。实际上，它是以另外一种形式所继续进行的商务活动。换言之，它只不过一种以餐桌充当会议桌或谈判桌，改头换面所进行的非正式的商务会谈而已。

第三，往往要求较小规模。就参加者的人数而言，工作餐通常与声势浩大的宴会或会餐难以比拟。因其重在处理实际问题，为了防止众口难调，故此工作餐的实际参加人数往往较少。一般来说，工作餐大多不是多边性聚会，而是以双边性聚会为主。它既可以是两个人之间的单独约会，也可以是有关双方各派几名代表参加。但是，参加工作餐的总人数应以不超过十人为佳。与事无关者、配偶、子女等，均不宜到场。

第四，通常是在午间举行。宴会与会餐，大多选定在晚上举行，并且往往喜欢举行于节假日或是周末。那样做主要是为了使参加者在时间上感到方便，同时也是一种社交惯例。与此不同，为了合理地利用时间，不影响参加者的工作，工作餐通常都被安排在工作日的午间，利用工作间歇举行。是故，工作餐在欧美往往被叫作工作午餐，或午餐会。

第五，可以随时随地举行。在举行工作餐之前，主人不必向客人发出正式的请柬，客人也不必为此而提前向主人正式进行答复。一般而言，只要宾主双方感到有必要坐在一起交换一下彼此之间的看法，或是就某些问题进行磋商，大家就可以随时随地举行一次工作餐。它的具体时间不必早早商定，地点也可以临时选择。它可以由一方提议，也可以由双方共同决定；可以提前若干天约好，也可以当天临时决定。总之，只要有关各方同意参加，工作餐即可举行。

第六，由提议者出面做东。工作餐多在外面的营业性餐馆里举行，所以其做东者自有特殊之处。根据惯例，无论工作餐举行于何处，哪一方首先提议举行工作餐，即应由其出面做东。而东道主一方出席工作餐时的行政职务最高者，通常就是理所当然的主人。从名义上说，为工作餐所进行的一切准备性工作均应由主人负责。但在实践中，由于名义上的主人位高、事繁，无暇他顾，着手张罗工作餐的多半是其秘书或公关人员。

要成功地筹办一次工作餐，仅仅从理论上了解其上述主要特点是远远不够的。除此之外，还须系统地掌握基本的工作餐礼仪。下面，就对其重点进行介绍。

一 工作餐的安排

安排工作餐，主要是指在工作餐进行之前的有关准备事项，它通常包括目的、时间、地点三个具体问题。

（一）目的

凡主动提议与他人一道共进一次工作餐，提议者大多胸中有数，意欲借此机会来实现自己的某种目的。假如毫无任何目的性可言，那么工作餐便不成其为工作餐了。

一般而言，通过工作餐这一具体形式，商界人士可以会晤客户，接触同行，互通信息，共同协商，洽谈生意。此外，还可以之接待新朋友和面试应聘者。需要明确的是：举行一次工作餐，首先应当有要事要办，要能够解决实际问题，绝对不允许无的放矢，不可将其等同于吹牛、聊天、发牢骚的无所事事的"神仙会"。

已经明言，与有关人士一道共进工作餐，其实只不过是暂时转移一下工作的具体阵地罢了。举行工作餐，主要是为了与有关人士就某些双方共同感兴趣的问题进行一种非正式的会谈。所以，在此之前必须确定自己的目的，以便为其定下基调。

（二）时间

举行工作餐的具体时间，原则上应当由工作餐的参与者共同协商决定。有时，亦可由做东者首先提议，并且经过参与者的同意。总之，它应当既方便于众人，又不至于耽误正事。

按照惯例，工作餐绝对不应当被安排在节假日，而应当是在工作日举行。举行工作餐的最佳时间，通常被认为是中午的十二点钟或一点钟左右。若无特殊情况，每次工作餐的具体时间应以一小时左右为宜，至多也不应当令其超过两小时。当然，若届时要事尚未谈完而大家又都一致同意，则适当地延长一些时间也未尝不可。

有些关系密切的商务伙伴，往往会以工作餐的形式进行定期的接触。也就是说，有关各方有时会事先商定，每隔一段时间，如每周、每月、每季，在某一既定时间举行工作餐，以便保持经常性的接触。

（三）地点

根据惯例，举行工作餐的地点应由主人选定，客人们则应当遵从主人的安排。具体而言，举行工作餐的地点可有多种多样的选择。例如，饭庄、酒楼的雅座，宾馆、俱乐部、康乐中心附设的餐厅，高档的咖啡厅、快餐店等，都可予以考虑。但从总体上讲，在选定工作餐的具体地点时，应当兼顾主人的主要目的与客人的实际情况。

举例来说，如果主人打算在共进工作餐之际与客人初步敲定某一笔生意，则最好将用餐地点选择在宁静、优雅之处，使双方免受外界干扰，专心致志地达成协议。但是在这种场合应注意男女有别，若一位男主人初次与一位仅有一面之交的女客户共进工作餐，前者所提议的用餐地点要是过于幽静，则未免会使双方有所不便，甚至会导致后者的误解。

如果主人准备借共进工作餐之机同自己的老客户互通一下情报，或相互交流一下意见，那么将其安排在俱乐部、康乐中心所附设的餐厅里进行，在大家好好玩过一通之后再边吃边谈，效果可能会更好一些。因为大家都是老朋友了，所以也就不必时时刻刻正襟危坐。再说，那里轻松而随意的气氛也容易让人松弛下来。但若在此处利用共进工作餐的机会面试一位应聘者，就显得有些不够严肃。

总之，工作餐的用餐地点尽管应由主人选定，但主人在作出具体的选择时还是有必要考虑客人的习惯与偏好，并给予适当的照顾。如果有必要，主人不妨同时向客人推荐几个自己中意的地点，而请客人从中挑选。或索性让客人自己提出几个地点，然后再由宾主双方共同商定。

一般来说，主人如果需要与某一方面的客人多次进行工作餐时，大可不必固定在某一地点。若举行定期的工作餐的话，那样做则是允许的。

二 工作餐的主人

作为主人，工作餐的做东者在举行工作餐的时候通常必须负责如下几件事情。对此若不闻不问，就是一种失职。

（一）通知客人

一旦正式决定进行工作餐后，依照常规即应由主人负责将相关的时间、地点、人员、议题等通报给有关人员。对重要的人士，尤须由主人亲自相告。

如果宾主双方事先讲好了要在某处共进一次工作餐，那么主人在将一切具体事宜操办完毕之后，仍须再次地详告于客人。仅仅告知对方具体的时间、地点，有时还远远不够。作为主人，做东者还必须将工作餐将在哪一家餐厅进行、餐厅的具体方位与主要特征、交通的大致路线、宾主双方在何处会面等，一并告知对方。

假定主人所邀请出席工作餐的人员中有个别人彼此之间尚未相识，那么在对对方进行邀请或通知时最好先打一个招呼。若无特殊原因，出席工作餐的人员一经确定并正式进行通知之后，就不宜临时再增加人员。万一有必要增加，也要首先征得客人的同意。

（二）餐厅订座

前往一些著名的餐馆举行工作餐，通常需要提前预订座位。此事依例应由主人负责。如果对此无知而临时贸然前往，不但有可能会排长队、浪费时间，而且还有可能根本没有指望找到座位。

前往餐馆订座目前主要有五种方法：第一，派遣专人前去订座。第二，拨打指定的电话号码进行订座。第三，利用传真进行订座。第四，利用电子计算机网络进行订座。第五，使用餐馆发放的特惠卡或 VIP 卡进行订座。

至于在上述五种方法中具体采用哪一种为好，关键是要看何者有效。哪一种方法能够确保自己预订到理想的座位，就应优先对其加以采用。

在订座时，必须将自己的有关要求，例如，理想的位置、用餐的开始时间、大致的结束时间、到场的人数、特殊的要求、付费的方式等，同时告诉餐馆的工作人员。如有必要，还应依照对方的要求预付一定数额的押金。

即使座位已经先期订妥，东道主一方亦须派人提前一些时间到达现场，以便落实一下预定的座位有无变故，免得届时出现"座位危机"。

（三）迎候客人

商务礼仪规定，举行工作餐时做东者必须先于客人抵达用餐地点，以迎候客人们的到来。这既是一种惯例，也是一种礼貌。

在正常情况下，做东者应当至少提前十分钟抵达用餐地点。在稍事休整之后，即应在适当之处恭迎客人们的到来。一般认为，餐馆的正门外、预订好的餐桌旁、餐馆里的休息室，以及宾主双方提前约好的会面地点，都是做东者迎宾的适当之处。

倘若宾主在此之前尚未谋面，则主人还可亲自驱车前往迎接客人。此外，也可以在通知对方时与对方互相通报一下宾主双方各自的基本特征，例如，性别、年龄、高矮、胖瘦、着装等，以便于双方届时相互进行辨认。

在迎候地点，宾主双方见面之后应一一进行握手，并互致问候。如果双方的人员不尽熟悉的话，双方的负责人还须各自对自己的随员一一进行介绍。

假定做东者因故不能提前抵达用餐地点迎候客人，则最好委托专人代表自己前往。必要时，做东者还须说明原因并为此向客人致歉。无论如何，客人准时抵达后若无人迎候，都算是主人的失礼。

（四）餐费结算

根据常规，工作餐的结算应当由做东者负责。具体来讲，工作餐的付费方式通常又分为"主人付费"与"各付其费"两种。

1. "主人付费"

"主人付费"，是指在就餐结束后由做东者自掏腰包，负责买单付账。若宾主十分熟悉，则做东者在餐桌上当着客人们的面算账掏钱即可。要是宾主双方初次相识，或交往甚浅，则做东者一般不宜当着客人们的面在餐桌上查看账单、算账掏钱。得体的做法是：做东者应当先与侍者通好气，独自前往收款台结账，或在自己送别客人之后再回过头来结账。尽量不要让侍者当着客人们的面口头报账，更不能让侍者将账单不明主次地递到客人的手里。

2. "各付其费"

"各付其费"，又称"AA制"。它是指就餐结束后由全体用餐者平均分摊账单，各自支付各自所应支付的费用。在国外，商界人士在共进工作餐时，大多习惯于采取此种方式付费。不过，若采用此种付费方式需要有言在先。在算账时，做东者所要做的主要是动手算账，伸手收钱，跑腿交费而已。

在结账时，不论"主人付费"还是"各付其费"，都要符合当地习惯。因考虑不周而惹人非议，明显属于做东者的失策。

三　工作餐的进行

在参加工作餐时，宾主双方都有一些需要通晓的具体注意事项。

（一）就餐的座次

工作餐是一种非正式的商务活动，人们对其座次安排通常不太讲究。不过，仍有下述几点应予注意。

可能的话，一起共进工作餐的人士应在同一张餐桌上就餐，尽量不要分桌就座。万一同一张餐桌上安排不下，则最好将全体用餐者分桌安排在同一个包间内。倘若分桌就座，一般并无主桌与次桌之分，但仍可将主人与主宾所在的那张餐桌视为主桌。

在餐桌上就座时，座次往往不分主次，可由就餐者自由就座。出于礼貌，主人不应率先就座，而是应当落座于主宾之后。若主人为主宾让座的话，一般应当请对方就座于下列较佳座次中的一处：主人的右侧或正对面；面对正门之处；主画之下；视野开阔之处，较少干扰之处；以及能够观赏优美景致的位置。主人宜坐的位置，则在主宾之左或其正对面。

主人与主宾若是同性，则双方就座时可以根据具体情况有较多的选择。主人与主宾若为异性，则双方最好是对面而坐。

宾主双方各自的随员就座时，一般可以在双方的上司入座后自由地择位而坐。有时，客方的随员亦可听从主人的安排而坐。需要翻译时，既可令其就座于主人与主宾之间，亦可安排其就座于主人左侧。

（二）菜肴的选择

与宴会、会餐相比，工作餐仅求吃饱，而不刻意要求吃好。因此，工作餐上上桌的菜肴大可不必过于丰盛。它的安排应以简单为要。只要菜肴清淡可口，并大体上够吃，就算是基本"达标"了。

根据常规，工作餐的菜肴安排应当由东道主负责。东道主若要表现得称职，在其具体安排菜肴、饮料时，则最好还是先同其他人——特别是主宾——进行协商为好。其中，最重要的是要主动回避对方的饮食禁忌。

即便担心客人过于拘束，不愿将自己的饮食习惯以实相告，主人最好也不要包办代替，不可贸然为大家统一点菜。此刻的可行之法是：由每位用餐者各点一道菜；由大家各点各的；或者统一选择套餐。

出于卫生方面的考虑，工作餐最好采取"分餐制"的就餐方式。不习惯的话，代之以"公筷制"亦可。

在一般情况下，工作餐在营业性餐馆举行时，可酌情安排一些该餐馆拿手的"特色菜"，只是没有必要非上山珍海味不可。

为了不耽误工作，工作餐上所上的饮料应将烈性酒除外。同时，全体就餐者还须自觉地禁烟——不论自己就餐的餐馆是否有此规定。

（三）席间的交谈

举行工作餐时，讲究的是办事与吃饭两不耽误。所以，在为时不多的进餐期间，宾主双方所拟议进行的有关实质性问题的交谈通常开始得宜早不宜晚。不要一直等到大家都吃饱喝足了方才正式开始交谈，那样一来时间便往往不太够用。

依照商务礼仪的规定，待主宾用毕主菜之后，主人便可以暗示对方交谈能够开始了。此刻，主人说一声"大家谈一谈吧"，道一句"向您请教一件事情"，皆可作为交谈的正式开始。此外，在点菜后、上菜前，亦可开始正式交谈。

因为有关各方在百忙之中共进工作餐意在谈论正事，所以宾主在交谈中不宜节外生枝、偏离正题。自己说话时，不要东拉西扯，不可插科打诨。别人说话时，则务必要认真倾听，既不要中途打岔，也不要与旁人七嘴八舌、心不在焉。

在交谈中，应注意不要影响他人用餐，所以有必要讲讲停停、一张一弛。在别人用餐时，切勿毫无眼色地向其讨教。自己在讲话时，则不要长篇大论，或张牙舞爪、口水狂飞。

一般来讲，在用工作餐时的交谈不宜录音、录像，或布置专人进行记录。有必要进行笔录或使用计算器、便携式电脑时，应事先向交谈对象打招呼，并求得对方首肯。千万不要随意自行其是，好似对对方缺乏信任一般。一旦发现对方对此表示不满，切勿坚持那么做。

在交谈期间，有关人员均不宜中途无故离去，也不宜离座去与其他人进行交谈。实际上，在工作餐上忙于交谈的人，都不希望受到外人的打扰。如果在用餐期间偶尔遇见了自己的熟人，向其打个招呼或将其与自己的同桌之人互作简略的介绍通常是合乎礼仪的。但是，不允许自作主张将其留下来一道就餐。若有人不识相赖在边上久久不去，则不妨用语委婉地向对方下上一道有礼貌的"逐客令"。例如，可以告诉对方："某先生，再会！您很忙，我就不再占用您的宝贵时间了。"或者是："某小姐，我们改天再联系。我会主动打电话给您。"这么一来，对方就不能不"知难而退"了。

（四）用餐的终止

享用工作餐时，必须注意适可而止。依照常规，拟议的问题一旦谈妥，工作餐即可告终，不一定非要拖至某一时间不可。

在一般情况下，宾主双方均可首先提议终止用餐。主人将餐巾放回餐桌上或是吩咐侍者来为自己结账，客人长时间地默默无语或是反复地看表，都是在向对方发出"用餐可以到此结束"的信号。只是在这一问题上，主人往往需要负起更大的责任。尤其是在客人需要"赶点"去忙别的事情，或宾主双方接下来还有其他事要办时，主人更是应当掌握好时间，使工作餐适时地宣告结束。

当有人用餐尚未完毕，或有人正在发表高论时，一般不宜提出终止用餐。在就餐期间不告而退，或在中途借故离去，都是失敬于人的。

第九节　自助餐

自助餐，有时亦称冷餐会。它是目前国际上所通行的一种非正式的西式宴会，在大型的商务活动中尤为多见。它的具体做法是：不预备正餐，而由就餐者在用餐时自行选择食物、饮料，然后或立或坐，自由地与他人在一起用餐，或是独自一人用餐。

自助餐之所以称为自助餐，主要是因其可以在用餐时调动用餐者的主观能动性，而由其自己动手，自己帮助自己，自己在既定的范围内安排选用菜肴。至于它又被叫作冷餐会，则主要是因其提供的食物以冷食为主。当然，适量地提供一些热菜或者提供一些半成品，由用餐者自己进行再加工，也是允许的。

一般而言，自助餐具有如下几条明显的优点。

第一，免排座次。正规的自助餐，往往不固定用餐者的座次，甚至不为其提供座椅。这样既可免除座次排列之劳，还可以便于用餐者自由地进行交际。

第二，节省费用。因为自助餐多以冷食为主，不是正餐，不上高档的菜肴、酒水，所以可以大大地节约主办者的开支，并避免浪费。

第三，各取所需。参加自助餐时，用餐者在碰上自己偏爱的菜肴时，尽管自行取用就是了，完全不必担心他人会为此而嘲笑自己。

第四，招待多人。每逢需要为众多的人士提供饮食时，自助餐不失为一种首选。

它不仅可被用来款待数量较多的来宾，而且还可以较好地处理众口难调的问题。

自助餐礼仪，是指人们安排或享用自助餐时所需要遵守的基本礼仪规范。具体来讲，自助餐礼仪又可分为安排自助餐的礼仪与享用自助餐的礼仪等两个部分。

一　自助餐的安排

安排自助餐的礼仪，是指自助餐的主办者在筹办自助餐时的规范性做法。一般而言，它包括就餐的时间、用餐的地点、食物的准备、客人的招待四个方面。

（一）就餐的时间

在商务交往中，依照惯例，自助餐大多被安排在各种正式的商务活动之后作为其附属的环节之一，而极少独立出来单独成为一项活动。也就是说，商界的自助餐多见于各种正式活动之后，是招待来宾的项目之一，故不宜将其作为一种正规的商务活动的形式。

因为自助餐多在正式的商务活动之后举行，故而其举行的具体时间就受到了正式商务活动的限制。它很少会被安排在晚间举行，而且每次用餐的时间也不会长于一小时。

根据惯例，对自助餐的用餐时间不必进行正式的限定。只要主人宣布用餐开始，大家即可动手就餐。在整个用餐期间，用餐者可以随到随吃，大可不必非要在主人宣布用餐开始之前到场恭候。在用自助餐时，也不像正式的宴会那样必须统一退场、不允许"半途而废"。用餐者只要自己觉得吃好了，在与主人打过招呼后，随时都可以离去。通常，自助餐是无人出面正式宣告其结束的。

一般来讲，主办单位假如预备以自助餐对来宾进行招待，最好事先以适当的方式对其进行通报。同时，还必须注意一视同仁，即不要安排一部分来宾用自助餐，而安排另外一部分来宾去参加正式的宴请。

（二）用餐的地点

选择自助餐的就餐地点，大可不必如同宴会那般较真。只要所选地方能够容纳下全部就餐的人员，并能为其提供足够的交际空间即可。

按照正常的情况，自助餐安排在室内外进行皆可。通常，自助餐多选择在主办单位所拥有的大型餐厅、露天花园内进行。有时亦可外租、外借与此相类似的场地。

在选择、布置自助餐的就餐地点时，有下列三点具体事项应予注意。

1. 提供一定的活动空间

除摆放菜肴的区域之外，在自助餐的就餐地点还应划出一块明显的用餐区域。这一区域不要显得过于狭小。考虑到实际就餐的人数往往具有一定的弹性，实际就餐的人数难以确定，所以用餐区域的面积应该划得稍大一些。

2. 提供数量足够的桌椅

尽管真正的自助餐所提倡的是就餐者自由走动、立而不坐，但在实际操作中仍有不少的就餐者，尤其是其中的年老体弱者，还是期望在其就餐期间能有一个暂时的歇脚之处。因此，在就餐地点应当预先摆放好一定数量的桌椅供就餐者自由使用。在室外就餐时，提供适量的遮阳伞往往也是必要的。

3. 就餐地点应环境宜人

在选定就餐地点时，不但要注意面积、费用问题，还须兼顾安全、卫生、温湿度等问题。若用餐期间，就餐者感到异味扑鼻、过冷过热、空气不畅，或过于拥挤，显然都会影响到对方对此次自助餐的整体评价。

（三）食物的准备

在自助餐上，为就餐者所提供的食物既要有其共性，又要有其个性。

它的共性在于：为了便于就餐，应以提供冷食为主；为了满足就餐者的不同口味，应尽可能地使食物在品种上丰富而多样；为了方便就餐者进行选择，同一类型的食物应被集中在一起摆放。

它的个性则在于：在不同的时间或是款待不同的客人时，食物可以在具体品种上有所侧重。有时，它以冷菜为主；有时，它以甜品为主；有时，它以茶点为主；有时，它则以酒水为主。除此之外，还可酌情安排一些时令菜肴或特色菜肴。

一般而言，自助餐上所备的食物在品种上应当多多益善。具体来讲，一般的自助餐上所供应的菜肴大致应当包括冷菜、汤、热菜、点心、甜品、水果以及酒水等几大类型。

通常，自助餐常上的冷菜，有沙拉、香肠、火腿、牛肉、猪舌、肉松、鸭蛋等。常上的汤类，有红菜汤、牛尾汤、玉米汤、酸辣汤、三鲜汤等。常上的热菜，有炸鸡、炸鱼、烤肉、烧肉、烧鱼、时蔬、土豆片等。常上的点心，有面包、菜包、热狗、炒饭、蛋糕、曲奇饼、克力架、三明治、汉堡包、比萨饼等。常上的甜品，有布丁、果排、冰激凌等。常上的水果，有香蕉、菠萝、西瓜、木瓜、柑橘、樱桃、葡萄、苹果等。常上的酒水，则有牛奶、咖啡、红茶、可乐、果汁、矿泉水、鸡尾酒等。

在准备食物时，务必要确保其供应充足。同时，还须注意食物的卫生以及热菜、热饮的保温问题。

（四）客人的招待

招待好客人，是自助餐主办者的责任和义务。而要做到这一点，就必须特别注意下列环节。

1. 照顾好主宾

不论在任何情况下。主宾都是主人照顾的重点，在自助餐上自然也不例外。主人在自助餐上对主宾所提供的照顾，主要表现在陪同其就餐，与其进行适当的交谈，为其引见其他客人等。只是应当注意给主宾留下一些供其自由活动的时间，不要始终伴随其左右。

2. 充当引见者

作为一种社交活动的具体形式，自助餐自然要求其参加者主动进行适度的交际。在自助餐进行期间，主人一定要尽可能地为彼此互不相识的客人多创造一些相识的机会，并积极地为其牵线搭桥、充当引见者，即介绍人。应当注意的是，在介绍他人相识时，必须先了解彼此双方是否有此心愿。

3. 安排服务者

在小型的自助餐上，主人往往可以一身而二任，同时充当服务者。但是，在大规模的自助餐上，显然是不能缺少专人服务的。在自助餐上，直接与就餐者进行正面接触的主要是侍者。

根据常规，自助餐上的侍者，须由健康而敏捷的男性担任。侍者的主要职责是：为来宾主动提供一些辅助性的服务。例如，推着装有各类食物的餐车或是托着装有多种酒水的托盘在来宾中巡回走动，听凭宾客各取所需。再者，侍者还可以负责补充供不应求的食物、饮料、餐具等。

二　自助餐的享用

所谓享用自助餐的礼仪，主要是指以就餐者的身份参加自助餐时所需要具体遵循的礼仪规范。享用自助餐的礼仪，对绝大多数人而言，往往更为重要。

（一）排队取菜

在享用自助餐时，尽管需要就餐者自己照顾自己，但这并不意味着他就可以因此而不择手段。实际上，在就餐取菜时，由于用餐者往往成群结队而来的缘故，大家都必须自觉地维护公共秩序，讲究先来后到、排队选用食物。不允许乱挤、乱抢、乱加队，更不允许不排队。

在取菜前，首先要准备好一只食盘。轮到自己取菜时，应以公用的餐具将食物装入自己的食盘内，然后即应迅速离去。切勿在众多的食物面前犹豫再三，让身后的人久等；更不应该在取菜时挑挑拣拣，甚至直接下手或以自己的餐具取菜。

（二）循序取菜

在自助餐上，如果想要吃饱吃好，那么在具体取用菜肴时就一定要首先了解合理的取菜顺序，并循序渐进。按照常识，在参加一般的自助餐时，取菜时标准的先后顺序依次应当是：冷菜、汤、热菜、点心、甜品和水果。因此在取菜前，最好首先在全场转上一圈，了解一下具体情况，然后再去有所选择地取菜。

如果不了解合理的取菜顺序，而在取菜时完全自行其是，乱装乱吃一通，难免会使本末倒置、咸甜相克，令自己吃得既不畅快又不舒服。举例而言，在自助餐上，甜品、水果本应作为"压轴戏"放到最后再吃。若不守此规，为图新鲜，一上来就先大吃一通甜品、水果，那么肚子立刻就饱了——等到后来再见到自己想吃的好东西时，很可能就会心有余而力不足了。

（三）量力而行

参加自助餐时，遇上自己喜欢吃的东西，只要不会撑坏自己，完全可以放开肚量，尽管去吃。不限数量，保证供应，其实正是自助餐大受欢迎之处。因此，商界人士在参加自助餐时，大可不必担心别人笑话自己，爱吃什么只管去吃就是了。

应当注意的是，在根据本人的口味选取食物时，必须量力而行。切勿为了吃得过瘾而将食物狂取一通，结果是自己"眼高手低"、力不从心，从而导致了食物的浪费。严格地说，在享用自助餐时多吃是允许的，而浪费食物则绝对不允许。这一条，被世人称为自助餐就餐时的"少取法则"。有时，有人亦称其为"每次少取法则"。

（四）多次取菜

在自助餐上遵守"少取法则"的同时，还必须遵守"多次法则"。"多次法则"是"多次取菜法则"的简称。它与"少取"相辅相成，之所以"多次"就是因为"每次少取"。它的具体含义是：用餐者在自助餐上选取某一种类的菜肴时，允许其再三再四地反复去取。每次应当只取用一小点，待品尝之后觉得其适合自己的话，那么还可以再次去取，直至自己感到吃好了为止。

换言之，在自助餐上选取某种菜时，去取多少次都无所谓，一添再添也是允许的。相反，要是为图省事而一次取用过量，装得太多，则是失礼之举，必定会令其他人瞠目结舌。"多次法则"与"少取法则"，其实是同一个问题的两个不同侧面。"多次"是为了量力而行，"少取"则是为了避免造成浪费，所以二者往往也被合称为"多次少取法则"。

会吃自助餐的人都知道，在选取菜肴时，最好每次只为自己选取一种，待吃好后再去取用其他品种。若不谙此道，在取菜时乱装一气，将多种菜肴盛放在一起，导致其五味杂陈、相互串味，则难免会暴殄天物。

（五）避免外带

所有的自助餐，不论是以之待客的由主人亲自操办的自助餐，还是对外营业的正式餐馆里所经营的自助餐，都有一条不成文的规定：它只许可就餐者在用餐现场自行享用，而绝对不许可对方在用餐完毕之后将其所喜欢的东西携带回家。

商界人士在参加自助餐时，一定要牢记这一点。在用餐时不论吃多少东西都不碍事，但是千万不要偷偷往自己的口袋、皮包里装上一些自己的"心爱之物"，更不要要求侍者替自己"打包"。那种表现必定会使自己见笑于人。

（六）送回餐具

在自助餐上，既然强调的是用餐者以自助为主，那么用餐者在就餐的整个过程中就必须将此点牢记在心，并认真地付诸行动。在自助餐上强调自助，不但要求就餐者取用菜肴时以自助为主，而且还要求其善始善终，在用餐结束后自觉地将餐具送至指定地点。

在一般情况下，自助餐大多要求就餐者在用餐完毕之后、离开用餐现场之前自行将餐具整理到一起，然后一并将其送到指定的位置。在庭院、花园里享用自助餐时，尤其应当那样做。不允许将餐具随手乱丢，甚至任意毁损餐具。在餐厅里就座用餐，有时可以在离去时将餐具留在餐桌上，由侍者负责收拾。但即便如此，亦应在离去前对其稍加整理为好。不要弄得自己的餐桌上杯盘狼藉、不堪入目。自己取用的食物，应以吃完为宜。万一有少许食物剩了下来，也不要私下里乱丢、乱倒、乱藏，而应将其放在适当之处。

（七）照顾他人

商界人士在参加自助餐时，除了对自己用餐时的举止表现要严加约束之外，还须跟他人和睦相处，对他人多加照顾。对自己的同伴，特别需要加以关心。若对方不熟悉自助餐，不妨向其扼要地进行介绍。在对方乐意的前提下，还可向其具体提出一些有关选取菜肴的建议。对在自助餐上碰见的熟人，亦应如此加以体谅。不过，决不可以自作主张地为对方直接代取食物，更不允许将自己不喜欢或吃不了的食物"处理"给对方吃。

在用餐的过程中，对其他不相识的用餐者应以礼相待。在排队、取菜、寻位以及行进期间，对其他用餐者要主动加以谦让，不要目中无人、蛮横无理。

（八）积极交际

一般来说，商界人士在参加自助餐时必须明确：吃东西属于次要之事，与其他人进行适当的交际活动则是自己最重要的任务。在参加由商界单位所主办的自助餐时，情况更是如此。所以，不应当以不善交际为由只顾自己躲在僻静之处一心一意地埋头大吃，或者来了就吃、吃了就走，而不同其他在场者进行任何形式的正面接触。

在参加自助餐时，一定要主动寻找机会，积极地进行交际活动。首先，应当找机会与主人攀谈一番。其次，应当与老朋友好好叙一叙。最后，还应当争取多结识几位新朋友。

在自助餐上，交际的主要形式，是几个人聚在一起进行交谈。为了扩大自己的交际面，在此期间不妨多转换几个类似的交际圈。只是在每个交际圈中多少都应待上一些时间，不能只待上一两分钟马上就走，好似蜻蜓点水一般。

介入陌生的交际圈，大体上有三种方法：第一，请求主人或圈内之人引见。第二，寻找机会，借机加入。第三，毛遂自荐，自己介绍自己加入。但无论如何，在加入一个陌生的交际圈之前，一般都应该首先征得圈内之人的同意。自己贸然闯进去，在绝大多数时候都是不受欢迎的。

本章小结

本章所讲授的是交际礼仪。它在此是指商务人员在其平时的交际应酬中所应遵守的行为规范。遵守交际礼仪，将有助于商务人员在其人际交往中取得成功。

本章第一节讲授的是有关谈话的礼仪。它具体涉及寒暄与问候、称赞与感谢、祝贺与慰问、争执与论辩、规劝与批评、拒绝与道歉等。

本章第二节讲授的是有关闲谈的礼仪。它具体涉及对象的区分、宜选的谈资、忌谈的问题等。

本章第三节讲授的是有关通信的礼仪。它具体涉及电话、手机、传真、电子邮件等。

本章第四节讲授的是有关邀约的礼仪。它具体涉及发出邀请、邀约的回复等。

本章第五节讲授的是有关派对的礼仪。它具体涉及交际型派对、休闲型派对等。

本章第六节讲授的是有关运动的礼仪。它具体涉及健身、游泳、滑雪、打网球、打保龄球、打高尔夫球等。

本章第七节讲授的是有关娱乐的礼仪。它具体涉及歌厅、剧院、网吧、公园、游乐场、游戏厅等。

本章第八节讲授的是有关工作餐的礼仪。它具体涉及工作餐的安排、工作餐的主人、工作餐的进行等。

本章第九节讲授的是有关自助餐的礼仪。它具体涉及自助餐的安排、自助餐的享用等。

练 习 题

一　名词解释

1. 交际
2. 寒暄
3. 慰问
4. 邀约
5. 请柬
6. 派对
7. 工作餐
8. 自助餐

二 要点简答

1. 怎样正确地对待工作中的争执?
2. 怎样得体地规劝他人?
3. 闲谈时宜回避哪些话题?
4. 使用手机时有何禁忌?
5. 在派对上怎样才能表现得彬彬有礼?
6. 健身时应遵守哪些基本礼仪?
7. 应怎样安排工作餐?
8. 为何在自助餐上讲究"多次少取"?

参考书目

1. 李实编译《商业礼节》，贵阳：贵州人民出版社，1989 年版。

2. 王长远编《企业家外交礼仪》，北京：中国经济出版社，1990 年版。

3. 王洪宝等编著《商业礼仪》，北京：中国商业出版社，1992 年版。

4. 李瑞芹等著《商业服务业礼仪》，北京：中国商业出版社，1993 年版。

5. 李薇辉编《商业礼仪》，上海：上海科技教育出版社，1995 年版。

6. 李柠主编《国际商务礼仪》，北京：中国财政经济出版社，1995 年版。

7. 金正昆著《现代商务礼仪教程》，北京：高等教育出版社，1996 年版。

8. 李柳缤主编《商务礼仪》，北京：中国商业出版社，1996 年版。

9. 程润明等编著《国际商务礼仪》，上海：上海外语教育出版社，1996 年版。

10. 关慕玲主编《商业礼仪》，北京：高等教育出版社，1997 年版。

11. 李兴国主编《现代商务礼仪》，哈尔滨：黑龙江科学技术出版社，1998 年版。

12. 黄馨仪著《商业礼仪》，北京：中国轻工业出版社，2000 年版。

13. 张燕彬编著《国际商务礼仪》，沈阳：辽宁教育出版社，2001 年版。

14. 文泉著《国际商务礼仪》，北京：中国商务出版社，2003 年版。

15. 金正昆著《商务礼仪》，北京：北京大学出版社，2004 年版。

16. 宋学军编著《商务礼仪》，北京：九州出版社，2004 年版。

17. 王伟伟著《礼仪形象学》，北京：人民出版社，2005 年版。

18. 王振槐主编《国际商务礼仪》，北京：中国审计出版社，2006 年版。

19. 〔美〕大卫·罗宾逊著《商务礼仪》，北京：北京大学出版社，1996 年版。

20. 〔美〕莱蒂茨亚·鲍尔德里奇著《企业人礼仪手册》，海口：海南出版社，1997 年版。

21. 〔美〕芭芭拉·帕切特等著《国际商务礼仪》，北京：中国对外翻译出版社，1998 年版。

22. 〔英〕林恩·布伦南著《21 世纪商务礼仪》，北京：中国计划出版社，2004 年版。

后　记

　　近年来，我曾多次在中央电视台、东方电视台、沈阳电视台、中央教育电视台、山东教育电视台、中央人民广播电台、北京人民广播电台等广播电视媒体上举办有关现代礼仪的系列讲座。与此同时，我也先后为公务员、经理人、外事人员、大学生、中专生乃至少年儿童编写过专门的礼仪教材。2003年春，有人建议我：不妨尝试着把二者结合起来，撰写一套教材，借助于我国发达的广播电视媒体，向广大公众普及、推广现代礼仪。经过我近三年的努力，于是有了这套专门为全国广播电视大学的同学们所编写的教材。

　　在我看来，礼仪，乃是人际沟通的技巧。礼者，敬人也。它要求：在人际交往中既要尊重别人，也要尊重自己。习礼，必须明确待人接物之时尊重为本。仪者，规也。它要求：在人际交往中，尊己与敬人皆须借助于规范化的表现形式。习仪，则必须明确尊己与敬人皆应善于表达。简言之，礼仪的宗旨即：尊重为本，善于表达。

　　在课堂讲授礼仪时，我平时所津津乐道的是我国古代先哲荀子所说的一句话："礼者，养也。"我一向认为：礼仪不仅是人际交往的艺术，而且也是每一名现代人立足于社会时所应具备的基本教养。不闻孔子尝言"不学礼，无以立"？！对每一名现代人而言，学习与运用礼仪，可使自己赢得社会的广泛的尊重；学习与运用礼仪，可使自己更好地向交往对象表达尊重之意；学习与运用礼仪，可提升自己与他人进行合作的能力；学习与运用礼仪，可使自己在人际交往中成为受大家欢迎的人。

　　本套为我国广播电视大学学生所专门编写的现代礼仪教材，历时近三年，共分为《社交礼仪概论》《商务礼仪概论》《国际礼仪概论》《教师礼仪概论》四册。其主要区别是：

　　《社交礼仪概论》，主要讲授基础的交际礼仪规范，以各类学生为其适用对象。

　　《商务礼仪概论》，主要讲授商界的基本礼仪规范，以经贸类学生为其适用对象。

　　《国际礼仪概论》，主要讲授国际交往的常用礼仪规范，以涉外类学生为其适用对象。

　　《教师礼仪概论》，则主要讲授当代人民教师所须掌握的职业礼仪规范，以师范类学生以及广大教师为其适用对象。

　　考虑到本套教材不仅以广大广播电视大学学生为适用对象，而且还要借助于广播电视媒体进行教学，因此在其具体编写过程中，我努力追求规范性、针对性、简约性与技巧性兼具，以求真正可以为我国当代的广大广播电视大学的同学们服务。

在本套教材编写过程中，中央广播电视大学与北京大学出版社的领导均多次给予指导；许多专家、学者也提出了不少有益的意见与建议，从而令其增色不少。在此，一并表达我由衷的谢意！

作为国内第一套广播电视大学所使用的礼仪教材，本套教材难免多有不足。有人说过：广播与电视都是一种"令人遗憾的艺术"，因为它们都"一成不变"。好在教材却是可以不断修改、与时俱进、精益求精的。因此，恳请广大师生将使用本套教材的意见与建议及时回馈于我，以便令其日臻完善。谢谢！

作者

2006 年 6 月 6 日